U0734454

仓储
精细化
管理

让仓库高效运转的12项核心技能

冯银川◎著

人民邮电出版社

北 京

图书在版编目（ＣＩＰ）数据

仓储精细化管理 ：让仓库高效运转的12项核心技能 / 冯银川著. -- 北京 ：人民邮电出版社，2024.5
ISBN 978-7-115-63602-7

Ⅰ．①仓… Ⅱ．①冯… Ⅲ．①仓库管理 Ⅳ. ①F253

中国国家版本馆CIP数据核字(2024)第033884号

内 容 提 要

仓储作为物流的重要组成部分，在现代物流发展中起着至关重要的作用。

从业十余年来，笔者参与过十几个仓储业务的项目管理、日常运营和优化提升，深知运营管理对于整个仓储业务的重要性。库房凌乱、人心涣散、账实不符、成本高企、事故频发等运营管理不到位所产生的问题将直接影响供应链交付，轻则引发客户投诉，重则造成企业的巨大损失。

本书从实战角度出发，将笔者在仓储日常运营中总结的经验和教训凝结成一套系统化的运营方法论，从而可以帮助仓管员认清运营的"基本盘"，夯实四大基础；进一步降本、增效、提质、协同，实现管理的四大目标；同时有效把握个体修炼的四大方向。

本书适合供应链上的所有仓储从业人员，尤其是企业的仓储管理人员阅读，同时也可以作为高校物流管理、物流工程及供应链管理相关课程的教材。

- ♦ 著　　　　冯银川
　　责任编辑　恭竟平
　　责任印制　周昇亮
- ♦ 人民邮电出版社出版发行　　北京市丰台区成寿寺路 11 号
　　邮编　100164　　电子邮件　315@ptpress.com.cn
　　网址　https://www.ptpress.com.cn
　　廊坊市印艺阁数字科技有限公司印刷
- ♦ 开本：700×1000　1/16
　　印张：18.5　　　　　　　　　2024 年 5 月第 1 版
　　字数：252 千字　　　　　　　2025 年 6 月河北第 4 次印刷

定价：79.80 元

读者服务热线：(010)81055296　印装质量热线：(010)81055316
反盗版热线：(010)81055315

推荐序一

难以置信，距离给银川的《仓储管理实战：仓库布局、资源配置、流程设计与项目落地》作序仅一年的时间，高阶版《仓储精细化管理：让仓库高效运转的12项核心技能》就与我们大家见面了。

对于一个有本职工作、利用日常业余时间写作的人来说，能如此高效地完成一本书，除了高度自律和坚韧的毅力，我想更多还是因为书中所写的东西都源于作者熟稔于心的经验，所以信手拈来便成文章。

过去，由于技术手段和理念限制，传统仓储行业多以粗犷式管理为主，缺乏统一的标准和规范。近年来，随着客户需求不断升级，做好基础管理工作已经不够，从业者还需要不断学习，进一步提升技能，实现精细化管理。

"君子生非异也，善假于物也。"从业者想学习和提升，关键还是需要找一位靠谱的"老师傅"带路，银川的书将是您的不二之选！

《仓储管理实战：仓库布局、资源配置、流程设计与项目落地》详细阐述了仓储管理的"从无到有"，《仓储精细化管理：让仓库高效运转的12项核心技能》则深度解析了仓储管理的"从有到优"。两部著作，互为补充，逐层递进，让我们能更快速、全面了解仓储行业。

"操千曲而后晓声，观千剑而后识器。"在仓储行业深耕十几年的工作经历，让银川的书自带底气，每一部都是实实在在经过思考求证后提炼出来的行业宝典。我们站在"老师傅"的肩膀上，只需取而用之，就能少走弯路，快速成长！

一切伟大的行动和思想，都有一个微不足道的开始。感谢您打开本书，只有在您阅读和实践之后，书中的方法和工具才能真正发挥其价值。

我由衷希望，银川的书能使很多志同道合的朋友接连在一起，并给予行业同行更多启迪，让他们能兼收并蓄、博采众长，从而为国内仓储行业运营的优化与提升添砖加瓦！

李德亮

中外运物流有限公司总经理助理

深圳市恒路物流股份有限公司董事长

推荐序二

在我多年的教育生涯中，有幸见证了众多优秀学子的成长。其中，冯银川是让我印象特别深刻的一位！

2022 年，我有幸为银川的第一部著作《仓储管理实战：仓库布局、资源配置、流程设计与项目落地》撰写推荐序，那是一部详尽而实用的"仓储项目管理"工具书。该书于 2023 年 8 月上市，市场反响很好，现在已累计印刷 4 次。

在距离第一部著作上市还不到一年的时间，他再度推出新作《仓储精细化管理：让仓库高效运转的 12 项核心技能》，并邀请我为其作序。我深感欣慰，愿用此文为银川的新作抛砖引玉，以期引起更多读者朋友的关注。

银川在物流领域深耕了 17 年，积累了丰富的实践经验。他不仅熟悉物流行业的运作模式，更是对仓储管理的细节与挑战有着深刻的理解。这两部著作，是他多年实战经验的总结与提炼。

供应链上的仓库，无论是原材料仓、半成品仓、成品仓、分销中心仓、配送中心仓、电商仓，还是前置仓，其管理活动都要经历两个阶段，即仓储项目管理阶段（从无到有），以及仓储运营管理阶段（从有到优），这两部先后出版的著作的内容，恰好与这两个阶段的管理重点一一对应。

《仓储管理实战：仓库布局、资源配置、流程设计与项目落地》侧重于探讨如何在"时间、成本和范围"三大约束条件下，使用"项目管理"工具，通过"配置各种资源、规划仓库布局、搭建组织结构、设计作业流程"，以及各项工作的统筹协调、落地实施，将仓储业务"从无到有"搭建起来，使其具备开仓运作的各项条件。

《仓储精细化管理：让仓库高效运转的 12 项核心技能》则侧重于仓库开仓运作之后的"运营管理"。以"运作管理、库存管理、安全管理、质量管理"为抓手，夯实仓储管理的基本功；以"财务分析、流程优化、数字化建设、供应链协同"为切入点，实现仓储管理的提质、降本、增效；以"自我成长、向上管理、客户关系、表达能力"为着力点，提升仓储管理的软技能。通过打造 12 项核心技能，仓储管理人员就能让仓储业务在精细化管理过程中持续、高效、稳定地运行下去。

我相信，《仓储精细化管理：让仓库高效运转的 12 项核心技能》肯定会成为仓储管理领域值得一读的佳作，并能够在很大程度上帮助更多的物流从业者走向高效、精细化的管理之路。

推荐每一位从事仓储管理、物流管理和供应链管理的人阅读这本书，无论是物流专业的在校生、初入此领域的新人、仓库的基层员工，还是仓库的管理者，都能从本书中获得宝贵的启示和实用的指导。

同时，我也希望银川能够继续深入研究，为物流仓储管理领域带来更多的创新与突破！

是为序。

赵道致

天津大学管理与经济学部教授、博士生导师

EMBA 项目前主任、原物流与供应链管理系主任

推荐序三

与银川兄弟相识已经十余年，依稀记得当年的他对于物流知识的渴望和对于专业的执着，这对于物流行业的从业者来说是很重要的。

很多物流同行能干而不能总结，虽经历丰富却无法分享和传承，很重要的一点就是没有知识体系的概念。

很多人觉得理论不重要。其实不然，知识体系就像房屋的框架一般，有了这个才能够进行装修、才能够增加软装，一味只看光鲜的一面而不注重根基，注定如无根之树，活得不长久。

看了银川兄弟的书，你就会明白，他并不是想写一部夸夸其谈的书籍，而是想把自己多年在中外运等企业的实践经验提炼出来，构建物流仓储实战的"坚固房子"，就冲这种分享精神，值得为他点赞！

很荣幸为本书写推荐序，这其实是出于互相的信任，所以，感慨完了还是要介绍一下本书的内容。

图书市场上肯定不缺乏物流供应链相关的书籍，特别是近几年，大家越来越重视物流供应链的建设。

其实，这种重视是必然的，物流是保障人们生活的刚需，它为人们提供了吃、穿、住、行等方面的便利和保障。然而，为何在这么多书籍中，唯独向您推荐银川兄弟的书呢？因为难得有这么接地气的专业类工具书籍。

前面也说了，能做也要会说，会说也要会总结，在此书中，读者能够沉浸式地开启仓储之旅：从理论概念、设计布局、计算能效，到优化提升，再到提炼总结，是非常完整的过程。

同时，本书中也提到了很多实用性工具，这些工具可以帮助读者更好地解决物流工作和个人成长中的问题，提高工作效率。而且，这些工具并不是一次性的，而是可以反复使用的，它们能够帮助读者更好地掌握物流管理的精髓。银川的书的确做到了"授人以鱼不如授人以渔"。

当然很多朋友或许会有所疑问，这些知识从哪里来的，纯粹是作者想当然的吗？这点大可放心，实践出真知。

当年银川兄弟参与了中外运多个大项目的启动和优化，至今这些项目在国内也是顶尖的项目，这也是我愿意为其作序的重要原因。

写一部书是一件不容易的事，写一部专业书是难上加难的事，而能将专业知识以易于理解的方式呈现出来则需耗费无尽的心血，因此，我们应该对那些勤勤恳恳写书的作者表示敬意和感激，珍惜他们的劳动成果。

也希望银川兄弟能够写出更多的书籍，为物流专业化发出自己的声音，再次感恩大家选择此书！

李犇

中外运物流华东有限公司总经理

新零售事业部总经理

前 言

非常荣幸能把"仓储管理高效能实战"系列的第二本书带到你面前，第一本书《仓储管理实战：仓库布局、资源配置、流程设计与项目落地》着重介绍仓储管理的项目管理阶段，本书侧重于介绍仓储管理的运作管理阶段。笔者希望它能成为一个契机，把更多志同道合的朋友连接起来，成为探索仓储管理的同行者。

仓储是整个供应链不可或缺的一部分，是物流与供应链中的库存控制中心、调度中心、增值服务中心，也是现代物流设备与技术的主要应用中心。仓储管理在整个供应链中的作用是不可忽视的，而且在短时间内也是不可替代的。供应链的很多节点都涉及仓储管理活动，其运营管理水平的高低，将直接影响整个供应链的成本、效率和服务质量。

一、写作初衷

所谓"打江山易，守江山难"，在历史长河之中，王朝兴衰更迭，没有哪一个王朝能千秋万代。为何？因为打江山千辛万苦，守江山艰难险阻。

供应链上的任何一个节点，只要涉及仓储管理活动，都必然要先后经过项目管理和运营管理两个阶段。项目管理阶段负责"打江山"，刻不容缓；运营管理阶段负责"守江山"，任重道远。项目管理只需要一个月或者几个月的时间，运营管理却是一项长久的系统工程，需要每一任仓库经理励精图治。因此，没有科学的管理机制和方法，就无法保证仓储业务持久高效地运营下去。

从业十余年来，笔者参与过十几个仓储业务的项目管理、运营管理和优化提升，深知"运营管理"对于整个仓储业务的重要性。库房凌乱、人心涣散、账实不符、成本高企、事故频发等，这些运营管理不到位所产生的问题将直接影响供应链交付，轻则引发客户投诉，重则关乎企业的存亡。

由于仓储业务在供应链上的所处位置、仓库硬件、货物特点、运作模式、规模大小等因素，运营管理中出现的问题千差万别。管理最忌讳眉毛胡子一把抓；抓住主要矛盾，掌握 20% 的核心知识和方法，能解决 80% 的共性问题，其他 20% 的问题有针对性地解决即可。

仓储业务从项目管理阶段结束后，将会进入运营管理阶段。从 0 到 1，考验的是设计规划能力；从 1 到 N，考验的是运营管理能力。本书作为《仓储管理实战：仓库布局、资源配置、流程设计与项目落地》的姊妹篇，将会着重介绍运营管理中的实战打法。

二、内容介绍

本书系统地介绍了仓储业务从基础管理到精益管理的过程，共分为 3 个部分，由 12 章构成，力求涵盖仓储业务"从有到优"整个过程中涉及的基本概念与关键技术。

1. 基础管理篇

在仓储管理中，基础管理工作是指对仓储货物的收发、结存等活动的有效控制，其目的是保证仓储货物完好无损，确保企业生产经营活动正常进行，并在此基础上对各类仓储货物的活动状况进行分类记录，以明确的图表方式呈现仓储货物在数量、质量方面的状况，以及所在的地理位置、部门、订单归属和仓储分散程度等情况。

第 1 部分将着重介绍仓储管理的四大基础模块——运作管理、库存管理、安全管理和质量管理。只有做好仓储的基础管理工作，才能使运营管理步入专业化的轨道。

运作管理，强调的是如何整合各种资源以高效完成收货和发货，是偏向于"动态"的管理。库存管理，强调的是保证在库货物的准确性和完好性，是偏向于"静态"的管理。动与静的结合，使得仓储管理更有"活力"。安全管理和质量管理是仓储管理的重中之重，安全是红线，质量是底线。仓储管理不仅要收得进、发得出，更要管得好。盲目追求运作效率，忽视库存、安全和质量的仓储管理，将是一场"灾难"！

2. 精益管理篇

随着运营时间的增加，无论是企业还是外部客户，都会对仓储环节提出更高的要求。下游订单量的增加，意味着仓库需要提前建立更多的库存，每天收发货量的增加，对仓库的存储能力、运作效率提出了挑战。基础管理工作做好了，并不等于做到位了。如何利用有限的资源实现降本、增效、提质、协同？企业必须在做好基础管理的前提下，对运营过程进行全面的优化。

第 2 部分将着重介绍仓储管理的精益管理策略——财务分析、流程优化、数字化建设和供应链协同。只有进一步优化成本、提升效率和服务水平、实现协同一致，企业运营管理水平才能更上一层楼。

财务分析主要从成本控制的角度，围绕场地费用、设施设备费用、人员费用三大方面，挖掘可以实现费用节约的节点。流程优化，通过引入WPI 工具，找到并采取合适的措施减少作业流程中的损耗，提高仓库的运作效率。数字化建设，使用一系列数字化的技术手段、标准化的措施和方法，对货物管理、效率管理和设备管理进行可视化升级改造，提升内外部的服务水平。供应链协同是站在供应链全局，通过仓储与其他节点的协同实现整体价值最大化。

3. 个体修炼篇

运营管理阶段是一个漫长的过程，除非丢掉了生意，否则仓储业务将持续地运营下去。个人成长和业务发展是相辅相成的关系，业务发展给员工创造了更多的职业机会，而个人成长又促进了业务的不断发展。想要在职场上有所成就，除了提升专业能力这种硬技能之外，还要提升软技能。专业能力能让你在职场上立足，而软技能能让你更进一步。

第 3 部分将着重介绍职业发展的软技能提升方向——自我成长、向上管理、客户关系、表达能力。只有掌握这些方面的软技能，你才能够在职场中走得更远。

自我成长，沿着基层岗位、基层管理岗位、中层管理岗位这 3 个层级，解决你在每个层级可能遇到的问题。向上管理，从如何高效完成领导交代的任务、如何辅助领导、如何处理与领导的关系这 3 个方面展开。客户关系中，业务是皮，关系是毛，皮之不存，毛将焉附？合适的关系处理方式可以减少客户关系中的摩擦，但是也不应对此抱有妄念。作为表达能力的一部分，写作是个人能力的放大器，是当下最有用的社交货币，优秀的表达能力能让你的个人发展有更多的可能。

本书 3 个部分的内容相对独立，你可以系统性地从第 1 部分开始阅读，也可以根据自己的角色和兴趣，选择从任意一个部分开启你的阅读之旅。

三、适合人群

无论你是仓库普通员工、仓库的管理者、物流相关专业的在校生，还是从物流行业其他细分领域转行从事仓储管理的新手，这本书或许都能给你一些启发和帮助。

1. 仓库普通员工

作为仓库普通员工，想必大多数人都不甘平庸，希望有机会晋升到更高的职位。然而，在整个仓库组织结构中，人数最多的始终是基层岗位，往上晋升的压力非常大。因此，只是做好本职工作显然不足以让你在竞争中脱颖而出，你必须想办法提升仓储运营管理的知识水平和软硬技能。技能只能通过大量的实践习得，而知识往往可以快速获取。

对于仓库普通员工，本书好比一张地图，为你指引前进的方向，不断提醒你途中可能遇到的问题，给你一些建议并辅助你决策，带领你去往梦想的彼岸！

2. 仓库的管理者

进入仓储领域工作后的前几年，通过不断摸索和实践，你已经积累了不少仓储管理的经验，并从仓库普通员工晋升为仓库的管理者；但是到了后期，你进步得越来越慢，甚至停滞。

熟悉的工作环境让你进入了"舒适区"，人在舒适区是很难进步的，做再多的事情也只是低水平的努力；低效的进步，让你如同温水中的青蛙般不自知。

对于仓库的管理者，本书好比一双翅膀，带你飞往更高处，帮助你在仓储运营管理的天空中翱翔，去探索其中的奥秘，创造属于自己的天地！

3. 在校生与新手

对于物流相关专业的在校生而言，专业课所用的教材给你提供了更广的视角，让你对物流行业有了比较全面的了解。不过，书中很多知识点的概括性和学术性较强，不容易理解，而且部分内容学习起来相对比较枯燥。另外，对刚从事仓储管理的新手而言，物流行业的细分领域较多，虽然相互之间有联系，但每个领域所需具备的知识和能力相对而言比较独立。不同领域的侧重点不同，玩法也不同。

对于在校生与新手，本书好比一把钥匙，为你打开仓储管理的大门，帮你拓宽认知边界，提前建立仓储运营管理方面的知识储备，增加就业时的胜算！

如果你是《仓储管理实战：仓库布局、资源配置、流程设计与项目落地》的老朋友，那接下来让我们再次开启仓储管理的学习之旅——运营管理吧。

如果你是新朋友，请允许我向你正式发出邀请："很高兴认识你，我是冯银川，我们这就出发，一起从仓储基础管理到精益管理的优化提升中汲取营养，学以致用，成为实战型仓储管理人才！"

最后，谢谢你的阅读！

冯银川

目 录

第 1 部分　基础管理篇 　001

第 1 章　运作管理 　002

1.1　了解运作管理 　003

1.1.1　什么是运作管理：为了达成目标，对运作资源与运作过程进行管理 　003

1.1.2　运作管理的重要性：对生产和流通起着非常重要的作用 　004

1.2　资源配置 　005

1.2.1　仓库面积测算：如何使用最少的面积存储更多的货物 　005

1.2.2　人员数量测算：不仅仅是作业量、时间和效率方面的简单计算 　008

1.2.3　设备数量测算：抛开仓库面积和人员配置谈投入多少设备纯属胡说八道 　010

1.3　场地管理 　011

1.3.1　装修与布置：实施定置定位管理和标志管理，让人流和物流畅通有序 　011

1.3.2　人员及车辆进出库管理：指导、约束人员和车辆的行为 　013

1.4　人员管理 　014

1.4.1　建立制度与流程：制度有助于流程执行，流程是制度的灵魂 　014

1.4.2　人员培训：没有经过培训的员工，是企业最大的成本 　016

1.4.3　绩效考核与面谈：打破平均主义，提升个人和组织效能 　018

1.4.4　运作例会：信息共享、纠正偏差，把问题摆到桌面上来 　020

1.5　设备管理 022

1.5.1　搬运设备：不仅要正确使用叉车，更要做好维修、维护与保养 022

1.5.2　存储设备：做好防护与检查，再好的货架都经不起撞击 025

1.5.3　集装设备：及时维修可延长托盘使用寿命，报废就要重新购置 026

1.6　预约机制 028

1.6.1　打破信息不对称：互通提送货车辆信息，避免扎堆到达 029

1.6.2　预约与仓库回复：合理安排时间，最大化利用运作资源 029

1.6.3　作业可视化管理：化繁为简，让管理的对象一目了然 031

1.7　运作指标 032

1.7.1　效率指标：约定单位时间完成的工作量，知不足而后进 033

1.7.2　库存指标：容量和数量，是仓库库存管理的两大核心 035

第2章　库存管理 037

2.1　了解库存管理 038

2.1.1　什么是库存管理：确保存储的货物账实相符，且状态良好 038

2.1.2　库存管理的重要性：库存是仓储管理的根本 039

2.2　库存差异 040

2.2.1　短少：整箱短少、箱内短少、整盘短少 040

2.2.2　多货：收货漏收与发货多发、发货甩货、发货少发 041

2.2.3　货损：作业人员技能不熟练，以及违规操作 042

2.2.4　病虫害：啃食在库产品，影响产品品质 044

2.2.5　过期：在库产品存储时间超出"效期" 044

2.3　预防差异 045

2.3.1　数量：物料出入凭单证，数量准确需保证 046

2.3.2 放货：货物入库不随意，定区定位守规矩 049

2.3.3 移动：库内移动有必要，账实同步才最好 050

2.3.4 效期：出库效期要弄清，先失效的先放行 051

2.3.5 复核：个人失误难避免，下游复核是关键 053

2.4 盘点机制 054

2.4.1 盘点的 3 个分类标准：时间跨度、盘点内容、盘点的作用 055

2.4.2 盘点的 4 种方法：明盘、盲盘、唱盘、复式盘点 056

2.4.3 盘点的 5 个步骤：准备、实施、差异分析、库存调整、改善提升 058

第 **3** 章 安全管理 065

3.1 了解安全管理 066

3.1.1 什么是安全管理：为实现安全目标而进行的决策、计划、组织和
控制等活动 066

3.1.2 安全管理的重要性：满足法规要求、保护员工利益、提高经济效益 066

3.1.3 安全管理法则：海因里希法则、不等式法则、90 法则 067

3.2 货物安全 068

3.2.1 门禁：配备门禁管理系统、设置专用通道、建立检查机制 069

3.2.2 监控：安装视频监控系统，24 小时守护仓库安全 070

3.2.3 货损：库内产生的货损品及时转移，不要给偷盗者可乘之机 071

3.2.4 分区：高价值货物避免"混储"，设置独立区域由专人管理 072

3.3 消防安全 073

3.3.1 设施：配置消防设施，提升火灾应对能力 073

3.3.2 队伍：组建专职或兼职消防队伍，及时发现并处理安全隐患 075

3.3.3 演练：定期组织消防演习，绷紧安全弦，防患于未"燃" 077

3.4　人身安全 079

3.4.1　劳保：合理运用劳保用品，是保护自己免受伤害的最后一道防线 080

3.4.2　人员：特种作业人员持证上岗，建立安全作业行为规范 081

3.4.3　路线：限制人员在园区和库区的行走范围 083

3.5　用电安全 085

3.5.1　规范：建立仓库用电操作规范，主动控制危险行为 085

3.5.2　负荷：电气火灾须警惕，用电超负荷要注意 086

3.6　风险防范 086

3.6.1　认识保险：运用杠杆原理合理规避企业经营风险 087

3.6.2　财产保险：基本险、综合险和一切险，分散风险与经济补偿 090

3.6.3　责任保险：为责任上保险，转嫁企业经营中的责任风险 092

3.6.4　如何配置：买保险总比不买强，但是买错保险比不买保险更可怕 094

第 4 章　质量管理 097

4.1　了解质量管理 098

4.1.1　什么是质量管理：为了实现质量目标而进行的所有管理性质的活动 098

4.1.2　物流质量管理的要点：服务性、全面性、预防性、先进性 098

4.1.3　质量管理的重要性：提升客户满意度、提高运作效率、提升市场竞争力 101

4.2　流程管控 102

4.2.1　收货：不仅要清点数量，更要关注质量 102

4.2.2　存储：建立质量状态标准，待检、放行和扣货 104

4.2.3　发货：装车前、装车中、装车后，监控装车全过程 105

4.2.4　环境：清洁卫生、害虫防治、温湿度控制，营造良好存储环境 107

4.3　日常检查 110

4.3.1　检查：建立每日质量检查机制，只有早发现，才能早分析、早解决 110

4.3.2 改善：质量改进的 3 个重要工具   111

4.4   主题活动   114

4.4.1 主题月：以质量主题活动为载体，让质量管理深入人心   114

4.4.2 步骤：动员宣传、组织实施、总结提升   116

4.5   质量审计   117

4.5.1 目的：保证提供给客户的服务是安全、及时、有效且总是高质量的   118

4.5.2 策划：通知方式、组织形式、审计内容   118

4.5.3 实施：首次会议、质量审计、末次会议、审计报告   121

第 2 部分   精益管理篇   123

第 5 章   财务分析   124

5.1   场地费用   125

5.1.1 优化仓库布局：平面库的空间／水平优化，以及立体库的整体优化   125

5.1.2 库房用电改造：增加自然光源、改造照明系统、智能照明控制等   128

5.2   设施设备费用   130

5.2.1 叉车维修与保养费用：建立备件库、优化工时费   131

5.2.2 货架维修与风险防范：损坏早发现早处理、避免货架倒塌   133

5.2.3 托盘维修与数量管理：减少损坏、及时维修、防止丢失   134

5.2.4 货物堆码保护的费用：加强管理、寻找替代品   135

5.3   人员费用   137

5.3.1 控制加班费：减少加班、优化加班费、采用综合工时   138

5.3.2 减少用工人数：优化作业流程、提升作业效率、设备替人   139

5.3.3 作业岗位外包：成本转化、降低风险、灵活用工   141

第6章　流程优化　143

6.1　准备　145

6.1.1　问题准备：问对问题比找到答案更重要　145

6.1.2　人员准备：不只是操作层面的人员，领导层也要参与进来　147

6.1.3　设备准备：工欲善其事，必先利其器　147

6.2　还原作业流程　148

6.2.1　流程讲解：不要"照本念经"，而要"图文结合"　148

6.2.2　模拟演练：用角色扮演的方法，加快对流程的熟悉　149

6.3　了解现状　149

6.3.1　3 种思维方式：八大浪费、ECRS 分析法、黄金三角　149

6.3.2　眼见为实：到现场观察并记录　151

6.3.3　数据分析：整理资料、细查深剖，寻找关键问题　152

6.4　改进实施　152

6.4.1　迭代思维：发现不足，马上测试，马上修改　153

6.4.2　验证改进：结果是可重复、可持续且满足企业发展需求的　153

6.5　流程化和标准化　155

6.5.1　建立标准：固化改进措施，统一标准，统一行动　155

6.5.2　标准的管理：审批、培训、分发与回收　155

6.5.3　跟踪管理：指导、监督与纠偏　156

第7章　数字化建设　158

7.1　货物管理　159

7.1.1　WMS：不同于进销存系统和手工账　159

7.1.2 传统 WMS 存在的缺陷：系统信息与实际情况不同步   160

7.1.3 货物管理数字化：RFID 技术、IoT、条形码技术   161

7.2 效率管理   162

7.2.1 物流资源无法及时掌控：仓库主管无法随时知道人员和设备的
利用情况   163

7.2.2 作业效率无法实时跟踪：事后弥补，不如事中控制   164

7.2.3 WMS 无法解决所有问题：除了货物之外，还要管理资源和过程   165

7.2.4 效率管理数字化：需求建立、功能定位、可行性分析、系统设计、
功能实现   165

7.3 设备管理   169

7.3.1 仓储设备是企业的重要资产：配置和维修维护需要大量的资金   169

7.3.2 设备管不好：不只是人的能力问题，有一件合适的工具很必要   170

7.3.3 设备管理数字化：组件及主要功能   170

第 8 章 供应链协同   172

8.1 什么是供应链协同   173

8.1.1 仓储是供应链的核心：库存控制中心、调度中心、增值服务中心   173

8.1.2 供应链协同的目标与范围：供应链整体降本增效，以及企业内外
部协同   174

8.2 上游协同   176

8.2.1 传统模式的弊端：仓储及运输成本高，运作效率低   176

8.2.2 供应商管理库存：仓储成本低、管理可视化、运作效率高   178

8.2.3 材料拼载运输：运输成本低、时效有保证、客户体验好   180

8.3 内部协同   181

8.3.1 仓配一体化模式下的"零交接"：使用技术手段控制过程，减少
交接次数 182

8.3.2 订单履行不局限于单一仓库：工厂直运与合提、越库作业、跨
仓发运 185

8.4 下游协同 188

8.4.1 单元化运输：时效、成本、可视化 188

8.4.2 经销商向上游协同，深度参与供应链其他环节："一盘货"
解决方案 189

第 3 部分 个体修炼篇 191

第 9 章 自我成长 192

9.1 基层岗位 193

9.1.1 岗责：收货、发货与在库管理 193

9.1.2 痛点：那些难以言说的槽点 195

9.1.3 破局：接受现实、主动分担、清晰定位、制订计划 197

9.2 新晋仓库主管 199

9.2.1 困惑：为什么我怎么做都无法快速赢得昔日"兄弟姐妹"的支持 199

9.2.2 拆招：带团队做事和自己一个人做事，不是一种打法 200

9.2.3 策略：提升 4 种技能，改善 3 种关系 201

9.3 资深仓库主管 203

9.3.1 心酸：天天忙得晕头转向，哪有时间成长 203

9.3.2 借口：不要用战术上的勤奋，掩盖战略上的懒惰 205

9.3.3 蜕变：只有不断地输入和输出，才能保持竞争力 206

9.4　仓库经理　208

9.4.1　引导：事前的一次正确引导和强化，好过频繁试错后的批评指正　209

9.4.2　兴趣："胡萝卜加大棒"和"画饼"已经过时，关注员工的兴趣
并善加引导　209

9.4.3　聚焦：构建可能的解决方案，而非挖掘问题背后的原因和责任人　210

9.4.4　方法：利用 ABC 原理，通过管理对事实的看法来影响结果　211

9.4.5　授权：把事情交给有比较优势的人，而不是自己去解决所有出现
的问题　212

9.4.6　激励：采用不同的激励手段，避免单纯的物质激励造成的边际效
用递减　212

第 10 章　向上管理　214

10.1　如何高效完成领导交代的任务　215

10.1.1　拆解：任务识别与化繁为简　215

10.1.2　汇报：主动汇报而不要让领导追问，态度正确及方法得当　217

10.1.3　请示：遇到问题让领导做选择题，而不是直接要答案　218

10.1.4　总结：向内复盘，向外汇报　219

10.2　如何给领导"铺路"　221

10.2.1　三大"职场怪象"：压榨你、抢你功劳、不教你　221

10.2.2　认知偏差：领导不是你的敌人，他不需要跟你争抢，也对当
老师不感兴趣　222

10.2.3　如何辅助领导：目标明确、画布策略、学徒精神　224

10.3　如何处理与领导的关系　227

10.3.1　交换理论：领导 - 成员交换关系形成的 3 个阶段　227

10.3.2　与直属领导的关系：坚守底线，两做、两不做　229

10.3.3 与大领导的关系：一个方法，一个原则   231

第11章 客户关系   233

11.1 皮与毛   234

11.1.1 妄念：没有实力只靠关系的物流服务是靠不住的   234

11.1.2 如何维护好与客户的私人关系：建立客户信息档案、投其所好、方法正确   235

11.2 全面客户观   237

11.2.1 运营中如何对待客户需求：合同内全力以赴，合同外一事一议   238

11.2.2 不要把客户的客户不当客户：客户的客户满意了，客户就会满意   239

11.3 催化剂   241

11.3.1 不仅要自己做得好，还要让客户为你叫好：避免 3 种减分行为   241

11.3.2 为与客户的进一步合作打下基础，纵向横向全面开花   242

第12章 表达能力   244

12.1 认识写作   245

12.1.1 放大器：写作是当下最有用的社交货币，让你的个人发展有更多的可能   245

12.1.2 写作是对输入思考之后的输出：输入是前提，输出是结果，思考是本质   247

12.2 如何打破部门限制，提升在企业内的影响力   250

12.2.1 日志写作能力：记录点滴和复盘，让你的成长有迹可循   250

12.2.2 邮件写作能力：不懂电子邮件礼仪，可能会断送你的职业生涯   254

12.3　如何打破企业的束缚，提升在行业内的影响力　258

12.3.1　成稿能力：掌握科学的写作方法，完成比完美更重要　258

12.3.2　习惯能力：写一篇容易写数篇很难，如何不依赖意志力持续写下去　263

后记　267

参考文献　269

第1部分
基础管理篇

在仓储管理中，基础管理工作指的是对仓储货物的收发、结存等活动的有效控制，其目的是为企业保证仓储货物的完好无损，确保生产经营活动的正常进行，并在此基础上对各类货物的活动状况进行分类记录，以明确的图表方式表达仓储货物在数量、品质方面的状况，以及所在的地理位置、部门、订单归属和仓储分散程度等情况的综合管理形式。

第1部分，着重为你介绍仓储管理的四大基础模块——运作管理、库存管理、安全管理和质量管理。只有做好仓库的基础管理工作，才能使运营管理步入专业化的轨道。

第 1 章

▼

运作管理

　　运作管理是仓储管理的基础，收货、发货是最基本的运作管理职能。货物不能及时、准确地收进仓库，按照订单的需求准时、高效地发送出去，即使仓库管理在其他方面做得再好，也都失去了自身应有的意义。

　　本章我们先来建立对运作管理这个概念的基础认知，然后从运作管理的资源配置谈起，介绍如何基于运作量和存储量测算所需配置的资源（场地、人员和设备）；再进一步聊聊如何加强对物流资源的管理，确保物流资源在使用过程中的稳定性；最后谈谈如何采用科学的运作管理方法，最大限度地利用各种资源，以实现价值最大化。

1

1.1 了解运作管理

很多人知道仓库管理，但是对运作管理却比较陌生。有些人认为运作管理就等同于仓库管理，实际上两者还是存在区别的。

这一节，笔者就系统地对运作管理的相关概念进行拆解，帮你解开困惑。比如什么是运作，什么是运作管理，运作管理人员需要具备哪些能力，运作管理的重要性。接下来，我们一一展开讲解。

1.1.1 什么是运作管理：为了达成目标，对运作资源与运作过程进行管理

运作，泛指将投入转化成产出的过程。该过程既可以是制造有形产品，也可以是提供服务。

运作资源，指的是在完成从投入到产出的过程中所涉及的资源，包括场地、人员、设备、知识、信息、资金等。

了解了这两个概念，我们再来看看什么是运作管理。

1. 定义与目标

运作管理，指的是组织为了达成目标，对运作资源与运作过程进行的计划、组织、协调与控制等一系列管理工作的总称。

运作管理的目标为，通过组织和管理各种资源，实现低成本、准时、准确、高效的收货、存储和发货作业，以及提供其他的增值服务。

2. 运作管理人员应具备的三大能力

运作管理人员与其他管理人员一样，都是通过组织他人来完成工作任务的，因此，他们必须具备三大能力，即专业能力、分析能力和人际能力。

专业能力，是指熟悉和精通运作管理领域的知识，并将这些知识熟练

应用于领域内具体工作的能力。比如，如何规划仓库布局、如何搭建人员组织结构、如何设计仓库的作业流程等。

分析能力，是指运作管理人员在仓库的运作管理过程中遇到问题时，能够识别、分析、判断事件之间的因果关系，迅速做出客观判断，提出解决问题的思路。它是运作管理人员对复杂情况进行抽象化和概念化的能力。

人际能力，是指与他人共事的能力。运作管理人员要能调动他人的工作积极性，协调众人的活动，比如向上沟通、向下沟通、跨部门沟通等。人际能力包括表达能力、倾听能力、协调能力、激励能力等。

1.1.2 运作管理的重要性：对生产和流通起着非常重要的作用

从供应链的角度，物流过程可以看作由一系列的供给和需求组成；当供给和需求不一致，两者不能很好地衔接时，就会出现生产的产品不能被及时消费（供大于求），或者出现存在需求却没有产品能满足（供小于求）需求的情况。

供给和需求之间既存在实物的"流动"，也存在实物的"静止"。流动状态就是产品入库、出库，静止状态就是将产品存储在仓库中。实物处于相对静止状态，就是为了更好地衔接供给和需求这两个环节。

仓库作为一家生产型企业的物料和成品集散地，起着非常大的作用。如果物料没有及时、准确地供应给生产，造成收发料的短缺，就会影响生产的进度。如果生产出来的成品不能及时、准确地供应给下游的经销商，就会造成客户投诉甚至客户流失。

仓库扮演着中转站的角色，对于生产和货物的流通起着非常重要的作用。除银行外，企业里几乎所有的流动资产都集中在仓库，它们占用着企业大量的资金。周转愈是便捷高效，生产和流通愈是顺畅，资金的回笼速度也愈快，企业才能可持续发展！

1.2 资源配置

资源配置是指对相对稀缺的资源在各种不同用途上加以比较并做出选择。在运作管理中，资源主要是指仓库管理中所需要的人力、物力和财力。在资源配置中，资源绝不是越多越好，而是会受到成本约束。资源配置最优是指以最少的资源耗费，获取最佳的效益。

想要满足仓库吞吐量和存储量的要求，就要测算出达成运作目标所需配置的资源。比如，所有相关的资源都配置齐全，还是只需要配置一部分，每种资源需要配置多少，这些都是需要运作管理人员认真考虑的问题。

1.2.1 仓库面积测算：如何使用最少的面积存储更多的货物

仓库布局规划，是指基于货物的特点和场地的环境，进行整体上的规划设计。设计者必须着眼于大局，通盘考虑。

在做仓库布局规划时，设计者既要关注仓库的面积利用率，也要考虑排位的利用率，以及仓库布局对运作效率的影响。

1. 仓库中的四大区域

仓库可划分为存储区、暂存区、装卸区和其他区域。

1) 存储区

存储区指的是存储货物的区域，分为 3 个部分：存储排位、散货拣选排位和叉车通道。

如果使用货架存储货物，还要考虑在部分排位的一层设置散货拣选排位。若订单的最小单位是箱，则散货拣选排位上的货物以箱为单位存储；若订单的最小单位是支（支小于箱），则以支为单位存储货物。

如果使用平面库存储，除非仓库面积充裕，否则存储排位和散货拣选排位通常是没有必要做明显划分的。

叉车通道的宽度主要参考叉车的转弯半径来设计。

2）暂存区

暂存区指的是作业缓冲区。在收货过程中，从车厢里卸下来的货物需要在暂存区进行清点、交接、系统收货后，才能转移到存储区的排位上去；在发货过程中，从排位上拣选的货物，需要先放到暂存区进行清点、交接、系统发货，然后才能装车。

3）装卸区

装卸区指的是装车、卸车的区域。如果车辆需要利用停靠月台或者装卸门才能装卸车，那么，装卸门两侧即可划分为装卸区；如果是直接在露天场地装卸车，那么，装卸区应尽量靠近作业门。

4）其他区域

其他区域指的是跟仓储管理活动相关的配套区域，比如现场办公区、托盘存放区、叉车停放区、叉车充电间、系统终端设备充电间、清洁工具存放区等。如果仓库的发货订单除了 2B 还有 2C，那么，还要单独设立 2C 的分拣打包区。

2. 存储区面积的测算逻辑

存储排位在存储区中占用的面积比较大，想要计算存储排位占用的面积，就需要计算在满足每天存储需求的前提下，需要使用的托盘数量。想要得出总的托盘数量，就需要计算每个货物品类下每个代码、批次所需的托盘数量，然后将所有的托盘数量加起来。想要得出前面所需的结果，我们需要了解与存储相关的各种基础信息。

1）货物信息

货物信息包含每个物料的基础信息，如物料的品名、代码、尺寸（长、宽、高）、重量；每个物料的堆码标准，也就是多少箱为一个整盘，每层码放多少箱，总共码放多少层；每个物料的叠放标准，即是否可以叠盘存储，最多能叠放多少盘；等等。

2）存储量信息

根据业务的特点，存储量信息主要分为两大类——预测量数据和历史存储数据。其中，新建工厂投产，在规划仓库的布局时用的是预测量数据；而生产型企业为已经在运作的区域分销中心仓库重新组织招标时，用的是历史存储数据。

预测量数据包括工厂所要生产的 SKU（Stock Keeping Unit，存货单位）个数、满产情况下每天最多生产的 SKU 个数、生产线的条数、每条生产线每小时的最大产能、平均每月的进出仓体积（或重量）、平均每天的存储体积（或重量）等。如果入库的货物除了从生产线下线的，还有从外部调拨到货的，还要了解调拨到货的 SKU 总数、平均每天到货的 SKU 个数、每月调拨到货的进出仓体积（或重量）、平均每天的存储体积（或重量）等。

仓库投入运作一段时间后，如果仓库使用 WMS（Warehous Management System，仓库管理系统），可根据需要从系统中抓取想要的各种数据。以某一天的库存信息为例，历史存储数据包括物料的代码、批次、数量（箱），每个物料的堆码标准，等等。基于这些，就可以分析出每个代码、批次对应的产品在当天的库存中，有多少个整盘、多少箱散货。

3）假设与验证

如果使用货架进行存储，建议提前了解不同类型货架的特点，综合考虑业务特点、仓库硬件、货架选型、费用预算这 4 个因素。

在 CAD 图纸上规划排位时，建议遵循以下几个原则：该有的区域不能少，减少通道多用"背靠背"的形式，叉车通道通畅，消防设施前方没有阻挡，以批量定排位容量，排位之间适当留出缓冲空间，散货拣选排位一比一配。

根据货物信息、存储量信息，可以计算出在满足存储需求的前提下，实际需要的托盘数量。然后，基于以上几个原则，即可在图纸上进行布局设计，计算出排位数量和对应的托盘数量。

将计算出的托盘数量和需要的托盘数量进行对比，即可检验布局方案是否能满足存储需求。如果布局方案不能满足，就要考虑布局方案是否有优化空间；如果没有，则考虑增加仓库的面积。

1.2.2 人员数量测算：不仅仅是作业量、时间和效率方面的简单计算

仓储管理活动中主要涉及以下 4 类岗位。

基础运作岗位，也就是与收发货强相关的岗位，没有这些岗位，仓库就无法正常运转；辅助运作岗位，该岗位人员不直接参与到收发货当中，但是也在做与业务相关的工作；行政后勤岗位，就是给仓储运作团队提供后勤保障的岗位；管理岗位，该岗位人员从事的工作带有一定的管理属性。

下面重点介绍如何测算基础运作岗位的作业人数。

1. 每小时所需作业人数

每个基础运作岗位每小时所需作业人数 =（平均每天的作业量 / 平均每天的作业时间）/ 每个基础运作岗位人员的平均作业效率。

平均每天的作业量等于每年的作业量除以 12，然后再除以每月的有效作业天数。有的仓库是每天都在作业，那么有效作业天数就可以考虑使用 30 天；如果周末没有作业，那么有效作业天数就可以考虑使用 22 天。

计算平均每天的作业时间时，虽然有的仓库是 24 小时作业，但有效作业时间不能单纯地按 24 小时计算，要刨除上班期间的所有用餐时间；如果涉及 2 个班组或者 3 个班组交接，还要减去交接班的时间，建议考虑使用 20 小时；如果仓库只是白班作业，那么有效作业时间就等于上班时间减去午餐时间。

每个基础运作岗位人员的平均作业效率，指的是每个基础运作岗位上每人每小时完成的作业量。需要注意的是，在计算过程中，平均作业效率的单位要与每天作业量的单位保持对应。比如，作业量的单位是吨，那么，平均作业效率就要呈现为每人每小时完成多少吨。

2. 每个基础运作岗位的总人数

通过上面的计算逻辑，即可测算出仓库基础运作岗位每小时所需的作业人数了，但每个岗位的总人数的计算是需要考虑其他因素的。

1）不同岗位作业量未必相同

比如，仓管员会参与所有收发货作业，按箱拣货的拣货员只会参与发货过程中那些不足整盘订单的拣货作业，叉车司机要负责所有收货产品的入库上架、发货订单中整盘货物的备货以及为按箱拣货排位补货等作业。

2）作业班次和人员轮休

作业时间为 24 小时 ×7 天模式的仓库，不可能让作业人员连轴转，而是要设计作业班次。假设每个班组的上班时间为 8 小时，那么至少要配置 3 个班组。

为了确保每月工作"总时长"符合《劳动法》的要求，同时给作业人员提供必要的休息时间，在人员数量的设计上不能可丁可卯。

假设让作业人员每周休息 2 天，那么除了周末倒班时可以空出来一天之外，还要安排周一至周五期间有一天是可以休息的。假设仓管员岗位每个班组需要足额配置 5 个人，那么可以再增加 1 个人，确保每天都有 1 个人休息，且不影响仓库作业。

3）装卸工岗位的效率特殊性

大部分装卸工在装车、卸车的时候，都不是独立完成的，通常是至少 2 个人为一个小组。基于这个前提，我们在计算装卸工岗位的人员数量时，要乘以每组的作业人数。

3. 其他岗位的人员数量

除了基础运作岗位之外，我们还要测算其他 3 类岗位的人员数量，包括辅助运作岗位（系统文员、盘点员等）、行政后勤岗位（行政专员、人事专员、清洁工、保安等）以及管理岗位（仓库主管、安全主管、行政主管等）。

其测算逻辑，主要是根据实际运营过程中的需要按比例配置，因为不同业务中的需求不同，在此不做进一步的展开。大原则就是，在成本、效率、质量这 3 者之间寻找平衡。

1.2.3 设备数量测算：抛开仓库面积和人员配置谈投入多少设备纯属胡说八道

设施设备是仓储管理的重要工具和手段，比如货架可以提升仓库面积的利用率，叉车能够提升装卸车以及出入库的效率。

是否投入设备，投入多少合适，这本质上是在仓库面积和人员数量之间寻求平衡，算的是总账。比如，考虑货架投入，简单来说，就是对比节省下来的仓库租金是否比增加的货架折旧、叉车租金（平面库通常用平衡重叉车，立体库需要用高位叉车）等费用更多。

仓储管理过程中用到的与运作相关的设备主要分为 4 类：存储设备、集装设备、搬运设备和其他设备。

1. 存储设备

货架是常见的存储设备。在前面测算存储区面积时，我们可以通过布局规划计算出在满足每天存储需求的前提下，需要配置的货架类型、每种货架类型对应的排位数量，以及每个排位可以存储的托盘数量。在采购货架时，货架公司通常是按照不同货架类型，以托盘的存储位为单位来报价的。

2. 集装设备

集装设备中，托盘非常重要。托盘的数量应该大于等于把仓库所有的排位放满时需要的数量，这是因为还要考虑将一定数量的托盘用于发货中的按箱拣货，以及收货。建议额外储备 5%~10% 的托盘。如果仓库采用从第三方租赁托盘的方式，可以根据实际需要随时增加租赁数量，不必一步到位。

3. 搬运设备

搬运设备大多由人来操作，所以，想要计算搬运设备的数量，我们只需要搞清楚每种设备主要由哪些人使用就可以了。

叉车是由叉车司机来操作的，其数量等于叉车司机岗位每班组有效的作业人数。比如，每个班组的叉车司机有 6 人，调休 1 人，那么，我们采购 5 台叉车即可。

电动地牛，通常是拣货员在发货备货时按箱拣货使用的，所以，我们只需要知道每个班组有效的拣货员数量即可。手动地牛，通常由装卸工使用，其数量等于每个班组有效的装卸工组数。

移动作业平台通常是没有月台的仓库，且需要卸带盘的海运柜或者其他厢式货车中的带盘货物时才会用到，其数量根据实际需要配置即可。

4. 其他设备

存储设备、集装设备和搬运设备是跟运作强相关的设备，其他设备的数量则需要跟各专业的负责人确认。比如，充电间配套设备，设备主管会比较清楚；虫害控制设备，质量主管会比较清楚；办公设备，行政主管会比较清楚。

"资源配置"这一内容，笔者在第一本书中专门用了两章来介绍。为避免内容重复，本节只做简单介绍，如果想深入了解相关内容，建议两本书搭配使用。

1.3 场地管理

场地，就是仓储活动的主要场所。新建或者新租赁的仓库，通常都是以"毛坯"的形式出现，是一个空旷的、尚不具备正常作业条件的场地。

在仓库正式投入使用之前，应根据存储货物的特点、使用功能的需要等，对园区以及仓库内部进行合理的装修与布置。必要的装修与布置会使仓库看上去更有"秩序"，也更有"活力"！

1.3.1 装修与布置：实施定置定位管理和标志管理，让人流和物流畅通有序

在仓库的园区和库区进行必要的装修与布置，实施定置定位管理和标

志管理，遵守"有物必有区、有区必挂牌、挂牌必分类、按图定置、图物相符"的原则，使现场管理科学化、规范化、标准化。

装修与布置，对提高货物保管的质量、充分利用仓储能力、加速货物收发、降低仓储费用等具有重要意义。仓库的装修与布置可以从以下方面进行。

1. 库内规划人行通道

仓库内部既有叉车等搬运设备来回穿梭，也有仓库现场作业人员在走动。从人员安全角度考虑，有必要在仓库内部规划一条人行通道，并规定所有的进库人员只能通过人行通道进入各自的工作区域。外部来访人员沿着人行通道行走，就不会迷路。

2. 绘制搬运设备行驶方向标志

库内的搬运设备穿梭于存储区、拣货区、备货区。大型的仓库中设备的使用量通常高达几十台，为了避免出现设备之间的碰撞，建议在设备的行驶通道上绘制提示性的行驶方向标志（主要是箭头类的）。

3. 暂存区画线

不管是收货还是发货环节，均需用暂存区来暂存货物。仓管员会在这个区域完成货物的清点以及跟司机的交接工作。为了避免乱摆乱放，建议在暂存区靠近不同的作业门的区域画线。

4. 排位号标志

如果仓库内部安装了货架，那么需要在货架的每个通道两侧标注货架通道号，在立柱或者横梁上标注排位号。如果没有安装货架，则要考虑在地面上对提前设计好的排位进行画线，同时，在高空悬挂或者在地面上粘贴 / 喷涂排位号标志。

5. 驾驶提示性标志

库内的消防卷帘门两侧（如有设备通行）及转弯处要安装反光镜。转弯处以及涉及人车混行的区域，要在墙上粘贴减速鸣笛、限速提醒等标志。

6. 提示性看板

在库内张贴或悬挂各种提示性看板，比如，产品存储布局图、消防逃生路线图、收货作业流程图、发货作业流程图、更换电瓶流程图、产品换箱流程图、产品报废流程图等。提示性看板主要张贴或者悬挂在关键作业人员的操作区。

7. 其他标志

库内还可设置其他标志，比如，对装卸作业门进行编号并粘贴标志，对库内的灭蚊灯及粘鼠板存放区域编号并粘贴标志，对库内清洁工具存放区画线并粘贴或者喷涂标志，对叉车等设备进行编号并在车身粘贴或者喷涂标志等。

1.3.2 人员及车辆进出库管理：指导、约束人员和车辆的行为

编写人员及车辆进出库管理规定，指导、约束人员及车辆的行为。人员及车辆进出库管理规定的内容要涵盖人与车"入园时""在园区内""离开时"3 个方面。笔者在此简单举例，大家可以根据自身的需求合理调整。

1. 人员

人员包括内部员工、长期合作伙伴和外部来访人员。要求分别如下。

入园时，内部员工须佩戴员工工作牌进入（最好设置电子门禁）；长期合作伙伴须佩戴授权工作牌进入（与员工工作牌有区别）；外部来访人员需要在保安室出示相关证件，经被访人员电话确认后方可办理访客登记手续，然后佩戴访客证进入。

在园区内，应在人行通道内行走；在人车混行区域，禁止边走边接打电话；禁止抽烟；必须穿戴好个人防护用品方可进入仓库；外部来访人员进入仓库除了须穿戴好个人防护用品外，必须由主管及以上级别的员工陪同；禁止在仓库内拍照；员工离开仓库需要在员工入库通道处进行自查……

离开时，严禁外部来访人员携带仓库内存储的产品；外部来访人员交回访客证，并把押在保安室的证件换回；内部员工及长期合作伙伴可直接

刷工作牌离开。

2. 车辆

车辆包括轿车及货车。要求分别如下。

入园时，内部员工及长期合作伙伴的轿车，可直接凭车辆入园证或者车牌号进入；外部来访人员的轿车，需要在办理访客登记手续时，一并办理车辆入园手续；提货和卸货车辆，需持指定的提货和卸货单据，以及车辆和司机的证件信息到保安室办理入库登记手续。

在园区内，按照园区规定的车辆行驶路线行驶，严禁超速行驶，严禁逆行；禁止在园区内对车辆进行维修；禁止将车内的垃圾随意丢到园区内；货车停靠在装卸垛口后，必须熄火并拉手刹；在卸车和装车过程中，没有仓库人员允许，禁止启动车辆……

离开时，所有车辆均需要接受保安检查，除提货车辆外，其他车辆禁止装有仓库内存储的产品；如有，必须经库内防损或库存主管签字确认。

1.4　人员管理

在仓库运作管理所需要的三大核心资源中，人是最重要的资源，任何组织的发展都离不开对人的有效管理。实施人员管理不仅可以发现、培养和使用优秀的人才，还可充分调动人的积极性，提高工作效率、实现组织的既定目标。

人不是冰冷的机器，而是情感动物，有喜、怒、哀、乐等心理感受。人是有弱点的，比如散漫、惰性、逃避等。俗话说"没有规矩，不成方圆"，如果没有人员管理，仓库的运作将会处于混乱的状态。

1.4.1　建立制度与流程：制度有助于流程执行，流程是制度的灵魂

制度，是约束组织成员的行为规范或评价准则。制度主要是对某事项的规则进行说明，强调规范性，说明组织成员可以做什么、不能做什么、什么人对什么事负责、什么行为会带来什么样的后果等。

流程，是为了完成某个目标而进行的一系列串行或并行活动或任务的集合。流程规定了做事的先后顺序，强调逻辑性，说明先做什么、后做什么、输入什么、输出什么、如何转化等。

1. 制度与流程的区别

1）管理思想不同

制度导向，基于的管理假设是"人性本恶"，主要约定什么能做、什么不能做、违反制度之后会受到的惩罚、遵守制度并获得良好结果之后可以得到的奖励等。它更多地体现了"防"的管理思想。

在制度导向管理模式的企业中，管理者考虑的是"是不是处罚力度太轻了？"随即修改制度加重处罚力度。

流程导向，基于的管理假设是"人性本善"，其特点是以完成工作的步骤为核心，结合组织结构、人员素质及其他资源，站在公司的角度来设定流程。它更多地体现了"导"的管理思想。

在流程导向管理模式的企业中，管理者考虑的是"如何使流程更优"，通过流程的优化来改善员工的行为。

2）目的不同

制度的目的是管控个体（某个环节）的作业行为规范，以确保作业的质量与安全，以及作业结果的达标程度，着重于局部。制度更多针对的是局部出现执行力问题而采取的奖惩措施，包括对执行人主观态度以及客观过失造成企业损失的处理。

流程的目的是强调各环节之间的协同行为，确保衔接顺畅与均衡同步，注重整体。从流程的定义中可以了解到，"流程导向"是为实现某项功能建立的一个系统，系统可大可小，流程内部又可以分为若干个独立的子系统，如我们通常所讲的人、机、料、法、环等子系统。

2. 制度与流程的联系

1）制度有助于流程执行

流程就像河流，流程管理就像河道疏浚，制度就是加固河道的堤坝。

先疏浚河道，河道疏浚好了以后再用制度这样的堤坝巩固疏浚成果。如果只是加固堤坝，河水总有一天会泛滥成灾。要使河流不泛滥成灾，疏浚河道和加固堤坝都不可或缺。

制度的奖励功能，会促使大家更多地关注组织的流程以及流程所倡导的作业行为，还会推动流程不断得到优化；制度的惩罚功能，会促使大家意识到不按照流程的要求进行操作需要承担的后果，从而约束大家的作业行为，建立流程的威信。

2）流程是制度的灵魂

如果制度不能反映流程，就失去了灵魂，其执行一定会出现问题。因此当制度无法执行或者总是执行不到位时，往往是它所包含的流程有问题。

在管理中，偶尔会遇到"法不责众"的情况，但是如果频繁出现这种情况，就说明相应的制度有不合理之处，而不合理之处往往是与它相关的流程跟实际情况不符，需要进行优化。

前面分享了制度与流程的定义、区别和联系。在实际操作中，与制度相关的文件通常属于企业级别，仓储运作团队只需要在企业整体的制度体系下增加部分关于仓库管理的制度即可；相比之下，需要投入更多精力的是运作流程的编写，也就是标准化作业流程。

标准化作业流程要涵盖哪几个部分、标准化作业流程体系文件应包含哪些模块、标准化作业流程的管理该注意哪些细节……在本人第一本书的第 5 章中均有详细的介绍，在此不做赘述。

1.4.2 人员培训：没有经过培训的员工，是企业最大的成本

员工，是企业的重要资源。培训是有组织的知识传递、技能传递、标准传递、信息传递、理念传递等。通过培训，企业能够提高员工的工作能力，加强员工专业知识的积累，便于员工更好地展开工作。

1. 员工培训分类

1）新员工培训

新员工培训主要是针对新员工的入职培训。人职培训的内容涉及三大方面：企业及仓储部门两个方面的制度文件培训，以及仓储部门的标准化作业流程培训。如果同一批入职的人员数量较多，可以采取集中培训的方式。

对于在运营中的仓储业务，通常入职的新员工是为了替补流失的老员工或者因为运作量增加而招聘的，每次入职的人员数量较少，建议采用个性化的培训方式。

2）回顾性培训

回顾性培训主要是针对已经工作了一段时间的员工组织的重复性培训。此类培训，并非把入职培训的内容重新讲一遍，而是结合制度和流程执行中的关键点，对不同的岗位进行有针对性的培训。其目的在于强化，避免员工思想上的麻痹大意。

3）职位变动培训

职位变动培训主要是针对晋升或者转岗人员组织的培训。每个岗位都有不同的工作内容，对所需的专业技能和管理能力的要求也不同。比如，从一个岗位晋升到更高层级岗位的人员，其当前的能力通常无法支撑他完全胜任新岗位，需要进行培训。

2. 计划与实施

仓库员工培训的实施，主要由企业的 HR 或者仓储部门的人事专员负责。

1）培训计划

培训计划涵盖课程名称、培训对象、培训老师、预计课时、考核方式、培训时间这 6 个方面。其中，制作培训教材以及选择合适的培训老师是培训负责人需要关注的重点。

2）培训实施

培训实施涉及培训前、培训中和培训后等环节。如果组织集中培训，培训前，需要将培训的时间告知所有的培训对象以及培训老师，准备培训所需要的材料和物料，预约培训教室以及提前对现场进行布置。培训中，培训老师要关注自己授课时的表达方式，营造良好的氛围以充分调动学员的积极性，把控好培训时间，留存培训记录。培训后，培训负责人要对此次培训的整个过程进行复盘，以便做出改进。

1.4.3 绩效考核与面谈：打破平均主义，提升个人和组织效能

大多数绩效考核指标都包含定量指标和定性指标。

定量指标包括确凿的数据以及"是"和"非"的决定。定性指标是基于判断的，并且会根据不同决策者的不同反应而变化。

虽然确凿的数据提供了一种绩效考核指标，具有一定的作用，但也具有一定的局限性。定性指标作为分析判断的方法之一，则拓宽了绩效考核指标的维度。

1. 制定考核标准

1）定量分析

定量分析就是尽量把考核的内容进行量化并分析。

定量分析具有简单明了、约束力较强、独立程度较高的特点，量化的结果可以在个人和组织之间进行比较。比如，负责上下架的叉车司机，以操作的托盘数为单位进行统计；负责按箱拣货的拣货员，以箱数为单位进行统计；负责装卸车的工人，重货以吨、轻货以方为单位进行统计。

量化指标使得考核的过程更加公平、公正，对于员工来讲，也很容易计算出自己目前的完成进度。

2）定性分析

定性分析就是对不能量化的内容进行描述性分析。

定性分析不可避免地会受到考核人主观意识的影响，因此其公正公平性经常受到推崇定量分析的人的质疑。然而，定性分析对提高组织和个人的绩效是非常重要的，过多使用定量分析会使考核成本过高，不利于绩效

考核的顺利实施。

因此，选择绩效考核方法时应根据岗位的具体特点来确定，一般情况下应该定量分析与定性分析相结合。比如，针对仓管员的考核，可以对收货和发货的箱数进行定量分析，可以对收货和发货的质量（是否收错货、多发货、少发货等）进行定性分析。

2. 组织绩效面谈

很多人对绩效考核有偏见，认为绩效考核就是管理者想方设法克扣被考核人员的绩效工资，实际上，这可能是部分管理者在执行绩效考核时的"动作"变形，给大家造成了误会。比如，绩效面谈没做到位。

绩效面谈是绩效管理工作中非常重要的环节，目的是实现上级和下属之间对于工作情况的沟通和确认，找出工作中的优势及不足，并制定相应的改进方案。根据工作进展，绩效面谈可以分为 3 个方面：绩效计划面谈、绩效指导面谈和考核总结面谈。

1）绩效计划面谈

每年年底或者年初，仓储运营团队的管理人员都要根据企业的发展目标及仓储业务的重点工作，制定员工的绩效考核表。

绩效计划面谈，就是在工作开展初期，上级主管与下属就本期内绩效计划的目标和内容，以及实现目标的措施、步骤和方法进行的面谈。需要注意的是，绩效考核指标需要双方在绩效计划面谈中达成一致，并由下属签字确认。签字即承诺，以免后期执行中扯皮。

2）绩效指导面谈

绩效指导面谈是在绩效管理活动过程中，主管根据下属在不同阶段的实际表现，与下属就工作开展的情况，如工作意愿、工作方法、潜在的问题等进行的一对一面谈。

很多人以为既然下属已经在绩效考核表上签字确认了，就不需要关注过程，应该给下属充分放权，等考核结果出来以后再进行面谈即可。实际上，这是一种偷懒的做法，或者说是主管的不作为。

作为上级，主管有义务在下属的工作推进中及时地指导和纠正，以帮助其完成绩效考核指标。有效的绩效指导面谈能够提高下属的积极性、能动性。

3）考核总结面谈

考核总结面谈是在下属的整项工作完成之后，或一个考核周期结束以后，主管根据下属绩效计划的执行情况、工作表现、工作业绩等进行全面回顾、总结与评估，并将结果及相关信息反馈给员工的过程。

主管在开始面谈前，可以让下属先做一个自我评价，这有助于明确接下来面谈中的侧重点。面谈中，主管对于下属取得的成绩要给予肯定，从而强化其有效行为；对于下属存在的不足，要引导其制订正确、合理的行动计划。

另外，面谈中要允许下属质疑，给其发表自己看法的时间和机会，耐心地向其解释考核结果。

1.4.4 运作例会：信息共享、纠正偏差，把问题摆到桌面上来

会议指的是有组织、有领导、有目的地在限定的时间和地点，与限定的人员，按照一定的程序进行的议事活动。

在仓库的运作管理中，会议按照时间及频率可分为班前会、每日运作回顾会、周例会、月度例会、季度会议和年终总结会。接下来主要介绍前两个。

1. 班前会

班前会就是每个班组上班前开的会议，如果仓库是 24 小时运作的，那么每个班组在正式工作前，运作主管都要组织开班前会。

班前会的地点通常是在仓库一线而不是会议室，时间控制在 10~15 分钟，所有当班参与运作的人员都要参加。班前会的内容主要包括以下几个方面。

1）点名考勤

通过点名的方式清点当天各岗位参与运作的人员数量，便于合理安排

当天的收发货任务，同时，也可以了解到哪些人员无故缺勤、哪些人员迟到、哪些人员请假等，做好考勤管理。

如果使用考勤机代替了点名，那么，当班的运作主管在班前会开始前要了解当天的打卡情况。

2）作业回顾与安排

运作主管向大家通报上一个班次的收发货作业完成情况，以及今天上班要完成的工作任务；肯定工作中表现比较突出的员工，树立榜样，对于出错的员工，在会后批评教育（不要在会上提及名字）；在会上说明出现的问题、问题发生的原因以及解决办法，避免其他员工出现同样的错误。

原则上，每个岗位人员的工作任务是相对固定的，但是遇到特殊情况，运作主管需要在会上做出临时的调整和部署。

3）通知下达

对于企业下发的通知，需要全员了解的，运作主管或者相关部门的人员要在会上进行传达。

另外，如果有需要当班人员注意或者配合的事项，也要一并传达，比如外部客户的参观考察、企业层面的安全检查等。

2. 每日运作回顾会

每日运作回顾会就是对前一天的运作情况进行回顾与总结的会议。如果仓库是 24 小时运作的，那么每日运作回顾会就要对 24 小时的运作情况进行回顾和总结。

每日运作回顾会的地点通常是在会议室，由仓库经理主导，除了运作主管必须参加之外，还要根据会议议题的不同选择相关的主管人员参加，比如库存主管、设备主管、安全主管、质量主管等。每日运作回顾会的主要内容包含以下几方面。

1）运作回顾

仓库经理每天上班以后，想要了解仓库 24 小时内的运作情况，建议关注 3 张报表，即收货报表、发货报表以及库存报表。

关注收货报表，可以了解仓库回复的卸货预约的合理性，以及在预约时间之前到达的卸货车辆是否在规定的时间内完成卸货并出库；没有完成的由运作主管说明原因。

关注发货报表，可以了解仓库回复的承运商提货预约的合理性，尤其是客户及时交付率要求较高的要放到靠前的作业轮次，以及在预约时间之前到达的提货车辆是否在规定的时间内完成装车并出库；没有完成的由运作主管说明原因。

关注库存报表，可以了解目前仓库存储排位的占用情况，尤其是库存占有率连续几天较高、存在爆仓风险时，要提前做好各种准备。

2）其他事项

对于其他主管反馈的问题，可以在会上组织讨论并制订行动计划。

既然是正式会议，就必须做到会而有议、议而有决、决而有行。对于一些好的工作方法或者好用的工具，经理可以在会上进行分享。

1.5 设备管理

"工欲善其事，必先利其器"，想要提高仓库的存储能力和运作效率，必须具备先进的设备及良好的管理水平。

当然，设备并非买回来就一劳永逸了，仓储部门作为设备的使用者，还要在使用过程中加强对设备的管理；缺少了对设备的管理，将会对仓库的运营带来很多潜在的风险。

加强设备管理的意义在于，通过做好设备日常的维修、维护、保养，从而提高设备的完好率，降低设备的事故率，减少维修费用，使设备性能得以充分发挥，从而保证仓库运作安全顺利进行。

1.5.1 搬运设备：不仅要正确使用叉车，更要做好维修、维护与保养

叉车是物料搬运的主力军，是仓库内重要的搬运设备，在装卸车、上

下架、平行移动等活动中扮演着主要的角色。

由于每台叉车的采购或者租赁成本较高，在配置叉车时，通常不会超额配置。叉车出现故障，如果不及时处理，就会影响到仓库运作，而使用有故障的叉车，严重的可能会造成安全事故。

1. 建立检查机制，及时发现故障

1）上车前检查

叉车司机在上车前，要按照叉车检查表对叉车外观进行检查，同时检查叉车的各项性能是否正常。对于发现的故障，要记录在叉车检查记录表上，同时第一时间上报仓库主管或者设备主管（大型仓库通常会设立此岗位）。

2）交接班检查

如果仓库是 24 小时作业的，就会涉及叉车司机倒班。通常情况下，企业为了节约成本，叉车是 24 小时连轴转的，只会在电量不足时更换电瓶、在柴油不足时加油。叉车是两个班组共同使用的设备，因此在交接班时，两个班组的叉车司机要进行交接班检查。

3）设备管理人员检查

除了叉车司机检查之外，设备管理人员也要定期对叉车进行检查，其检查的项目要多于叉车司机的日常检查内容，具有更好的专业能力。

设备管理人员需要系统学习叉车的相关知识，对仓库使用的不同品牌、型号的叉车有深入的研究（来自厂家的培训以及自学）。

2. 出现故障及时维修，小毛病不拖延

1）进一步确认

不管是叉车司机上报的故障，还是其他人员发现的故障，设备管理人员在接到故障反馈后都要第一时间去现场检查，确认故障是否属实。

如需维修，原则上需要将叉车转移至指定的叉车维修区域；如果因故障无法移动，需要将故障叉车所在的区域使用围挡进行隔离，并张贴提示性标志。

2）备件库管理

对于叉车上的易损件，建议集中进行采购，根据其更换的频率确定采购的数量。一方面，集中采购比单次采购更优惠，另一方面，避免了临时从外部采购存在时间差，无法及时更换配件而影响叉车运作的情况。

对于备件库，要建立台账进行管理，所有的配件进出都要有记录、有审批，并定期盘点备件的库存是否准确。

3）维修有记录

每次维修叉车都要做好记录，并将维修记录同步到叉车的电子档案中；如果没有电子档案，则手写记录并存档。

定期对叉车的维修记录进行分析，如果故障是人为造成的，要对相关人员进行批评教育、再培训，甚至可以给予行政处罚；如果是叉车本身的问题，要找厂家协商解决；如果所有的叉车都遇到同样的故障，要观察作业场地是否存在缺陷。

3. 定期维护保养，保持性能最佳

叉车是由各种零件组成的，随着使用时间增加，润滑油（脂）及其他工作介质会变质、失效或滴漏。一些叉车的零件表面会积存污垢，连接配件会松弛，金属零件会锈蚀、变形，橡胶和塑料等非金属制件会老化或受损伤，等等。这些都会使叉车的整体性能降低。

1）保养重于维修

叉车保养的目的是消除安全隐患和防止配件技术状况恶化。叉车保养到位了，不仅仅是使用过程中有了安全保障，同时还可以大大延长叉车的使用寿命，减少维修费用及降低搁置率，起到事半功倍的作用。

2）制订保养计划

设备管理人员应根据每种设备的类型、特点，结合日常的作业环境，制订叉车的保养计划。有些保养项目是每个工作日必须实施的，比如叉车表面清洁，有些可间隔较短的操作时间，有些可间隔较长的操作时间。

除工作日进行的日常保养外，一般把叉车的定期保养定为三级保养：

一级保养以润滑、紧固为中心，二级保养以检查、调整为中心，三级保养以总成解体、清洗、检查、调整为中心。

3）定期与不定期

定期保养，就是针对那些可以预料到随着时间或使用会产生变化的零件进行调整与更换。非定期保养是定期保养的补充，比如磨合期保养、季节性保养及封存保养。

对叉车的保养，要做好保养记录，并将其同步至叉车的档案中。

1.5.2 存储设备：做好防护与检查，再好的货架都经不起撞击

货架是现代化仓库中提高仓库存储能力的重要设备，常见的货架包括横梁式货架、驶入式货架、穿梭式货架、重力式货架、阁楼式货架等。

货架某个关键部件发生损坏，将会影响单个甚至是多个相关排位的存储能力，造成仓库可用的排位数量减少。如果不及时处理，可能会造成货架倒塌，发生安全事故。

1. 安装防护设施，缓冲撞击力量

货架和叉车是仓库中的黄金搭档，但在作业过程中，叉车撞坏货架的情况几乎是不可避免的。

比较常见的损坏是，叉车撞坏货架的立柱或者横梁。以横梁式货架为例，立柱就是货架的柱子，将货架支撑于地面，一般一组仓储货架有4根立柱，每两根立柱由横撑和斜撑构成了一个立柱片。横梁就相当于建筑物中的梁，它的两端分别固定在两根立柱上，形成一根横跨两个立柱片的横杆，每个层面一般由两根或两根以上的横梁组成。

如果货架的立柱被叉车撞坏，在只是更换立柱的情况下，首先要将立柱左右两侧货架上的货物取走，采购新的立柱，组织安装工人进行更换。

这个过程费时、费力还费钱，为了降低立柱被撞坏的风险，建议在采购货架时配套采购防撞设施，比如立柱前的防撞柱、货架两端的防护栏。如果发生撞击，防撞设施可以在一定程度上缓冲叉车的撞击力量，避免货

架的立柱受损。

2.建立检查机制，及时发现故障

叉车司机撞坏了货架或者防撞设施以后，如果未主动上报，而且仓管员未能及时发现，且被撞坏的货架上仍然存放着货物，随着时间的推移，货架的实际承重能力就会逐渐下降，严重的会造成货架倒塌，后果不堪设想。

因此，仓管员必须建立检查机制，对库内的货架进行检查（包括防撞设施、立柱、横梁是否变形，货架是否有明显的晃动或倾斜，等等）。建议每天至少检查 1 次并做好记录，同时，将货架的检查内容纳入仓库安全检查的定期检查项目中。

3.及时处理故障，避免损失扩大

对于一线反馈的货架或者防撞设施损坏、变形等情况，由仓库的安全主管到现场进行确认，如果是叉车司机撞坏的，需要通知叉车司机的直属上级一并到现场。

如果只是防撞设施损坏，货架没有受到影响，可在防撞设施上张贴待维修标志，安全主管给后勤部门下维修单；如果是货架的横梁或者立柱变形，在确保安全的前提下，应第一时间将承重受到影响的排位上的货物转移到其他排位上，并联系 WMS 操作人员，将受损的排位在系统内锁定，避免入库时系统提示往这些排位放货，同时张贴待维修标志并对损失进行评估，制定配件的更换方案。

事后要分析事故发生的原因，制订行动计划并组织相关岗位的人员接受再培训、教育，对事故责任人按照仓库的管理制度进行处理。如果防撞设施或者货架频繁被撞，则要分析是否存在设计上的缺陷，而不能只是从叉车司机身上找原因。

1.5.3 集装设备：及时维修可延长托盘使用寿命，报废就要重新购置

托盘是使静态货物转变为动态货物的媒介物，是一种活动的装载平台，

或者说是可移动的地面。它是物流仓库中不可或缺的设备，也是仓库中使用最多的物流资源。以托盘为单位进行装卸车、平行移动、货物存储，可以大大提升仓库的装卸效率和存储能力。

作为与集装箱类似的一种集装设备，托盘现已广泛应用于生产、运输、仓储和流通等领域。虽然在采购或者租赁托盘时会适度超额配置，但托盘大量发生损坏也会影响仓库的正常运作，而使用存在缺陷的托盘，轻则造成货损，重则造成安全事故。

1. 托盘分类

托盘按材质可划分为木质托盘、塑料托盘、金属托盘、纸托盘、复合材料托盘等。仓库内可以用来长期存放货物的托盘，主要是木质托盘和塑料托盘两大类。

国际标准化组织（International Organization for Standardization, ISO）规定的托盘规格有如下 6 种：1200mm × 1000mm、1200mm × 800mm、1219mm × 1016mm、1140mm × 1140mm、1100mm × 1100mm、1067mm × 1067mm。其中全球应用最广泛的是 1200mm × 1000mm 规格的托盘。

托盘的载荷分为动载、静载、上架载荷，选择托盘的载荷时要了解托盘的功能，当托盘要上架存储时，上架载荷最为重要。

2. 托盘使用规范

在日常使用托盘时，必须遵循"轻拿轻放、平衡平置"的原则，不得出现摔、扔、踩等野蛮行为，不要集中或者偏心堆放，尽量使货物均匀平铺码放在托盘上，然后再往上逐层码放。

原则上托盘仅限仓库内部使用，托盘管理人员应定期对托盘的数量进行盘点，如涉及与上下游环节流通共用，则要建立往来的交接确认账目。

木质托盘必须存放在干燥、整洁、干净、通风的室内环境中，不能露天存放，否则很容易因为雨淋、潮湿、暴晒、虫害等外部原因发生损坏。塑料托盘如果需要在库外存储，要在托盘上面加盖篷布，否则长期的暴晒或者雨淋很容易导致托盘老化，缩短托盘寿命。

3. 维修与报废

木质托盘往往不是一次性损坏到不能使用的程度的，第一次损坏大都是局部的，比如托盘上的某块面板断裂，托盘中间的"垫块方木"松动、裂开等；若继续使用，出现第二次、第三次损坏，木质托盘基本上就报废了。因此在出现第一次损坏时及时维修，可以延长托盘的使用寿命。

对于具有维修价值的托盘，要将其转移到指定的托盘维修区域。该区域要进行物理隔离，当损坏的托盘达到一定数量之后（根据实际情况制定），则启动维修任务。

托盘管理人员要对进入维修区域的托盘进行记录，包括损坏的部位、损坏的原因、责任人；涉及从外部采购维修物料（维修工具、木板、方木等）时，要向行政部门或者采购部门提交申请，平时也可以储备一些常用物料。

没有维修价值的托盘则进入报废程序，托盘管理人员找仓库经理审批。当报废的数量超出一定的比例之后，为了避免影响仓库的正常运作，要考虑是否需要采购一批托盘。

1.6 预约机制

预约，就是事先约定。在生活中，我们对这个词并不陌生。比如，想去医院看病，由于每个科室的医生人数和时间是有限的，需要提前在网上预约，锁定医生和时间，这样就避免了到医院以后"跑空"的情况。

在仓储管理中，由于库内的资源和作业时间也是有限的，如果承运商不提前告知提送货的车辆信息，仓库里的人员就无法准确预测当天的作业任务。作业量大，分配的资源不足，会造成工作无法按时完成；作业量小，分配的资源过多，会造成资源浪费。

1.6.1 打破信息不对称：互通提送货车辆信息，避免扎堆到达

大型物流中心仓库的提货和送货作业通常会涉及多家承运商，如果大家按照各自的计划安排提货和送货，仓库内就很容易出现某些时间段作业任务扎堆，而某些时间段作业任务偏少的情况，使得仓库的资源无法有效利用，同时也会引起承运商的不满。

发生这种问题的原因在于，承运商和仓库之间的信息不对称。每家承运商在安排提货和送货时不会与其他的承运商沟通，即使沟通，其效率也比较低。

仓库作为货物的集散中心，天然具有信息上的优势，也具有作业调配上的主动权。只要各家承运商将第二天的提货和送货车辆到达仓库的时间及其他相关信息发送给仓库，仓库调度人员就可以看到每个时间点需要开展的作业任务，然后根据第二天库内的作业人数及可以使用的设施设备进行作业匹配。

1.6.2 预约与仓库回复：合理安排时间，最大化利用运作资源

承运商的车辆到达时间比较随机，为了便于管理，建议对预约的时间进行统一规定。

1. 设定作业轮次

每天设定几个作业的轮次，比如 8：00—12：00、13：00—18：00、19：00—23：00、00：00—7：00（凌晨的作业效率相对较低）。其中，18：00—19：00、7：00—8：00 这两个时间段为两个班组交接班的时间，12：00—13：00、23：00—00：00 为仓库调度人员固定的休息、补充能量的时间。

不同的仓库可以从实际情况出发，设定每个轮次的作业时间段。有的仓库，送货的车型以 17.5 米为主，发货的车型为 4.2 米、6.8 米、9.6 米、12.5 米、17.5 米等，那么在设定作业轮次时，收货作业每个轮次的时间可

以适度拉长，发货作业每个轮次的时间可以适度缩短。有的仓库只有白班作业，那么设置 2 ～ 3 个时间段即可。

设定作业轮次，使得仓库内的作业资源与到库的作业车辆实现有效匹配，避免资源闲置，有助于提升仓库的运作效率以及仓库调度人员的工作效率。

2. 预约与回复

设定好作业轮次后，应将要求通知给各家承运商。承运商在安排好车辆后即可填写预约表，并将预约表发送给仓库调度人员，仓库调度人员根据仓库每个轮次的作业能力进行预约回复。如果同一个时间段预约的车次超出仓库的作业能力，则根据收到承运商预约表的时间以及其车辆中是否有着急要收的货或着急要发的订单，综合考虑后，将部分车辆的预约时间推迟到下一个作业轮次，并回复给承运商。

需要注意的是，预约和回复一定是前置的，具体来讲，就是当天只能预约第二天的到车情况，不能预约当天的。在实际操作中，仓库调度人员可以根据当天作业任务的完成情况，将第二天已到的部分车辆提前安排进库。

原则上，承运商的车辆必须在每个作业轮次开始前到达，如果出现车辆晚到的情况，为了确保仓库资源的有效利用，仓库调度人员可以将那些已经到达仓库但原本安排在下个作业轮次的车辆提前到这个作业轮次。同时，对于晚到的车辆，仓库调度人员有权将其延迟到下一个作业轮次，或者让承运商重新预约时间。

有的仓库有智能预约与回复信息化系统，那么，仓库在系统内设定好预约规则后，承运商即可在系统中进行预约。系统基于设定好的规则进行自动回复，生成预约号。承运商的车辆到达仓库后，根据预约号到库房进行登记、签到等。

1.6.3 作业可视化管理：化繁为简，让管理的对象一目了然

仓库调度室作为仓库运作的"大脑"，不仅要负责到达仓库车辆的时间调配、进出库的登记，更要负责车辆在库的跟踪以及异常问题的沟通协调。建议对库内的作业情况进行可视化管理。

1. 垛口占用情况看板

封闭式的仓库（车辆停靠到作业门以后，车尾与作业门实现无缝对接），通常其可供作业的垛口（装卸作业门）是比较受限的，同一个作业轮次所能安排的车辆总数不能超过垛口的总数。所以，及时地了解垛口的占用情况，对于调度而言就非常重要。

制作垛口占用情况看板所需要的物料包括：磁性白板 1 块、磁扣 1 套、垛口占用情况表格印刷品 1 张（显示垛口的编号、是否占用）。将表格印刷品贴在磁性白板上，然后把白板悬挂在仓库调度室的墙上。当车辆进库以后，仓库调度人员及时将磁扣放在对应的垛口后面，当车辆出库以后，及时将磁扣取下来。

如此，仓库调度人员就能通过垛口占用情况看板，随时掌握仓库内的垛口占用情况。看板管理是比较基础的，也是比较有用的，能够辅助仓库调度人员管理垛口。

2. 车辆在库跟踪看板

仓库调度人员既然要跟踪车辆的在库情况，仅仅观察垛口是否被占用还不够，还要关注垛口能否尽快释放出来，以提升垛口的使用效率，其本质是关注车辆的在库时间。

不同作业类型的车辆，其在库时涉及的事项也不同。比如，车辆停靠垛口以后，卸货车辆涉及仓管员审核到货单据、检查车况、组织装卸工卸车、卸货期间异常问题解决、签单离库等；提货车辆涉及仓管员审核提货单据、检查车况、带领司机清点货物、交接签单、组织装卸工装车、发货期间异常问题处理、车辆离库等。

其中，装卸工装车和卸车所花费的时间占比最大，其次就是处理异常问题花费的时间存在不确定性，不及时解决的话，占用的时间就比较长。

对此，可以制作车辆在库跟踪表，并在表格中做一些自动化的设定。比如，基于作业效率，设定不同作业类型的车辆的在库时间，当车辆的在库时间超出设定的标准以后，表格自动报警（如让这一行显示成红色），提醒仓库调度人员注意。

资金预算比较充足的企业，可以在仓库调度室的墙上悬挂一个电子屏，并让它跟计算机主机相连，这样显示的效果更好。预算不足的企业可以直接在计算机显示器上通过 Excel 表来管理，也能达到目的。

3. 运作视频监控系统

常规情况下，仓库调度人员想要了解在库车辆的作业进度，使用对讲机找对应垛口的仓管员了解即可。

不过，有时仓管员可能正在忙别的事情，无法及时反馈。对于这种情况，仓库调度人员可以借助仓库运作现场的视频监控系统了解每个作业垛口的情况。

当然，对企业而言，在仓库调度室增加一套辅助运作的视频监控系统也是需要一些费用的。企业可以根据自身的需求，选择适合仓库调度的辅助管理工具。

1.7　运作指标

什么样的仓库管理称得上好的管理？仓库管理做到什么程度才算是做到位了？定性评价带有太强的主观性，建议设置量化的指标。

没有量化就没有标准，对仓库管理进行量化评价，能够有效提升仓库的管理效率，实现效益最大化。在仓储服务中，对于第三方物流企业而言，每个月的运作指标是否达标也是客户关注的重点。

1.7.1 效率指标：约定单位时间完成的工作量，知不足而后进

仓库作业的收货和发货环节涉及与上下游承运商的外部协作，不允许仓库人员在没有时间限定的前提下随意发挥。

为保证到仓的货物能及时收货，客户的订单能准时发出，必须加强对收发货流程的管理，对每个岗位的效率指标进行量化。

1. 与收货相关的指标

1）卸货效率

对于带盘或者吨袋作业，卸货效率考查的是叉车司机从车上取第一盘货物开始，将货物转移至收货暂存区，重复作业直至车辆清空的时间，通常用每小时卸货多少盘来反映。

对于散装作业，卸货效率考查的是装卸工从车厢内把货物码放到托盘上，凑成一个整盘后，使用手动地牛将其运送至收货暂存区，重复作业直至全部卸货完毕的时间，通常用每小时卸货多少吨或者多少立方米来反映。

2）收货效率

收货效率考查的是仓管员从组织卸货开始，到把所有的货物清点完毕所花费的时间，通常用每小时收货多少箱来反映。对于带盘到货，则可以考虑用每小时收货多少盘来反映收货效率。

3）上架效率

上架效率考查的是叉车司机从收货暂存区取第一盘货物开始，将货物转移至目标排位上，重复作业直至把收货暂存区的所有货物上架完成所花费的时间，通常用每小时上架多少盘来反映。

2. 与发货相关的指标

1）下架效率

如果每车的发货订单在系统中自动生成整盘备货和按箱备货的话，下架效率考查的是叉车司机从目标排位取第一盘货物开始，将货物转移至备货区，重复作业直至把该客户的所有整盘货物下架所花费的时间，通常用

每小时下架多少盘来反映。

2）补货效率

如果仓库设置了按箱拣货排位，且该排位在系统内设置了安全值，当库存低于安全值，系统就会生成补货请求。补货效率考查的是叉车司机从目标排位将货物转移至指定的按箱拣货排位所花费的时间，通常用每小时补货多少盘来反映。

3）拣货效率

拣货效率考查的是拣货员拣取按箱备货的订单时，驾驶电动地牛从接到拣货任务开始，根据系统提示逐个从各排位拣取（搬运）货物至托盘上，并将放满货物的托盘运送至备货区，重复操作直至该订单下的货物全部拣取完成所花费的时间，通常用每小时拣多少箱来反映。

4）备货效率

关于前 3 个指标，需要提醒的是，如果是平面库作业且排位不区分存储区和拣货区，那么就不存在补货的动作，也无须额外区分下架效率和拣货效率，统称为备货效率即可。

备货效率考查的是拣货员从接到拣货任务开始，根据系统提示的路径逐个排位备货，直至备货完成所花费的时间，通常用每小时拣多少箱来反映。

5）装车效率

如果是带盘装车，装车效率考查的是叉车司机从备货区取第一盘货物开始，将货物转移至车厢内，循环往复直至把备货区所有的货物装至车厢内所花费的时间，通常用每小时装货多少盘来反映。

如果是以箱为单位装车，装车效率考查的是装卸工将第一盘货物运送至车厢内，逐箱码放至车上，重复作业直至把备货区所有的货物全部装到车上所花费的时间，通常用每小时装货多少吨或者多少立方米来反映。

6）发货效率

发货效率考查的是仓管员从组织备货开始，到清点备货区货物、与司机交接和签单、组织装卸工装车，直至装车完毕所花费的时间，通常用每小时发货多少箱来反映。对于带盘发货，则可以考虑用每小时发货多少盘来反映发货效率。

1.7.2 库存指标：容量和数量，是仓库库存管理的两大核心

库存管理，属于仓库的内部管理。库存管理的好坏不仅影响仓库的运作效率（如在取货排位上找不到货物，对发货环节有影响），也会影响仓库的经营效益（如库存数量出现短少，要赔偿损失）。

在仓储管理的操作层面，运作管理关注的是如何组织各种资源（场地、人员、设备）高效地收货和发货，库存管理关注的是如何在有限的面积内存储更多的货物并确保其准确和完好。

1. 与排位相关的指标

1）排位占有率

排位占有率是指被占用的排位数量与设计的排位数量的比率。需要注意的是，排位上只要放了货，哪怕只是放了一盘货物，也算是被占用了。

每个仓库的存储能力是有限的，仓管员不但要知道所管理仓库的总存储能力有多大，而且要清楚地了解剩余的存储能力如何。

建立这个指标，不只是单纯用于了解排位的占用情况，主要是辅助决策。比如，根据排位占有率，考虑仓库是否有扩容或者收缩的必要等。

2）排位利用率

在设计仓库布局时，单个排位并非只能存储一盘货物，也可以根据需要把单个排位设计成能存储几盘、十几盘、甚至几十盘货物。以驶入式货架为例，如果一层可以放 3 盘货物，总共可以放 5 层，那么，此单个排位就能放 15 盘货物。

排位利用率是指排位上实际放货的盘数与设计放货盘数的比率。比如，设计的放货盘数为 15 盘，实际上只放了 3 盘，那么，该排位的利用率即为 20%。

以上两个指标是相辅相成的，如果没有排位利用率，单纯根据排位占有率来预测仓库是否爆仓，容易出现决策失误。当排位占有率较高，但是存储能力较强的排位的利用率较低时，可以将利用率较低排位上的货物转移至存储能力较弱的排位上去，这样就能将排位的存储能力释放出来。

有的仓库在开仓几个月后，明明大部分排位上还有存储空间，但是仍然出现爆仓的情况，这大概率是最初设计仓库布局时出现了规划上的失误。比如，一味追求仓库的面积利用率，设计了大量的强存储能力的排位，没有搭配一些存储能力较弱的排位；也可能是强存储能力排位的存放托盘数量设计过大，排位根本就放不满。

如何做仓库布局规划？我在本人第一本书的第 3 章中有具体说明，感兴趣的读者可以去查阅下，在此不做赘述。

2. 与货物相关的指标

1）库存准确率

库存准确率是盘点出来的库存数量与账目上的库存数量的比率。实操中，可以用盘点准确的 SKU 占库存总 SKU 的比率来表示，或者用盘点准确的库存金额之和与库存总金额的比率来表示，或者用盘点准确的库存排位数量与库存所有排位数量的比率来表示。

排位上的货物数量比系统中的多或者少，都算库存不准确。关于库存管理这个课题，笔者会在第 2 章中给大家详细介绍。

2）库存周转率

库存周转率是某时间段的出库总金额与该时间段平均库存金额的比率。这个指标通常是生产型企业或者贸易型企业用来衡量其库存周转情况的。

因为影响库存周转率的因素是货物出库数量和库存平均数量，前者依靠销售，后者仰仗物料计划或采购，仓库在其中几乎没有什么作用，所以很多企业不需要仓库考查这个指标，而是让财务人员来出具，让仓库的运营管理人员了解即可。

第 2 章

▼

库存管理

　　运作管理，强调的是收货和发货，是偏向于"动态"的管理；货物的存储，强调的是在库货物的准确性和完好性，是偏向于"静态"的管理。动与静的结合，使得仓储管理更有"活力"。库存管理的好坏，不仅会影响仓库的运作效率，也会影响仓库的经营效益。

　　本章我们先来了解不同视角下库存管理的概念、库存管理的重要性、库存差异的类型、如何预防库存差异，再进一步聊聊如何建立盘点机制，以期及时发现差异，找到库存管理的漏洞，提升库存管理水平。

2

2.1　了解库存管理

很多人对库存管理并不陌生，但是，由于自己在供应链上所处的位置不同、视角不同，对库存以及库存管理的认知也不尽相同。

这一节，笔者将系统地对库存管理的相关概念进行拆解，比如什么是库存管理，广义的库存管理与狭义的库存管理有什么区别，库存管理的重要性。接下来将一一展开讲解。

2.1.1　什么是库存管理：确保存储的货物账实相符，且状态良好

广义的库存管理指的是与库存货物的计划与控制有关的业务，其目的是支持生产运作。不同的企业对于库存管理有不同的认识，概括起来主要有以下 3 种。

一是持有库存。企业持有一定的库存，有助于保证生产正常、连续、稳定地进行，也有助于保质、保量地满足客户需求，维护企业声誉，巩固市场占有率。

二是保持合理库存，既不能过度积压也不能短缺，这些都是库存管理的风险计划问题。

三是零库存。其主要代表是准时生产（Just-in-Time, JIT），认为库存即是浪费。零库存是一项高效的库存管理措施，并得到了企业的广泛应用。

从仓储管理角度看到的库存管理，相较于从供应链管理角度看到的更加微观，可以理解为对实物的库存控制。

狭义的库存管理是指采用科学的方法，对仓库里存放的货物进行管理。其目的是确保存储的货物账实相符，且状态良好，这也是笔者在本章要重点探讨的内容。

2.1.2 库存管理的重要性：库存是仓储管理的根本

在仓储管理的操作层面，除了运作管理（收发货）之外，最重要的就是库存管理。

运作管理关注的是如何组织各种资源（场地、人员、设备）高效地收货和发货，库存管理关注的是如何在有限的面积内存储更多的货物并确保其准确和完好。

1. 容量

要想在有限的仓库中存储更多的货物，需要结合货物信息、仓库信息进行布局设计。

使用货架可以有效提升仓库单位面积的存储能力，但是受制于仓库租期、仓储业务合同周期、企业的资金状况、配套设备及人员等因素，企业需要综合考虑整体的投入产出比是否合理。

即使使用平面库存储，将货物码放于托盘上然后存储在地面上，如果不做好布局设计，也会造成仓库面积浪费。

2. 效率

入库时乱堆乱放，备货时不守规矩，都会造成库存准确率低。

原材料和半成品库存不准确，会影响工厂的生产进度。成品库存不准确，将影响销售订单的按期如数交付。

比如，在发货过程中，叉车司机和拣货员到指定排位找不到对应货物，或者排位上剩余的货物无法满足拣货任务，提货车辆在仓库内长时间等待，这都会影响仓库的发货效率，从而影响下游的货物交付。

3. 成本

不合理的布局设计会导致占用更多的仓库面积，造成仓库租金的增加。

此外，库存管理不善，排位上货物数量短少、货物残损、存放过期等，对于仓储业务运营方而言，要照价赔偿，这也会带来不必要的成本。额外支出的部分，吃掉的是企业的利润。

接下来将着重谈谈在库存管理中，如何保证货物账实相符，且状态良好。

2.2 库存差异

想要做好仓储管理中的库存管理，首先你应该知道库存差异都有哪些类型。库存差异主要分为两大类：数量差异与质量差异。

数量差异，就是货物的账面数量与实物数量不一致，比如多货、少货；质量差异是指存储的货物的状态发生了变化，比如外包装破损、箱内货物变质。为了便于大家更好地理解，接下来将对库存差异做进一步的介绍。

2.2.1 短少：整箱短少、箱内短少、整盘短少

短少，就是实物数量比账面数量少的情况。

仓库内存储的货物，通常都会有运输包装。如果你所在的仓库是以箱为单位管理库存的，那么，短少会包括整箱短少、箱内短少、整盘短少 3 种情形。

1. 整箱短少

整箱短少，指的是以运输包装为单位发生的短少，运输包装包括纸箱装、桶装、袋装等。

造成整箱短少的情况如下：叉车司机从高层排位上取整盘货物时，顶部四角的货物因为不稳定掉落，造成整盘货物上短少 1 箱货物的情况；拣货员在按箱拣货时，拣取的数量超出系统提示的数量，会造成拣货排位上的实物数量短少；拣货排位上发生货损，实物被转移到了特殊排位但系统没有同步信息，也会造成拣货排位账面数量大于实物数量。

2. 箱内短少

箱内短少，指的是以售卖包装为单位发生的短少。比如，我们平时从超市购买的瓶装洗发水，"瓶"就是售卖包装。

造成箱内短少的情况如下：工厂生产时，箱内未放置足够数量的产品，就直接封箱进入了成品库，此类短少属于原箱短少，非仓库责任；仓储管理过程中，纸箱被人打开，箱内的产品被人拿走，造成箱内货物短少。

要判断是否为原箱短少，主要观察原箱是否存在被打开的痕迹。

3. 整盘短少

为了便于库存管理，通常在收货时会设置整盘的堆码标准，将每种入库货物的数量以同代码、同批次为单元，拆分成若干个整盘以及一个零头的非整盘。

整盘短少，指的是以整盘为单位发生的短少。造成整盘短少的情况如下：叉车司机在入库时将整盘货物放错了排位，导致系统指定的放货排位少货；叉车司机在发货备货时多取了一整盘货物，造成取货排位库存少货。

整盘货物因为涉及的数量较多，即使每箱的货值低，每个整盘几十箱甚至上百箱的总货值加起来也会比较高，企业必须引起重视。

2.2.2 多货：收货漏收与发货多发、发货甩货、发货少发

多货，就是实物数量比账面数量多的情况。

库存多货的原因有很多，比如发货方在发货时多发货物；仓管员在收货时漏做系统收货；仓管员在发货时，提货车辆未能全部装下，留下一部分货物放在了仓库里，但是系统显示已经完成装车，或者装车时部分货物漏装；等等。

1. 收货漏收与发货多发

仓管员在做系统收货时，漏掉了一部分货物，导致其他已经做完系统收货的货物被叉车司机陆续上架后，收货暂存区多出了货物。

除了收货漏收之外，还有一种情况，即发货方在发货时多发了。

当收货发现多货时，仓管员首先要确认已经验收入库的货物是准确无误的。如果非自身原因漏收，则要跟发货方联系，确认对方是否多发。若发货方反馈的信息，如代码、批次、数量恰好与多出的货物一致，则确定

为发货多发。

2. 发货甩货

运输商提货时，有时由于提货车辆的设计装载量与订单要求装载量不匹配，导致该订单下的货物未能全部装车，一部分货物会被暂时滞留在仓库中；如果此部分货物上未贴特别的标志，就很容易被误以为是仓库多货（大部分 WMS 的逻辑是，只要完成发货，此部分货物的账面库存就会从系统中减掉）。

3. 发货少发

装卸工在装车时因为疏忽，没有将订单下的货物全部装车，而是漏掉了一部分货物，且提货的司机或者运输现场人员也没有发现，这就会导致备货区多货。

发货少发造成的库存差异通常有两种发现的途径：第一种，仓管员在盘点时发现；第二种，运输商在交货时，收货方仓管员发现。

不过，需要注意的是，收货方仓管员发现的库存差异，有可能是运输商的原因（比如司机偷货），也可能是收货方自己的原因（比如仓管员收错）。

2.2.3 货损：作业人员技能不熟练，以及违规操作

货损，指的是货物的运输包装破损或者包装内的产品破损。

货损的原因有很多，外部的原因如货物从车厢内卸出来时就已经发生了破损，此时问题可能出在了发货方，也有可能是在运输过程中造成的。内部的原因如仓库的作业人员技能不熟练或者违规操作。接下来会重点探讨内部的原因。

1. 叉车司机的原因

1）技能不熟练

如果仓库安装了货架，往高层排位上放货就非常考验叉车司机的操作水平。如果叉车司机将带盘货物放偏，货物在排位上没有足够的支撑，就

有可能发生倒塌，从高层排位上坠落。此时，除了外包装损坏，箱内的货物大概率也会损坏。

2）违规操作

有的企业为了降低高层排位的放货难度，在安装横梁式货架时，会考虑在 3 ～ 5 层的排位上安装两根角铁，这样叉车司机只要将带盘货物放在两根角铁形成的凹槽中间，沿着凹槽往前推即可完成放货。

但有的叉车司机违规作业，没有做先放再推的动作，而是抬高托盘，直接从上往下在两根角铁形成的凹槽中间放货，试图一步到位；这样一旦放偏，货物在存储期间很容易因为重心不稳而倒塌。

其他的违规操作包括叉车司机在拐弯时没有减速，叉车司机在往高层排位上放货时一边升叉一边转弯，等等。

2. 拣货员的原因

1）技能不熟练

拣货员在按箱拣货时，需要根据订单数量从目标排位拣货然后将货物码放到托盘上，直至托盘上放满。如果码放得不稳定，在拣货员驾驶电动地牛行驶途中，货物就有可能发生倒塌造成货损。

2）违规操作

拣货员在往托盘上码放货物时，货物可能超出托盘的四周（超盘）。这时，当两个拣货员驾驶电动地牛在狭窄的拣货通道会车时，超盘的货物有可能与另一车的托盘发生剐蹭造成货损。

另外，如果货物码放得过高，在电动地牛加速、减速或者转弯时，货物也很容易因为不稳定而发生倒塌，从而造成货损。

3. 装卸工的原因

1）技能不熟练

装车过程中，如果货物存在多种规格，且每种规格对应的数量都不多，就无法做到层与层之间产品的相对整齐堆放。装卸工因为技能不熟练，部分货物之间会留出空隙，运输途中的颠簸就会造成部分货物发生坠落进而造成货损。

2）违规操作

一是卸货过程中，装卸工在取上面的货物时没有使用登高梯，而是直接踩在下面的货物上；对于箱内没有足够的支撑物的货物，就很容易造成货损。

二是装车过程中，将轻货放在底部，重货放在上面，没有按照重不压轻的原则装车。这么做有两方面的问题：一方面，底部的轻货很容易被压坏；另一方面，一旦底部的轻货失去支撑，很容易在运输途中或者收货仓库卸货时发生倒塌，造成货损。

2.2.4 病虫害：啃食在库产品，影响产品品质

病虫害防治是库存管理的重要环节，尤其是存放食品的仓库。

仓库害虫具有适应性强、食性广杂、繁殖能力强和活动隐蔽的特性，它们不仅是某些货物损耗的直接原因，还可能污染货物，甚至传播病毒。

1. 老鼠

仓库内进了老鼠，直接的影响是老鼠会在仓库内啃食货物，造成货损。如果是一只老鼠还好，怕的是不能及时发现、堵上漏洞并将其抓获，老鼠"召唤"它的"亲朋好友"来仓库集结。尤其是存放食品的仓库，更要把防鼠工作做到位。

2. 白蚁

白蚁对仓库的危害主要具有 3 个特点：隐蔽性、广泛性、严重性。若仓管员对白蚁的危害认识不足，没有采取积极的防范措施，白蚁一旦侵入仓库，就会对库存货物和仓库建筑造成巨大损害。

2.2.5 过期：在库产品存储时间超出"效期"

过期，指的是超过期限。

关于期限的设定，不同仓库的侧重点也不同。大部分仓库都会管理货物的保质期，也有的仓库会在保质期的基础上增加对"停止售卖期"

的管理。

1. 保质期

保质期是指产品的最佳使用时期。保质期由生产者提供，标注在限时使用的产品上。

在保质期内，产品的生产企业对该产品质量符合有关标准或明示担保的质量条件负责，销售者可以放心销售这些产品，消费者可以安全使用。

如果在存储过程中，因为管理不到位，造成生产日期较早的产品在库房内存放过期，也就是超出保质期，其品质就会受到影响，从而给企业带来损失。

2. 停止售卖期

对于生产型企业而言，产品从生产线下线进入成品库存储，直至交付给消费者的过程中，存在多个环节。

比如，产品要先从成品库转移至一级经销商仓库，再流转到二级经销商仓库，如果经销商层级较多，还要流转到三级甚至四级经销商仓库，最后才会到末端环节，由消费者直接在超市购买，或者消费者通过网购下单，由快递完成交付。

由于从生产到最终交付的每个环节都需要时间，有的生产型企业在保质期之外，还会在成品仓库或者区域分销中心仓库的仓储管理中额外设置一个停止售卖期，给经销环节留出缓冲的时间，防止货物还未交付到消费者手中，就在经销商或者零售商的仓库存放过期。

比如，有的日化快消品企业，其产品保质期为 3 年，停止售卖期会设置为 1 年，也就是产品生产出来满一年后，将不再作为正常品进行发货。

2.3 预防差异

无论是数量差异还是质量差异，都说明在日常的仓储管理中存在着漏洞。我们只有找到问题的根本原因，制定切实有效的措施，才能防止同样的问题重复发生。

俗话说"病后求医，不如病前预防"，库存管理亦是如此。那些可以预见到的库存差异，仓库的管理者应该在标准化作业流程体系的设计中加入库存管理的预防动作，每个岗位都要对自己操作的环节的库存准确性和完好性负责。

2.3.1 数量：物料出入凭单证，数量准确需保证

入库和出库环节都涉及跟外部人员的交接，如果未及时发现收货或者发货过程中存在的差异，一旦交接完成，仓储运营团队就要承担原本不属于自己的责任，为自己的疏忽埋单。这一情况该如何避免呢？

1. 入库

1）单据是否齐全及有效

车辆到达卸货门，仓管员要检查司机所持的单据是否齐全，比如进仓单、安全施封记录表、卸货车辆出门条等，尤其要检查进仓单是否为原件、卸货仓库是否为仓管员所处的仓库、单据是否有发货方的盖章、单据上的车牌号是否与实际车牌号一致等。

单据不全或者单据信息与实际不符的，仓管员有权拒绝收货。

2）根据单据信息组织卸货

单据信息确认无误后，仓管员组织装卸工卸货。为了便于清点和后期管理，建议按照每个代码的堆码标准进行码盘（如每层码放多少箱、码放多少层）。同代码、同批次的货物码放在一起，有且只有一个非整盘。

不符合接收质量标准的货物要单独挑出来，比如外包装破损但箱内货物品质没有受到影响（判定为换箱）、外包装破损且箱内货物品质受到影响（判定为货损）、车厢内有雨水进入并将部分货物打湿（需要根据货物特点进一步判定）等情况。

根据仓库的功能定位以及与发货方的约定，再确定那些有质量问题的货物的去留，以及后续如何处置。

3）发现数量差异先自查

实收数量不管是比单据上的应到数量多还是少，都属于数量差异，仓管员要在第一时间进行自查。

其中，一个代码的数量多，另一个代码的数量少，一个代码批次的数量多，同代码批次的数量少，且多的与少的数量相等，这大概率是装卸工码放错误所致。

确保没有收错货以后，仓管员再与发货方进行确认；如果发货方发错货物，其对应的库存也会存在差异，需要双方协商解决。

4）单据签收以及异常标注

对于实收货物信息（代码、批次、数量）与进仓单信息一致的，仓管员直接在单据上签写实收数量即可，注意大写和小写均要写明。

对于实收货物信息与进仓单信息不一致的，要注明实收数量中质量完好的数量，其他的在备注中进行说明，并由卸货司机或者运输现场人员签字确认（车牌号，司机或者运输现场人员的姓名、身份证号码、手机号码）。

若待换箱货物和残损货物不允许司机带走，需要由收货仓库进行处置，仓管员要针对这部分货物填写特殊产品入库单，并标注这些货物对应的交货号、代码、批次、数量等，由特殊仓库仓管员拉走货物并按程序处理。

总之，收货时，仓管员要基于到货单据据实收货，如果卸货时存在的异常没有被及时发现，一旦卸货车辆离库，货物被正常签收，将会直接造成库存差异，届时相应的责任需要收货仓库来承担。

2. 出库

1）单据是否齐全及有效

仓管员在发货之前要检查提货司机所持的单据是否齐全，比如提货单、安全施封记录表、提货车辆出门条等，尤其要检查提货单是否为原件、是否盖有承运商的公章或者业务专用章、提货仓库是否为仓管员所处的仓库、单据上的车牌号是否与实际车牌号一致等。

单据不全或者单据信息与实际不符的，仓管员有权拒绝发货。

2）装车前检查车况

为了确保运输途中货物的品质不受到影响，仓管员在组织装车前要对提货车辆的状况进行检查。对于车况不符合装车要求的，整改合格后方可安排装车；对于无法有效整改的车辆，直接联系承运商换车。

3）根据提货单信息组织备货

如果仓库内有 WMS 辅助发货，仓管员可以在车辆到达之前组织备货。

叉车司机和拣货员按照单据或者系统的提示，完成备货。备货的货物放在仓管员指定的区域，且此区域最好与其他车辆要装的货物的存放区域进行物理隔离，比如使用隔离带以示区分。

仓管员对备货区的货物进行清点，整盘货物以托盘为单位清点，按箱货物则要逐箱清点。对于清点中发现的数量差异或质量差异，仓管员要及时上报给仓库主管，由仓库主管统一协调解决。备货完成后，仓管员通知司机进库。

4）单据签收及组织装车

司机或者运输现场对备货区的货物进行清点，并与仓管员交接。双方对货物的数量和质量确认无误后，在备货清单上签字确认。司机或者运输现场需要注明车牌号、姓名、身份证号码、手机号码，仓管员将提货单的发货仓库留存联撕下来，与已签字的备货清单钉在一起。

仓管员组织装卸工装车，装车时要做到重不压轻，货物之间尽量减少缝隙；如果有比较大的缝隙，建议使用材料进行填充。如果同一辆车上装了不同客户的货物，则要进行物理隔离，避免卸货时出错。如果车厢装不满，车尾部分要码放成梯形；如果车厢装得比较满，车尾部分建议使用网兜进行保护，防止打开车门时货物掉落造成货损。

装车完成后，仓管员要监督司机对车辆进行施封，并将使用的施封条的编号填写在安全施封记录表上。

总之，发货时，仓管员要基于提货单据实发货，如果发货时存在的异常没有被及时发现（比如多发），一旦提货车辆离库，货物被正常签收，将会直接造成库存差异，届时相应的责任也需要发货仓库来承担。

2.3.2 放货：货物入库不随意，定区定位守规矩

如果收到的货物随意堆码，且入库时乱摆乱放，不仅会增加货物清点的难度，更会导致备货人员不能及时准确地找到货物，从而严重影响仓库的发货效率。

1. 单元化管理

对入库的货物进行单元化管理，这个单元可以以托盘为单位，也可以以纸箱为单位。

如果以托盘为单位，则要制定每个代码对应的整盘的堆码标准（如每层码放多少箱、每层码放成什么样、码放多少层、每个整盘码放多少箱）和堆码示意图，也就是必须保证每个代码对应的整盘的箱数是相同的，这样无论仓管员收货还是盘点员盘点，都无须对托盘上的货物进行翻倒，只要确认为整盘，即可默认其已有的整盘数量为实际数量。

2. 定区又定位

定区，指的是同品类的货物要相对集中存放，也就是存放在同一个存储区，每个品类与存储区一一对应。

定位，指的是每个代码、批次的货物，在入库时都要放到一个具体的排位上。同一个存储区有多个排位，在系统内可以将这些排位的存储属性与存储区对应的系统代码进行关联。

同品类货物要相对集中存放的原因有 3 个：第一，同品类货物的外包装规格相似，做排位的规划时可以将排位尺寸设计成同类型的；第二，同品类货物对存储环境的要求相同；第三，发货时，同品类货物通常会因为功能相关而批量出货，以提升备货效率。

3. 入库有规则

对于快进快出且批量较大的货物，尽量避免在系统内将货物的代码与具体的排位进行关联，否则一旦不同代码货物的进出货量不平均，很容易导致部分代码对应的存储排位不够用，部分代码对应的存储排位闲置，如

此，就会给 WMS 后台操作的人员增加很多的工作量。

建议设置大的入库规则，即同品类下所有代码的货物，可以在某个特定存储区的任何一个排位进行存储，而不是每个代码的货物只能在某个或某几个排位进行存储。

2.3.3 移动：库内移动有必要，账实同步才最好

货物从入库到出库，在库内存在一个流转的过程，如果仓库面积大、管理的货物较多，且企业的资金条件允许，建议配置的 WMS 要能够实现货物的"实时化"管理，即系统内的货物信息与实物的信息保持同步。

1. 收货

在收货环节，货物首先在卸货车辆上，然后由装卸工转移至收货暂存区，最后由叉车司机上架放置在入库排位上。在每个节点上，仓库人员在进行操作时，都要在系统内进行位置确认。

比如，仓管员核对完实物，对每盘货物做系统收货时，就要在系统中输入每盘货物所在的备货区，或者通过扫描备货区的条形码来实现。

比如，叉车司机在入库时扫描了每盘货物上的条形码，这盘货物的系统位置信息就转移到了该叉车司机使用的终端设备中。

比如，叉车司机到了系统提示的目标排位，在排位上完成放货后，扫描排位对应的条形码，各盘货物的系统位置就自动与对应的排位进行关联。

2. 在库管理

货物在仓库存放的过程中，有些会一直存放在最初入库时的排位，然后直接参与发货，直至被清空；有些会因为库存管理的需要发生位置上的移动。货物在库内转移时，系统中该货物的位置信息要随之更新。

比如，某排位的存储容量比较大，存储期间，由于此排位上的货物陆续被取走参与发货，还剩 1 ~ 2 盘货物。为了提升该排位的利用率，通常会安排叉车司机将该排位上的货物转移至其他存储容量较小的排位上，将该排位的存储能力释放出来。

比如，某代码、批次的货物过了停止售卖期，则要从正常的存储排位转移至特殊仓库进行单独管理。

比如，排位上的货物在存储过程中，因为底部货物受压变形造成倒塌，需要将倒塌的货物重新进行整理，然后分类转移至其他排位。

3. 发货

在发货环节，整盘货物在存储排位上，按箱拣货的货物在拣货排位上；然后，由叉车司机将订单中的整盘货物，由拣货员将订单中按箱拣货的货物分别移动至备货区；仓管员清点完货物后，由装卸工将货物从备货区拉到车厢中完成装车。在每个节点上，相关人员在操作时都要在系统中进行位置确认。

比如，叉车司机从排位上取货并移动至备货区后，扫描备货区的条形码，货物的系统位置就自动与备货区进行关联。

比如，拣货员根据订单的需要从排位上拣走对应数量的货物，拣货员操作完系统，该按箱拣货排位的系统库存就减少了。被拣走的货物移动至备货区后，其系统位置就与备货区进行了关联。

比如，按箱拣货排位的库存低于设定的安全值时，就会触发系统的补货功能，叉车司机按照系统提示完成补货，货物的系统位置也会随之从取货排位转移至补货的排位。

比如，仓管员清点完货物，与司机或者运输现场协调员确认无误后，安排装车；仓管员在系统内确认发货，货物的系统位置将由备货区转移至发货门。

2.3.4 效期：出库效期要弄清，先失效的先放行

存储在仓库中的货物，是受到"时间"的约束的。

我们很多人都知道"先进先出"的原则，但是在实际的作业场景中，却不能教条式地应用。在仓储管理中，表面上看"先进先出"原则是先进来的先出去，但其本质是"先失效的先放行"。

1. 先进先出

先进先出，是指同一个代码的货物中，"先进入仓库的，就要先出

库"。为什么会有这个原则呢？

这就涉及仓储管理的另外一个词——保质期，也就是产品的最佳使用时期。

仓库管理中，同一个代码的货物，会陆续有新生产的产品进入仓库，那么，为了防止货物在仓库内存放变质，在发货时就会优先发那些早入库的。

先进先出的概念，其实始于生产工厂的仓库。那个时候，货物的代码通常不多，每个仓库只接收当地工厂生产的产品，所以按照先进先出的原则来发货没什么问题。

2. 先失效的先放行

随着产品品类的增多以及产品销售范围的扩大，有的企业的业务范围扩大至全国，并在全国建设了生产不同产品的工厂。为了节省物流费用，原有的只是服务于工厂下线产品的仓库，逐渐转变成了区域分销中心。

每个区域分销中心仓库通常是全品类布局的，不只是存储当地工厂下线的产品，也会存储从全国其他地区工厂以及其他仓库调拨来的货物。这些调拨过来的货物虽然在时间上是后进入仓库的，但是其生产日期有可能早于现有库存中的部分货物。

比如，生产日期相同的一批货物被发往全国各个区域分销中心仓库，有的区域已经将货物全部卖掉，而有的区域还会滞留一些库存。为了避免存放过期，计划人员会把某些区域的滞留库存调拨到销售状况比较好的区域。由于工厂每天都在生产，意味着每天都有新生产的货物进入仓库，因此就会出现调拨过来的货物的生产日期早于近期入库货物的生产日期的情况。

此时如果仍然按照先进先出原则来发货，显然不合理。所以，在现代化的仓储管理中，先进先出的本质是"先失效的先放行"。也就是说，我们不是按照入库的时间来判断出库顺序，而是基于货物的失效期来判断。如果仓库设置了停止售卖期，也需要执行"先失效的先放行"的原则。

为了保证"先失效的先放行"的原则得到实施，需要在仓储管理中关注以下 3 点。

第一，如果仓库使用 WMS 进行管理，要将此原则在系统中进行设定，降低纯粹依靠人工管理的难度。

第二，规划排位的布局时，尽量做到同一个排位上只存放同一个代码、批次（批次中包含生产日期）的货物。如果一个排位上存放多个代码、批次的货物，在发货时会非常影响备货的效率，因为生产日期早的货物大概率会放在排位的里侧（从一端放货、另一端取货的排位除外）。

第三，定期对在库货物进行筛查，对"库龄"较长的货物进行标记。建议对此部分货物进行降价促销，防止存放失效。对于已经过期的货物，要检视是不是仓储管理中操作不当造成的，同时将此部分货物转移到特殊区域，并锁住同代码、批次的货物，使之不能参与发货。

2.3.5 复核：个人失误难避免，下游复核是关键

在仓储管理活动中，很多作业都依赖于人。作业人员工作时精神状态不佳、为了达成每天的绩效目标不按流程操作而是走捷径等，就很容易出现个人的失误。

如果个人的失误不能被及时发现，就会错过补救的最佳时间，造成不可逆的库存差异。因此，仓储运作团队在编写标准化作业流程时就要考虑这一点，在流程的各个环节中设计复核的动作来规避问题。

1. 入库

1）收货环节

装卸工按照每个代码的堆码标准进行堆码，仓管员在收货时清点每盘的货物数量是否准确，同时参考收货单据上每个代码、批次的应到数量，复核其与暂存区的已收货物数量是否一致。

2）入库环节

叉车司机在叉取暂存区的货物前，要复核整盘的货物是否为整盘，非整盘货物的箱数是否与系统中的一致；将货物放在目标排位上前，要盘点排位上已有的货物数量是否准确（以托盘为单位）。

3）签单环节

对于收货时发现的存在异常的货物，比如待换箱货物、残损货物，如果不允许带走，司机或者运输现场协调员需要在收货单据上签字确认。在签字确认之前，司机或者运输现场协调员要对仓管员在收货单据上描述的货物质量状态以及数量进行复核。

当收货完成，仓管员应从系统中打印出一份收货报告用于自查，同时交给系统文员进行复核，确认无误后才能在系统中完成收货。

2. 出库

1）备货环节

拣货员做按箱拣货时，每次到达目标排位开始拣货前，要对目标排位上已有的货物数量进行盘点，一旦发现数量不符就要上报给主管。向上一个在此排位操作的人员追溯，此时大概有两种可能：第一种，上一个拣货员多拣或者错拣；第二种，叉车司机补货时出现短少。

叉车司机做整盘备货时，每次到达目标排位要先盘点目标排位上已有的盘数是否与系统提示的一致。

仓管员对拣货员和叉车司机所备的货物进行复核。

2）签单环节

叉车司机和拣货员备货完成后，仓管员打印出备货清单，与司机或者运输现场协调员所持的提货单上显示的货物数量进行比对，确认无误后，方可组织下一步的盘点交接；司机或者运输现场协调员对备货区的货物数量进行盘点，与仓管员交接，并在备货清单上签字确认。

2.4 盘点机制

仓库盘点，指的是对仓库内存储的货物进行清点，是库存管理中非常重要的工作。库存准确率是衡量库存管理工作的标准，通过盘点可以及时发现库存中的差异，找到库存管理中存在的漏洞，提高库存管理水平。

表面上看盘点就是数数，再简单不过了；但实际上，盘点是需要花费一番工夫的。畅销书《库存控制实战手册：需求预测＋安全库存＋订货模型＋呆滞管理》的作者许栩老师在他的公众号文章《仓库盘点是个技术活》中对盘点做了比较详细的描述。经许老师本人同意，笔者结合该篇文章中的观点以及自身做仓储管理的经验，对如何建立盘点机制做以下介绍。

2.4.1 盘点的 3 个分类标准：时间跨度、盘点内容、盘点的作用

盘点按时间跨度，分为定期盘点与临时盘点；按盘点内容，分为全面盘点与重点盘点；按盘点的作用，分为循环盘点与动态盘点。接下来逐个展开讲解。

1. 定期盘点与临时盘点

定期盘点，指的是按照一定的频率进行盘点。

定期盘点可以是每天、每周、每月、每季度、每半年、每年进行一次，具体采用哪个频率要依据仓储管理的实际情况综合考虑，比如仓库面积大小、参与盘点的人员是全职还是兼职、存储货物的价值等。

其中，定期盘点的频率并非有且仅有一种，而是可以多个频率共存、相互补充的。比如，大型仓库除了每月盘点之外，也会设置季度盘点和年度大盘点；小型仓库除了每天盘点之外，还可以增加每周盘点和每月盘点。

临时盘点与定期盘点相反，指的是没有固定的频次，是临时发起的盘点。

有的企业每年会组织内部或者外部审计，审计内容的其中一项就是对库内的货物进行抽盘，通过对比账实是否相符，验证库存管理的水平。更换存储货物的场地，或者仓库的负责人发生变动，也会涉及临时盘点。

2. 全面盘点与重点盘点

全面盘点，指的是对库内存储的所有货物进行盘点。

全面盘点清点得比较彻底，在短时间内即可实现对库存情况的全面了解。但是对于大型的仓储业务而言，其缺点也比较明显，即盘点的成本较

高，比如需要仓库停止收货和发货作业、集中大量的人员和设备等。考虑到对上下游业务的影响以及盘点的成本压力，全面盘点的频率不建议设置得过高。

重点盘点与全面盘点相反，只是对部分重点关注的货物进行盘点。

这个"重点"可以是从货值的角度，也可以是从收发货频率的角度。对重点关注的货物，企业可以提高盘点的频率。

3. 循环盘点与动态盘点

循环盘点，又称周期性盘点，是指每天只盘点库存中的一部分货物，然后在计划的时间内将所有的货物都盘点一遍。

此种盘点方式将大的盘点任务划分成了若干个小任务，降低了盘点员每天的工作量和工作压力（盘点高层货架上的货物时需要仰头，时间久了，脖子会非常累）。

动态盘点，指的是对所有"动"过的排位进行盘点。

这里提到的"动"，指的是当天有过作业痕迹，比如收货入库时，向目标排位上放货；备货出库时，从系统提示的排位取货；在库管理时，将存储在排位上的货物转移至其他排位。

前面笔者分享了盘点的 3 个分类标准，在实际的应用中，并非只是从单一的维度来组织盘点，而是需要综合考虑。

比如，大型仓库中，货物存储在货架上，同时设有按箱拣货区。为了及时发现库存差异，建议对按箱拣货区及高价值货物的存储区进行重点盘点，其他的存储区采用循环盘点与动态盘点的方式，并且每季度、年中、年末组织一次全面盘点。

2.4.2 盘点的 4 种方法：明盘、盲盘、唱盘、复式盘点

盘点绝不是点点数而已。

数清货物的数量简单，但是在短时间内把货物盘点明白却不简单。下面介绍 4 种盘点方法。

1. 明盘

明盘就是根据盘点表上显示的每个排位的放货明细进行盘点。

明盘的工作效率较高，发现差异可立即复核。但是其缺陷也比较明显，比如，盘点员为了快速完成任务，直接将盘点表上的账面数量当作实际清点的数量。另外，由于是目标导向，假设排位上有其他批次或者代码的货物，很容易被忽略掉（常见于按箱拣货排位）。

如果 WMS 支持盘点功能，则不必打印纸质的盘点表，可直接在系统上操作（以下不再重复）。

2. 盲盘

盲盘与明盘恰好相反，盘点表上虽然会显示要盘点的排位，但不再显示具体的货物信息。

盘点员需要将实际盘点的结果填写到盘点表每个排位对应的空白处。由于需要手动填写盘点结果，所以，盲盘的效率相对比较低，但是盘点结果很难作假。

3. 唱盘

唱盘并不是唱着歌盘点，而是至少两个人为一组配合盘点，一个人"唱"，一个人记录。

唱盘的对象可以是盘点表，也可以是实物。前者指的是一个人看着盘点表"唱"出排位上的数量，另一个人负责清点排位上的实物并反馈实际数量；后者指的是一个人清点完实物"唱"出排位上实际的货物数量，另一个人负责核实其与盘点表上的记录是否相符。

如果是 3 个人为一组，则要提前做好分工，比如一个人负责"唱"，两个人负责记录。不过，使用唱盘法时，不建议每组人员太多，两人为宜。

4. 复式盘点

大部分的盘点方法都是单向的，也就是只盘点一次，盘点出结果以后，仅仅会对有差异的排位进行复核。复式盘点，又叫双向盘点，即在盘点时安排不同的人员对相同的排位进行复核，也就是同一个排位被盘点两次。

复式盘点可以减少人为的差错，提高盘点的准确率，但由于涉及复核，盘点的效率会比较低。因此，复式盘点只在特定的盘点中才会用到，比如年末的全面盘点。

前面笔者分享了 4 种盘点方法，在实际的应用中，并不局限于其中的一种，很多时候都是多种盘点方法组合使用的。比如，在做全面盘点时，建议采用明盘以及复式盘点；在做动态盘点时，建议采用明盘和唱盘；在做重点盘点时，建议采用盲盘和唱盘。

2.4.3 盘点的 5 个步骤：准备、实施、差异分析、库存调整、改善提升

为了更好地完成盘点工作，让它起到应有的作用，和其他运营管理模块一样，管理人员要为盘点制定标准化作业流程。盘点的步骤分为以下 5 个。

1. 准备

1）制订计划

盘点计划由负责库存管理的主管制订，大型仓库通常会设置专职的库存主管，与仓库主管平级。中小型仓库的库存管理一般由仓库主管负责。

制订盘点计划时，大型仓库建议以季度为单位，中型仓库建议以月为单位，小型或者微型仓库建议以周为单位。盘点计划中要包含盘点的区域以及盘点的日期，不建议在盘点计划中罗列具体的排位，如表 2-1 所示。

2）人员准备

制订了盘点计划，就要组织人员实施盘点。

大型仓库建议设置专职的盘点员负责日常的盘点工作，比如循环盘点、动态盘点和重点盘点。如遇全面盘点，仅仅依靠盘点员的力量是不够的，还要动员仓管员、拣货员、叉车司机等。

对于中小型仓库，如果仓管员每天的收发货作业量不饱和，存在空当，建议由仓管员负责库存盘点工作。

表 2-1 仓库盘点计划

日期	拣货区域				整盘区域				备货区域				残损/待换箱区域		其他特殊区域			
	1库	2库	3库	4库	1库	2库	3库	4库	1库	2库	3库	4库	残损区	待换箱区	A区	B区	C区	D区

制表人：

日期：

3）物资准备

如果货物在货架上存储，建议盘点员在执行盘点工作时佩戴安全帽。如果涉及高空作业，需要叉车司机驾驶叉车配合，建议使用盘点笼，同时，盘点员要系上安全带。如果 WMS 不支持使用系统终端进行盘点，则要根据所采取的盘点方法打印盘点表。

4）其他准备

涉及停止作业条件下的全面盘点时，至少要提前一天通知企业内部关联部门，以及到仓库送货、提货的承运商。如果此业务为从甲方承包的仓储业务，还要提前与甲方沟通，避免造成不必要的麻烦。

2. 实施

所有盘点前的准备工作做完后，即可组织盘点员执行盘点任务。

1）现场盘点

盘点员按照分工对各自所负责的区域进行盘点，如果发现实际数量与盘点清单的数量不一致，首先要进行自查；若确认非自身疏忽所致，则将实际数量记录到盘点表上，并将存在差异的排位在盘点表上做特殊的标记，同时向库存主管报告。库存主管要及时查明原因并给予解决。盘点员继续盘点下一个排位，直至其盘点任务全部完成。

如果采用的盘点方法是盲盘，则只需要将盘点出的实际数量在盘点表上做好记录即可。

2）结果录入

盘点员将盘点结果录入计算机中，对于采用明盘法的区域，可直接将有差异的排位标记出来，注明实际数量；对于没有差异的排位，直接将系统内显示的数量复制并粘贴到实际数量对应的空格中即可。

对于采用盲盘法的区域，需要逐个录入实际的盘点数量。

3）对比差异

将盘点结果录入电子版的盘点表后，需要对账面数量和实际数量进行对比，找到有差异的排位。

采用盲盘法的排位中存在差异时，可先安排盘点员（与第一次盘点该排位的非同一人）到现场复核，如果确定为非人为原因，则确认该笔差异。

4）制作报告

库存主管汇总盘点结果，并制作库存准确率报告。库存准确率=（盘点库存记录总数 - 有差异的库存记录总数）/ 盘点库存记录总数 ×100%。当库存准确率低于管理指标时，库存主管要进行系统性的分析，找到问题并及时解决。

3. 差异分析

对于盘点员发现的库存差异，库存主管要首先分析造成差异的原因，然后组织人员进行调查。为了快速找到问题，仓库主管、拣货主管、叉车主管等运营团队的基层管理人员要配合调查库存差异。

1）差异类型

库存差异主要有两类：盘盈和盘亏。盘盈，指的是实际数量大于账面数量。盘亏，指的是实际数量小于账面数量。

2）差异原因

发生库存差异的原因，大部分是仓库的作业人员未严格按照流程操作，或者操作失误。比如，同代码批次的货物，一个排位多，另一个排位少，恰好差异的数量一致，这大概率是叉车司机在入库时放错排位，或者是做库内转移时系统和实物操作不同步。此类库存差异还算好解决，毕竟"肉烂在锅里"。

最怕的是因为仓管员操作失误，导致货物多发，此时要尽快查明多发的货物装在了哪辆车上，并及时把货物追回。

4. 库存调整

1）调整程序

对于确定已无法挽回的库存差异，则需要调整系统库存：由库存主管填写库存差异调整表，表中要显示系统（账面）信息、实物信息、调整差异后的信息，以及调整差异的原因，如表 2-2 所示。

如果涉及数量的增减，企业资源计划（Enterprise Resource Planning，ERP）系统和 WMS 均要做数据调整。WMS 的数据调整需要由仓库经理审批，ERP 系统的数据调整需要由企业内部相关部门的主管领导审批。如果此仓储业务属于甲方的外包业务，那么，ERP 系统的数据调整要由甲方的库存主管批准并完成。

2）计算损失

计算出因为库存差异产生的货物损失金额，追究相关人员的责任。如果这是甲方外包的仓储业务，甲方通常会将损失金额从当月的应付仓储费用中扣除。

5. 改善提升

库存主管找到库存差异发生的原因后，要明确责任人，由责任人的直属领导负责制订库存差异整改计划表（见表 2-3），并督促整改。库存主管负责监督所有的整改计划是否在规定的时间内落实到位。

对于频繁出错的责任人，以及频繁发生的同类问题，库存主管要给予高度重视，审查整改计划的有效性。

表 2-2　库存差异调整表

日期：

系统库存					实物库存					差异调整后库存					调整差异的原因
排位	货物代码	批次	数量	质量状态	排位	货物代码	批次	数量	质量状态	排位	货物代码	批次	数量	质量状态	

申请人：_____　　审批人：_____　　审批人：_____

日　期：_____　　日　期：_____　　日　期：_____

表 2-3 库存差异整改计划表

日期：

序号	系统库存				实物库存						整改计划				
	排位	货物代码	批次	数量	质量状态	排位	货物代码	批次	数量	质量状态	根本原因	行动计划	负责人	完成时间	是否完成

申请人：_____　　审批人：_____

日　期：_____　　日　期：_____

第 3 章

▼

安全管理

在任何企业管理的活动中，安全都是至关重要的。安全是一切工作的基础，是一切活动的前提。对个人而言，安全就是生命；对企业而言，安全就是效益，是企业发展的基石，安全管理"责任重于泰山"。

本章我们先系统了解安全管理的概念、重要性和相关的法则，再分别从货物安全、消防安全、人身安全、用电安全 4 个角度探讨安全管理如何落地，以及如何通过配置商业保险来规避仓储运营中存在的风险。

3

3.1　了解安全管理

安全，是指不受威胁，没有危险、危害、损失。安全工作遍布于我们生产、生活的每一个角落，在我们的生活中无处不在。

安全无小事，安全工作只有起点没有终点。确保安全不仅仅是安全管理人员的分内工作，更是我们每个人责无旁贷的义务。安全不是挂在嘴边的口号，更不是高高悬挂的标语。只有真正把安全责任落到实处，才能确保企业良好发展。

3.1.1　什么是安全管理：为实现安全目标而进行的决策、计划、组织和控制等活动

安全管理是管理科学的一个重要分支，是一门综合性的系统科学。它是为实现安全目标而进行的有关决策、计划、组织和控制等方面的活动。

具体而言，安全管理就是运用现代安全管理的理论、方法和手段，找到生产与运作中人、物、环境等存在的各种不安全因素，从技术、组织和管理上采取有力的措施，解决并消除隐患，防止事故的发生。

不管是生产企业，还是物流公司，都应该结合自身的业务特点编制合适的安全管理体系，并定期对其内容进行优化。其中，企业安全管理体系的内容要覆盖仓储管理中的安全管理。

3.1.2　安全管理的重要性：满足法规要求、保护员工利益、提高经济效益

做好安全管理，有助于满足安全生产法规的要求，有助于保护员工的根本利益，有助于企业减少事故损失，提高经济效益。

1. 满足法规要求

《安全生产法》对生产经营单位的安全生产保障、从业人员的安全生产权利义务、安全生产的监督管理、生产安全事故的应急救援与调查处理等主要方面做出了规定。企业只有遵守安全法律法规，才能做到合法生产、守法经营。

2. 保护员工利益

保护员工在生产中的安全、健康，是保护员工切身利益的一个非常重要的方面。企业在所能提供的客观条件的基础上，应该尽最大的努力，采取一切加强安全生产的措施，保护员工的生命安全和职业健康。

劳动过程必须在符合安全要求的物质条件和工作秩序下进行，企业应防止伤亡事故、设备事故及各种灾害的发生，保障员工的安全与健康，保障生产的正常进行。安全生产是安全与生产的统一，安全促进生产，生产必须安全。

3. 提高经济效益

企业要持续生存和发展下去，就要取得良好的经济效益，但是，忽视员工的安全、健康，盲目追求产值和利润的做法是法律和社会所禁止的。企业不注重安全生产，工作环境中到处存在不安全因素，员工缺乏安全感，就不可能提高效率，甚至容易发生事故或引起职业病。

3.1.3 安全管理法则：海因里希法则、不等式法则、90 法则

在安全管理中，我们可以借助前人在实践中总结出来的一些有效的准则来指导各项工作的开展。下面介绍 3 个比较重要的法则。

1. 海因里希法则

海因里希法则是美国安全工程师海因里希提出的 300∶29∶1 法则。该法则意为，在机械生产过程中，每发生 330 起意外事件，有 300 起未产生人员伤害，29 起造成人员轻伤，1 起导致重伤或死亡。

对于不同的生产过程、不同类型的事故，上面提到的 300∶29∶1 的比

例关系不一定完全适用，但这个统计规律说明了在同一类型活动中，多次意外事件必然导致重大事故。

该法则告诉我们，要防止重大事故必须减少和消除无伤害事故，要重视事故的苗头和未遂事故，否则终会酿成大祸。

2. 不等式法则

在安全管理中，10000-1 ≠ 9999。安全是 1，车子、房子、金钱等都是零。有了安全，就是 10000；没有安全，其他的零再多也没有意义，没有什么是值得以付出生命为代价换取的。

对于仓库中的所有人而言，生命安全是第一位的，失去生命将失去一切。在工作岗位上，我们时时刻刻都要注意判断自己是否处在安全状态下，是否置身于安全环境中。这就要求所有人在工作时必须严格遵守安全制度，严格执行标准化作业流程，这是保护自我生命安全的根本。

对于企业的经营者和管理人员而言，无论业绩再突出，一旦发生安全事故，一切都会归零。

3. 90 法则

90 法则指的是，如果安全生产工作由从上到下的 5 个层级构成，每个层级在安全生产的落实上各完成 90%，由于执行力度层层衰减，那么 90%×90%× 90%×90%×90%=59.049%，最终结果就是不及格，企业极有可能出大问题。

该法则告诉我们，各层级只有百分之百地落实安全生产，才能确保安全。

3.2 货物安全

在仓库管理中，货损并不可怕，至少我们还可以看到残留的实物，可怕的是发生货物数量上的短少。仓库的员工本应肩负守护企业内部安全的职责，可是有些人却动起了歪脑筋，玩起了"监守自盗"。企业如果不能及时发现并制止这种情况，货物的安全管理将会出现大的"窟窿"。

要确保货物的安全，建议设置货物专用的进出通道，并建立检查机制；在关键点位安装摄像头，24 小时记录；对于排位上存在的外包装破损的货物，及时将其转移到特殊排位进行单独管理，避免有人将破损包装内的货物带走；为高价值货物规划专门的区域，并安排专门的人员进行管理。

3.2.1 门禁：配备门禁管理系统、设置专用通道、建立检查机制

为了防止未经许可或身份不明的人贸然闯入仓库，为了保护仓库内货物的安全以及仓库员工的人身财产安全，仓库需要加强对园区和库区的出入口的管理。

1. 园区人车进出管理

园区门口配置 24 小时值班的保安，保安负责对进出园区的人员和车辆进行登记和检查。

1）人员管理

入园：内部员工凭借门禁卡刷卡进入；来访人员需要在保安处进行登记，并由被访问人员签字确认后方可进入。

离园：内部员工凭借门禁卡刷卡离开；来访人员如果携带袋子或者背包，需要确保没有夹带货物后方可登记离开。

2）车辆管理

入园。进入园区的提货或者卸货车辆，司机或者运输商现场协调员需要持单据、证件到保安室进行登记。保安要检查其单据的有效性，以及单据上的地址是否为该园区，车牌号是否与实际车牌号和行驶证上的车牌号一致；确认无误后，方可登记并办理司机访客证。

离园。卸货车辆离开园区，保安需要检查车厢内部、驾驶室、工具箱有没有存放仓库内存储的货物；如有，司机必须出示仓库主管签字的放行通知单，保安核对单据上的信息与实物是否一致，不一致的暂不准车辆离

库，直至问题解决。提货车辆出库，不再打开车厢检查，保安只检查驾驶室和工具箱是否夹带货物。

若离开仓库的车辆为非货运车辆，比如访客车辆、办公用车、内部员工私家车等，保安需要对后备厢进行检查。

2. 库区设置专用通道

库内设置两个专用通道，一个是员工通道，一个是司机通道。如果企业资金条件允许，建议在这两个通道处配置专门的保安（大型仓库非常有必要）。

1）员工通道

穿工服、佩戴工卡的员工方可从员工通道进入，来访人员必须持有访客证并且由库内人员带领方可进入。

所有从仓库出来的人员先进行自查（建议通道处张贴自查的可视化看板），然后接受保安的检查，防止员工在衣服中夹带库内存放的货物。冬季天气寒冷，员工穿得都比较厚，出库检查时更需要注意。

如果仓库内存放的是电子产品或者其他金属类产品，可以在员工通道处安装金属探测安检门或者使用手持金属探测器进行检查。

2）司机通道

司机或者运输商现场协调员，必须持访客证或者现场工作证方可从司机通道进入库区。此类人员只允许在与仓管员交接货物时，进入暂存区或者备货区，其他时间只允许在装卸区活动；离开司机通道时，同样应接受保安的安全检查。司机或者运输商现场协调员不允许从装卸门进入或者离开，司机通道是唯一的出入口。

3.2.2 监控：安装视频监控系统，24 小时守护仓库安全

仓库作为物资存储和转运的场所，仅仅靠保安的巡逻来提升安全防范能力是不够的。为了提高仓库的整体安全防护等级，还可以安装视频监控系统，对重点区域、重点人员和重点货物实施 24 小时监控。

1. 设计监控点位

规划仓库内需要视频监控的区域，也就是在仓库中布局监控点位。

建议仓库内的以下区域都要安装监控：员工通道、司机通道、装卸门、备货区、待换库换箱作业操作区域、报废库报废区域、高价值货物存放区等。

对于独门独院的仓库，视频监控除了要覆盖库区外，园区周围也要布置。比如，园区围栏上安装红外对射报警器、园区四周每隔一段距离安装摄像头，另外，园区的入口和出口也要安装高清摄像头。

2. 确定使用功能

如果需要使用旋转功能，则需要考虑带云台的摄像头；如果需要对被监控区域进行放大，则需要带光学变倍或电子变焦的摄像头；如果只是针对小范围进行监控，则考虑使用枪式摄像头；另外，室外的摄像头尽量考虑防水型摄像头。

监控录像存储时间建议不短于一个月，以方便后期监控录像查询。特别要注意的是，监控硬盘一定要选择视频监控系统专用硬盘，它可以全年无休地持续工作，因而不建议用计算机硬盘替代。尽量使用质量过硬的产品，避免硬盘故障导致的监控录像丢失。

3. 视频监控管理

大型仓库要配置专门的人员在监控室值班。监控人员要严守保密制度，不准将监控点位、监控系统的覆盖范围等向他人透露，不允许无关人员进入监控室；值班期间要集中注意力，仔细观察每个可疑的画面，发现重大问题和可疑人员应立即采取措施并及时上报主管领导；对于需要查阅、复制视频监控信息的情况，必须履行相关审批手续，并做好登记。

3.2.3 货损：库内产生的货损品及时转移，不要给偷盗者可乘之机

仓储管理过程中，由于库内作业人员技能不熟练或者是违规操作等，容易造成货损，即包装变形或者破损。对于货损品，不建议继续存储在原

排位上，而应及时转移到特殊排位进行管理。

1.箱内货物容易携带

以一箱牙膏为例，其运输包装通常尺寸较大，想要将其带出仓库几乎没有可能，偷盗者很容易暴露。

但是一支牙膏体积小、重量轻，携带起来太方便了，如果不仔细检查就很难发现。

2.箱内包装吸人眼球

货物的运输包装通常以牛皮纸的颜色为主，看上去比较素，库内员工即使知道箱内装的是什么东西，也不会强烈地想要打开箱子，将里面的货物偷走。

但是箱内包装通常有很多鲜艳的颜色，一旦因为货损暴露出来，就会让人忍不住想进一步看一看、摸一摸。对于生活中用得着的东西，有人可能会产生拿走使用的想法。如果箱内存放的是食品，有人可能会拿走并找一个隐蔽的地方偷偷吃掉。

3.偷盗引发他人效仿

对于已经裸露的货物，一旦有人拿走过且没有被发现，而货物也没有被及时转移到特殊排位，那么，偷盗者可能会强化他的偷盗行为，继续找机会顺走箱内剩余货物。

对于其他有想法但是不敢行动的员工而言，箱内货物的短少容易让他们产生侥幸心理（箱内货物少了也没人管没人问），从而效仿他人的偷盗行为。

3.2.4 分区：高价值货物避免"混储"，设置独立区域由专人管理

库内存储的货物，其价值通常不同。对于那些高价值的货物，一旦在仓库内发生短少，企业的损失会比较大。建议将此类货物存放在独立的区域，并安排专门的人员进行管理。

1.物理隔离

对于高价值货物的存储区，建议使用铁丝网进行围挡，留出一个叉车

可以进出的门，方便叉车入库作业。

2. 安装监控

设计高价值货物存储区的监控点位，明确摄像头需要具备的功能，由采购人员进行采购并组织安装。监控安装完成后，需要对每个摄像头的监控区域进行调试，确保达到预期。

3. 专人专管

安排专门的人员对高价值货物存储区进行管理，包括每天对出入库的货物进行动态盘点，如果此区域存储的货物较少，可以考虑把动态盘点改为全面盘点；人员离开此区域时需要将门锁上，避免他人进入；安排专人负责分拣发货订单中高价值的货物，并与司机单独进行交接；在装车时，也需要对高价值货物进行特殊保护。

3.3 消防安全

仓库是集中存放货物的场所，仓库的消防安全工作可以说关系到整个企业以及所有员工的利益。火灾不仅危害到个人和企业的生命、财产安全，并且对企业以后的发展也有非常严重的影响。

仓库要按照规定配备必要的消防设施，并做好日常的检查和维护，确保消防设施处于良好的运行状态；组建专职或兼职的消防队伍，及时发现并处理安全隐患；定期组织消防演习，提升全员的消防意识以及检验应急预案的有效性。

3.3.1 设施：配置消防设施，提升火灾应对能力

建筑消防设施，是指设置在建筑物内部，用于在火灾发生时能够及时发现、确认、扑救火灾的设施，也包括用于传递火灾信息，为人员疏散创造便利条件和对建筑进行防火分隔的装置。消防设施主要分为两大类：灭火系统和安全疏散系统。

提升消防安全管理能力的重要手段之一，就是严格按消防技术规范的规定设置消防设施，并定期对其进行维护保养，确保其正常运行。

1. 配置必要的消防设施

《仓库防火安全管理规则》第五十一条规定："仓库应当按照国家有关消防技术规范，设置、配备消防设施和器材。"

常见的消防设施包含五大类：室内外消火栓系统、自动喷水灭火系统、火灾自动报警系统、防排烟系统、其他设施（如消防应急照明设施、疏散指示标志、灭火器材等）。

企业首先需要确定仓库的防火类别（甲、乙、丙、丁、戊类），然后从保障建筑及其使用人员安全、减少火灾损失的角度出发，根据有关专业建筑设计标准或专项防火标准的规定以及实际发生火灾的危险性，综合确定需要配置的消防设施。

2. 消防设施的管理

《仓库防火安全管理规则》第五十三条规定："仓库的消防设施、器材，应当由专人管理，负责检查、维修、保养、更换和添置，保证完好有效，严禁圈占、埋压和挪用。"第五十五条规定："对消防水池、消火栓、灭火器等消防设施、器材，应当经常进行检查，保持完整好用。地处寒区的仓库，寒冷季节要采取防冻措施。"

对于自建仓库，消防设施的检查通常是由企业后勤部门的物业人员负责的。

对于租赁仓库，消防设施的管理可以根据需要与出租方协商。签署租赁合同时，如果需要，双方可以单独签署一份安全协议，列明双方在消防安全方面的分工；一般情况下，不能移动的消防设施需要出租方来负责。

仓库使用方可以在原有的基础上，根据需要增加一部分灭火器。在仓库运作过程中，仓库使用方有义务确保库区的消防车道和仓库的安全出口、疏散楼梯等保持畅通，没有被货物阻挡。如果因为仓库人员操作失误造成消防设施损坏，要及时进行维修或者替换。

3. 按规定进行消防维保

消防设施有一个非常完整的系统，随着使用时间延长，消防设施会出现老化，性能下降。目前造成重大人员伤亡和财产损失的大部分火灾，都是没有消防设施或消防设施平时维护保养不当，在关键时刻不能正常投入使用造成的，而这些都是可以完全避免的。

消防维保是消防系统正常发挥功能的前提和保障，企业应依照国家《火灾自动报警系统施工及验收规范》《自动喷水灭火系统施工及验收规范》《建筑消防设施检测技术规程》《消防控制室通用技术要求》等，以"预防为主，防消结合"为宗旨，对消防设施进行维护和检测，使整个消防系统始终处于良好的运行状态。

消防维保的范围包括室内外消防栓系统、自动喷水灭火系统、火灾自动报警系统、消防联动系统（含防排烟系统）、气体灭火系统、防火卷帘门、通信系统、消防控制室、应急照明系统等。

消防维保工作，一定要邀请具备建筑消防设施维保资格的企业实施。每次消防维保时都要做好相关的记录，每年定期的全面消防维保结束后，要由维保单位出具书面的消防维保报告。

3.3.2 队伍：组建专职或兼职消防队伍，及时发现并处理安全隐患

想要提升仓库的消防安全管理能力，重要的是配备专业的消防队伍，以及加强对消防安全管理人员的"管理"。消防控制室的人员必须持证上岗，并严格遵守规范开展各项工作。另外，企业可根据实际需要，组建专职或者兼职的消防队伍。

1. 配备符合要求的专职人员

1）人员持证上岗

消防控制室的人员应取得消防设施操作员职业资格证，并将原件或复印件存放在消防控制室备查。

消防控制室应当实行 24 小时专人值班制度，确保及时发现并准确处置

火灾和故障报警。值班人员每班不得少于两人，一人为值机人，负责值机，监控自动消防系统的运行；另一人为传达人，负责对火灾报警部位的核实，并拨打火警电话、启动应急预案等。

值班人员如有特殊情况不能到岗的，绝不允许私自找人替班，应提前向主管领导请假，经批准后，由具备同样资质的人员代替。

2）消防安全巡查

巡查人员每两小时巡查一次，检查范围包括仓库用电有无违章，消防通道及安全出口是否通畅，安全疏散指示标志、应急照明设施是否完好，消防栓、灭火器和消防安全标志是否在位、完整，消防安全重点部位的人员在岗情况，等等。

巡查人员应当及时纠正仓库运作现场的违章行为，妥善处置火灾危险；无法当场处置的，应当立即报告；发现初起火灾要立即上报，反馈消防控制室，按下就近的消防报警按钮报警并及时扑救。

巡查人员在巡查过程中，要及时将发现的问题填写在消防巡查记录表上；每次巡查结束后应当在消防巡查记录表上签名，存档备查。如果园区安装了电子巡更系统，则巡查人员需要在指定时间按巡更路线到指定地点打卡。

3）火警误报处理

消防控制室值班人员接到火警信号后，必须立即通知巡查人员或者附近的其他工作人员进行现场确认，并填写火警报警记录表。巡查人员或报警区域附近的工作人员在现场核实为火警误报时，应及时向消防控制室值班人员反馈误报的有关信息，并排除现场干扰因素。

消防控制室值班人员接到反馈的火警误报信息时，应对火灾报警控制器进行复位，使其恢复到正常工作状态，并在值班记录中对误报的时间、地点、原因及处理情况进行详细的记录，然后按照规定将系统误报的原因及处理情况向上级领导汇报。

消防系统发出的每一次火警信号，消防控制室值班人员不可有任何的麻痹大意，一定要进行现场确认。如果发生火灾，消防应急预案中涉及的人员要立即开展分工，迅速展开灭火和疏散救援。

2. 组建专职或者兼职的消防队伍

1）人员选择

大中型仓库要组建自己的消防队伍。其中，兼职的消防人员最好从仓库运作一线以及基层管理岗位选拔，注意，不得由消防控制室值班人员兼任。如果仓库为 24 小时作业，则每个班组都要有兼职的消防人员。消防控制室应确保 24 小时都有人在岗，以随时应对初级火情。

2）培训及训练

消防人员要接受内外部的专业消防知识、技能培训，掌握仓库的基本情况、消防设施的分布情况、消防应急预案、消防器材的性能及使用方法等。此外，仓库的消防人员还应定期开展业务训练，不断提升扑救初期火灾的能力，训练内容包括体能训练、灭火器材和个人防护器材的使用等。

3）报警处置

仓库的消防人员接到火警信号后，着火点附近的队员要在 1～2 分钟内赶到现场，扑救初期火灾，组织人员疏散，按程序上报企业管理人员。

企业的管理人员根据现场情况，确定是否需要联络当地的消防队；如果需要，则通报火灾和处置情况，做好消防队到场的接应工作，并协助其开展灭火救援等工作。

3.3.3 演练：定期组织消防演习，绷紧安全弦，防患于未"燃"

组织消防演习是为了提升仓库内员工的消防安全意识，让大家更加了解火灾处理流程，提升应对突发事件的能力。

进行消防演习，可以增强人们在火灾中的互助、自救意识，帮助人们掌握消防灭火相关的技术，明确仓库防火负责人和消防员在火灾中的职责，及时、迅速、高效地控制火灾事故，保障人员的生命财产安全，最大限度减少火灾事故损失，降低因火灾事故造成的负面影响。

1. 演习目的

对企业而言，通过消防演习，可以检验消防设施的完好性，及时发现仓库消防工程存在的缺陷，以及仓库消防应急预案存在的不足，便于及时处理和改进。

对员工而言，一次有效消防演习的效果要好于多次的理论培训。参与过消防演习后，员工在遇到真正的火灾时更能够及时、有序地撤离到安全区域，保证生命安全，避免陷入极度的恐慌之中。

2. 消防演习负责团队的构成及其职责

现场总指挥，负责协调消防队伍中各人员的分工；负责辨识火灾大小，制定相应的处置方案。

应急抢险组，负责事故现场初期火灾扑救，即发生事故后第一时间组织小组成员利用现场消防设施止险，控制火灾的蔓延；在保证人员安全的前提下，抢救仓库的重要财产。

疏散引导组，负责事故现场人员的疏散引导，保证消防通道畅通；疏导现场人员从安全出口有序撤离至就近紧急集合点；组织人员清点人数，并立即上报现场总指挥，听从现场总指挥调动。

医疗救护组，负责开展人员救助，采取相应的急救措施，必要时拨打120 求救。

联络通信组，负责协调沟通、上传下达，包括消防应急预案启动后，按照现场总指挥的命令，负责通知各应急抢险组前往现场救援，联系社会援救机构；记录事故相关内容，协助现场总指挥上报企业领导及有关部门主管；保证信息畅通。

需要注意的是，如果涉及与外部单位（如仓库所在地的消防队）的合作，一定要提前与对方沟通，告知具体什么时间演习，以及希望对方如何配合。

后勤保障组，负责提供演练场地所需要的物资，并在消防演习结束以后清理及恢复现场。

3. 演习复盘

消防演习结束以后，现场总指挥要带领消防演习负责团队的人员对当天的演习情况进行复盘。笔者在仓库管理中参与过多次消防演习，发现的一些问题如下。

1）态度不端正

消防演习时，在逃生过程中，很多人有说有笑，没有一点紧迫感，把"演习"当成"演戏"，以为走走形式就行。对于这种情况，企业要注重提升员工的安全意识，火灾无情，当真实的火灾发生时，每个人都在跟时间赛跑，因此要认真对待每一次消防演习。

2）技能不熟练

有的员工不会使用灭火器，有的员工对于消防栓内的设施不知道如何组装（栓头、水带、水枪）。当发生真实的火灾时，离着火点最近的人员如果能熟练使用消防设施，就可能在第一时间扑灭初期火灾。不要觉得灭火跟自己无关，消防安全，人人有责。

3）演习无重点

仓库每年不能只组织一两次消防演习，大型仓库尤其要提高消防演习的频率。另外，每次消防演习不能设定完全相同的主题，出现演习无重点的情况。演习中应模拟不同的场景，比如更换着火的原因和场地、使用不同的灭火器材、在逃生过程中设定一些特殊情况等。

3.4 人身安全

仓库安全管理要做到"以人为本"，每个人都要认识到生命的可贵、安全的重要性。拥有生命，才能把工作做得更好，重视安全，才能避免事故发生。仓库的管理人员要确保每一个进入仓库的人员都能安全地离开。

对于企业而言，要主动采取一些保护人员安全的措施。比如，为员工配置合适的劳保用品；招聘具有特种设备操作资质的人员，避免使用无证人员带来的风险；规划人行通道，限制人员在仓库的活动范围，避免其被货车或者叉车误伤。

3.4.1 劳保：合理运用劳保用品，是保护自己免受伤害的最后一道防线

考虑到仓库现场环境的特殊性，每一个进入一线的人员都要做好个人安全管理。同时，为了保证仓库人员统一着装，仓储部门要为员工发放劳保用品。企业购买劳保用品时一定要考虑其可靠性，不能因贪图便宜而忽视质量。

科学合理地配备、运用劳保用品，不但能够杜绝事故发生后引发的经济损失，而且能够提高员工的工作效率和企业的经济效益，减少使用单位在人力资源等方面的投入。仓库的劳保用品包括但不限于以下几种。

1. 工作服

工作服包括夏季的裤子和短袖、春秋季节的裤子和外套、冬季的棉服等。每套工作服最好每人配置两套，方便换洗。工作服上建议增加企业标志以及反光条，冬季的棉服建议做成可以拆卸的两件套，衣服上不建议设太多的口袋，左侧的袖子上可以配置一些插笔袋。

2. 安全帽

是否要配备安全帽取决于仓库现场货物的存储方式，如果是高位货架存储，那么进入仓库的人员是一定要佩戴安全帽的，以防止货物因为存储不当造成跌落而砸伤作业人员。为了便于管理，安全帽上最好也增加企业的标志。

3. 防砸鞋

建议关注鞋底和鞋面脚趾头的部位，鞋底厚实可以确保尖锐物不至于刺穿鞋底将脚底刺伤；鞋面前部可内置一块钢片，防止重物掉落时砸伤脚趾头（务必重视）。

目前市场上的防砸鞋有浅腰的，也有深腰的；有春秋穿的普通款式，有专门针对夏天的凉鞋，冬天加厚的款式；还有简易的安全鞋套，可直接套在自己穿的鞋子外面。至于选择什么款式，要根据预算以及存储货物的特点综合考虑。

4. 其他

如果企业不提供工作服，可以考虑让所有员工穿统一的反光背心（建议增加企业标志）；如果提供工作服且工服上带有反光条，那么员工就没必要再穿反光背心。

仓库的外部来访人员则要将反光背心套在自己穿的上衣外面，这样在库内行走遇到叉车时，反光背心能提醒叉车司机注意。

护目镜的作用在于保护眼睛免受伤害，可以根据存储货物的特点决定是否佩戴。

3.4.2 人员：特种作业人员持证上岗，建立安全作业行为规范

特种作业人员是仓库众多作业人员中的一部分，但是他们又不同于一般的作业人员。

特种作业人员所从事的工作一般具有一定的危险性，如果发生事故，不仅对特种作业人员本人，而且会对他人和周围设施造成很大伤害。

1. 安全法规强制要求

《安全生产法》第三十条规定："生产经营单位的特种作业人员必须按照国家有关规定经专门的安全作业培训，取得相应资格，方可上岗作业。"

这里面提到的专门的安全作业培训，是指由有关主管部门组织的专门针对特种作业人员的培训，无论在内容上还是时间上都不同于普通作业人员的安全培训。它具有较强的针对性，以保证特种作业人员达到规定的要求。

也就是说，特种作业人员在独立上岗作业前，必须进行与本工种相适

应的、专门的技术理论学习和实际操作训练，经培训考核合格，取得特种作业人员操作证后，才能上岗作业。

2. 哪些岗位需要持证

1）机动车辆驾驶岗位

仓库内有各种叉车，如平衡重叉车、前移式叉车、双深位叉车等。叉车在企业的物流活动中扮演着非常重要的角色，是货物搬运设备中的主力军，是机械化装卸、堆垛和短距离运输的高效设备，适用于港口、车站、机场、工厂、仓库等场所。

2）起重机械作业岗位

仓库内的叉车在更换电瓶时，通常需要使用电动葫芦（特种起重设备），其集减速器、升电机、运行电机、断火器、电缆滑线、卷筒装置、吊钩装置、联轴器、软缆电流引入器等动力与制动力于一体。

操作电动葫芦的人员通常为叉车充电间管理员。另外，电动葫芦的额定载重不能低于要吊装的电瓶的重量。如果仓库非 24 小时作业，且叉车充电时无须更换电瓶，则不必配置电动葫芦。

3. 叉车安全驾驶规范

叉车在仓库内最为常见，但每年因为叉车司机违规操作导致的安全事故时有发生，企业必须加强对叉车司机的管理。

1）人员

只有经过专业培训，通过有关部门考核，获得特种作业人员操作证且经过企业培训并考核合格的人员，方有资格驾驶叉车，绝不允许无证驾驶，严禁酒后驾驶，严禁穿拖鞋驾驶。

2）检查

上车之前先对车况和性能进行检查，包括检查叉车的外表是否有刮痕，检查叉车的底部是否存在漏油的情况，检查叉车的起动、运转及制动安全性能，检查灯光、喇叭是否正常，检查电瓶的电量是否充足（柴油叉车需要检查其剩余的柴油量）。

3）起步

观察四周，确认无妨碍行车安全的障碍后，先鸣笛、后起步；在载货状态下起步时，叉车司机应先确认所载货物是否平稳可靠；如果是以坐姿驾驶叉车，需要先系上安全带；起步必须缓慢平稳。

4）行驶

叉起货物时，货叉要"先仰后提升"，落货时，货叉要"先下降后前倾"；卸货后应先降落货叉至正常的位置，然后再行驶；转弯时如遇附近有行人或车辆，应先鸣笛示意并减速慢行，必要时停车礼让行人；下坡时严禁熄火滑行；无特殊情况，禁止载物行驶时急刹车；禁止在坡道上转弯，也不应横跨坡道行驶；叉车运行时，载荷必须处于不妨碍行驶的最低位置，门架要适当后倾；如果园区或者仓库内设有叉车专用道、专用作业区，必须在专用道上行驶，在专用作业区内作业；叉车的起重升降或行驶时，禁止人员站在货叉上把持物品。

5）装卸

用叉车叉取货物时，应根据实际需要调整两个货叉的间距，使两个货叉载荷均衡，货物的一面应贴靠挡物架；禁止使用单叉作业，或用货叉顶物、拉物；禁止载货重量超出叉车额定载重；禁止用货叉举升人员从事高处作业，以免发生高空坠落事故；叉车进行升降作业时，禁止任何人员站在货叉下面或两侧，以免货物倒塌砸伤人员。

6）停车

禁止叉车司机在货叉上的货物悬空时离开叉车，离开叉车前必须将货物落下；停车时要拉手刹，熄火并拔下钥匙。

3.4.3 路线：限制人员在园区和库区的行走范围

物流园区和库区由于存在人车混行的区域，可能会发生行人被货车或者叉车撞伤的事故，但只是要求行人和车辆操作人员增强安全意识是不够的，必须要限制人员在园区和库区的行走范围，为行人规划并标识出特定的行走路线。有条件的企业可以在合适的地方安装防护栏，帮助货车和叉车司机全面了解人员经常通行的地点，并在经过时提高警惕。

1. 园区人行通道

物流园区内经常会有货车在道路上行驶，为了确保人员的安全，建议画一条人行通道，沿着这条人行通道既可以进入办公区，也可以顺利进入库区。

如果人员必须要横穿园区内的车辆道路，则该区域需要设置"斑马线"。因为人车混行的区域，相对而言危险系数较高。

有条件的企业可以考虑在人车混行的区域安装手动红绿灯。当有人需要穿过马路时，无论站在哪一侧，都可以手动按下红绿灯的电源，等绿灯亮起时即可通行。

如果企业资金不充裕，可以提醒人员在通过该区域时做"停指行"的动作，也就是面向马路先停下来，用手指着自己的左面、前面和右面，眼睛随着手指的移动保持同步移动，确认三面没有车辆以后，方可正常通过。

2. 库内人行通道

仓库内部既有叉车等搬运设备来回穿梭，也有仓库现场作业人员在走动，从人员安全角度考虑，非常有必要在仓库内部规划一条人行通道，也就是规定所有的进库人员只能在人行通道上行走，然后再进入各自的工作区域。外部来访人员沿着人行通道行走，就不会迷路。

在设计人行通道时，一定要去仓库现场。可以提前打印一张仓库的布局图，进入仓库后边走边在图纸上标注。人行通道沿着仓库四周设计，其整体宽度建议设为 1 米，两侧边框涂上黄色油漆（宽度为 10 厘米），中间的区域涂上绿色油漆（宽度为 80 厘米），这样人行通道会更加醒目。

3.5　用电安全

用于存储货物的场所肯定是会用电的，包括动力用电和照明用电。在仓库设计阶段，设计者会根据投资方的需求，并参考国家规范设计仓库的电路、配电柜、机房等。

无论仓库是自己使用还是租赁给第三方使用，在投入运营以后，仓库使用方都要做好用电安全管理，制定安全用电操作规范文件。很多仓库发生火灾除了人为原因外，大都是在用电方面出现了问题，比如短路。

3.5.1　规范：建立仓库用电操作规范，主动控制危险行为

企业应对仓库的电源线路和各种用电设备定期进行检查维护，每个月至少进行一次重点项目检查，每年的全面检查次数不少于一次；对老化、破损和用电负荷过大的电源线路要及时更换，以免发生火灾；对于建成时间比较久的仓库，其电源线路的检查频率必须高于新建仓库。

仓库的配电箱内必须安装漏电保护设备，由专业人员每月检查和试验一次，而且检查和试验要有记录。

严禁使用非标电源线，所有库房的专用线路上都应装有空气开关或漏电保护器等线路保护装置，否则可能会因为插头、插座、电线等发热而引起火灾。若无相应的空气开关或漏电保护器，将无法防止由设备故障或意外情况引起的短路、漏电事故，无法及时断开电源，易造成火灾及人身伤亡事故。

停电作业在作业前必须做好停电、验电、挂接地线、悬挂标示牌和设置临时围栏等安全措施。电器通电后如发现冒烟、散发出烧焦气味或着火，应立即切断电源，切不可用水或泡沫灭火器灭火。移动电气设备时一定要先拉闸停电，后移动设备，绝不要带电移动。

需要安装电气设备和电灯等用电器具时，应由具有操作资质的电工进行。电气设备在使用中出现故障时，也需要由具有操作资质的电工进行修理。

库内禁止乱接电源、乱架电线，不准使用与工作无关的电气设备。电表箱下方、大功率电器旁严禁堆放货物。各种电气设备不得带故障使用，下班后或者不工作时，必须切断电源。

3.5.2 负荷：电气火灾须警惕，用电超负荷要注意

仓库内的用电是基于额定的用电功率来设计的，并匹配电线材料和设施设备。用电超负荷是指实际使用负荷超过额定负荷，大多是由于用电设备增多，超过仓库设计的使用容量或者超过电气线路设计的使用容量。

当电源线路负荷增大的时候，电线就会因为过载出现温度升高的现象，并使绝缘层加速老化。长期温度过高会致使电线的绝缘体熔化，绝缘层会发生自燃，电线导体就会裸露在外。一旦出现这样的情况，就非常容易引起电线短路、起火，进而出现安全事故。

如果涉及外部租赁仓库，那么仓库的使用方在仓库考察阶段需要关注出租方提供的可租赁的防火分区内的用电功率。有些仓库的招商人员为了完成业绩，忽视潜在客户的用电需求。仓库一旦因为用电超负荷引起火灾，后果将不堪设想。

若在仓库未来运营中需要使用大功率设备，仓库的使用方更要计算清楚是否会超负荷，一定要选择能满足自身用电需求的仓库。比如，有些仓库除了用于日常的收发货和存储以外，还涉及货物的二次包装，仓库的使用方就会增加流水线、配置自动打码机等，这势必会增加仓库的用电负荷。

仓库的出租方如果愿意基于使用方的需求对线路进行改造，这类仓库也是可以考虑租赁的，只是双方需要商谈改造费用如何分担。

3.6 风险防范

在仓储运营中，尽管管理者已经想出了各种办法来确保安全经营，但

有些风险还是无法完全避免。风险一旦发生，可能会让企业蒙受损失，或者导致企业永久关闭。企业必须对经营中的风险进行管理，以降低风险发生的可能性及其潜在影响。

购买保险是一种重要的风险管理方式，它对风险管理有着实质性的影响，这源于保险能够应对风险的不确定性与不平衡性。在风险管理方式中，保险属于风险转移方式，购买保险就是将风险转移给保险公司。

3.6.1 认识保险：运用杠杆原理合理规避企业经营风险

从宏观上来讲，物流保险是一切与物流活动相关的保险。

把物流与保险这两个概念相结合，即可得出物流保险的具体内容，即物品从供应地向接收地的实体流动过程中，对财产、机器损坏、车辆或其他运输工具安全、人身安全保证等一系列与物流活动发生关联的保险内容，其中还包括可预见的和不可预见的自然灾害。

1. 保险的作用

1）转移风险减少损失

如果仓库不幸发生意外，如火灾、盗抢等，这些风险带来的损失会导致企业的经营利润减少。对于中小企业而言，一旦损失的金额比较大，保证企业持续经营下去的现金流就会中断，严重的甚至会进入破产程序。

如果提前配置了相关的保险，仓库经营者可以向保险公司申请理赔，及时补偿在仓储管理过程中建筑物、货物、人员、设施设备等因事故而遭受的经济损失。

2）增强财务的稳定性

对于仓库内存在的各种风险，由于风险本身存在不确定性，我们无法准确预测哪种风险会发生、什么时候发生、风险的影响有多大等。通过购买相关的保险，可以将那些风险因素带来的不确定的损失转变为固定的保险费用，并将此项费用计入生产成本或者经营成本中，从而增强企业经营的财务稳定性，完善经济核算制度。

2. 保险的原则

对于仓库运营管理中存在的风险，大部分企业会通过购买保险将风险转移。投保人和保险人都必须遵守以下原则。

1）可保利益原则

我国《保险法》第十二条规定，人身保险的投保人在保险合同订立时，对被保险人应当具有保险利益。此原则可以使被保险人无法通过不具有保险利益的保险合同获得额外利益，以避免将保险合同变为赌博合同。

2）最大诚信原则

最大诚信原则指投保人和保险人在签订保险合同时以及在保险合同有效期内，必须保持最大的诚意，恪守信用，互不欺骗隐瞒。保险人应当向投保人说明保险合同的条款内容，并可以就保险标的或者被保险人的有关情况提出询问，投保人应当如实告知。

3）损失补偿原则

损失补偿原则指保险合同生效之后，当保险标的发生保险责任范围内的损失时，保险人必须在责任范围内对被保险人所受的实际损失进行补偿，使被保险人的经济状况恢复到受灾前的状态；但被保险人不能因损失而获得额外收益，因为保险的目的是补偿，而不是获利。

4）近因原则

近因指在风险和损失之间，导致损失的最直接、最有效、起决定作用的原因，而不是指在时间上或空间上最接近的原因。如果近因属于被保风险，那么保险人应负赔偿责任；如果近因属于除外风险或未保风险，则保险人不负赔偿责任。

3. 保险合同的基本条款

保险合同，是投保人与保险人约定保险权利和义务关系的协议。投保人和保险人是直接签订合同的人，是合同的双方当事人，按照合同的约定，投保人应向保险人交付约定的保险费，保险人则应在约定的保险事故发生时，履行给付保险金的义务。

1）保险主体与保险客体

保险主体，也就是保险合同的关系人，包括保险人和投保人。保险人又称"承保人"，主要指的是保险公司，其专门经营保险业务。投保人是指与保险人订立保险合同，并按照保险合同负有支付保险费义务的人。

有的投保人是通过第三方对接的保险公司，那么这个第三方又称为保险合同的辅助人，现阶段比较常见的是保险经纪公司。有第三方参与的保险合同，通常是两份独立的文件，一份是投保人与第三方签订的授权委托书，一份是投保人与保险人签订的保险合同。

保险客体，也就是保险标的，在财产保险中是指财产本身或与财产有关的利益及责任。不同的物流保险标的，其风险种类、性质和程度各不相同，所以保险标的不同，对应的保险费费率也不同。

2）保险价值与保险金额

保险价值，是指投保人与保险人订立保险合同时约定的保险标的价值。保险价值的确定主要有 3 种方法：依照市场价确定、依照合同双方的约定、依照法律的规定。

保险金额，又称保额，是指保险人承担赔偿或者给付保险金责任的最高限额，也是保险人收取保险费的计算基础。保险金额等于保险价值的保险是足额保险。保险金额低于保险价值时，保险人按保险金额与保险价值的比例赔偿。

3）保险费与保险期间

保险费，是指投保人为获得保险保障，按照保险合同约定向保险人支付的费用。保险费主要由保险金额的大小、保险期限的长短、保险费费率的高低这 3 个要素决定。

对于同样需求、同样的保障，不同保险人的保险费标准不尽相同。所以，投保人在决定与保险人签约时，不要只关注谁的保险费最低，还要关注对应的保险内容、条款等，综合评估后决定。

保险期间，指的是保险合同的有效期限，是保险人为被保险人提供保险保障的期限。在物流货物运输责任险中，如果以年营业额作为基础进行投保，保险期间除了时间维度之外，还有累计营业额，任何一个维度超出，保险合同即失效。

4）保险责任与责任免除

保险责任，指的是保险人所承担的风险范围。

责任免除，是指规定的保险人不承担赔偿或者给付保险金的责任，也称除外责任。比如，保险标的自然损耗，是保险人为了规避道德风险以及基于自身经济利益的考虑设置的。

5）保险赔偿与其他条款

保险赔偿，指的是在保险期间内发生了约定的保险责任，保险人在评估完以后，要按照约定进行保险理赔。保险理赔原则上应采取给付货币的形式，但也有一些财产保险合同约定对特定的损失可以采取修复、置换等方法。

其他条款如违约责任及争议处理等。违约责任是合同当事人未履行或未完全履行合同义务应当承担的法律后果，既可以由双方自行约定，也可以载明按照有关的法律规定处理。争议处理是指当发生合同纠纷时采取的处理方式，双方可以约定解决的方式，如仲裁或者诉讼。

3.6.2 财产保险：基本险、综合险和一切险，分散风险与经济补偿

物流的财产保险，是指投保人根据保险合同约定，向保险人交付保险费，保险人按保险合同的约定对所承保的物流活动中的财产及其有关利益，因自然灾害或意外事故造成的损失承担赔偿责任的保险。

1. 财产保险分类

企业的财产保险，分为财产基本险、财产综合险和财产一切险。这 3 类财产保险的区别主要体现在保障范围上，如图 3-1 所示。

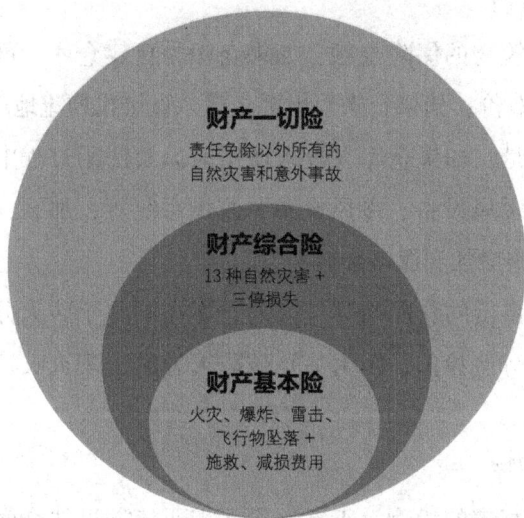

图 3-1　财产保险分类

其中，财产基本险的保障范围为"火灾、爆炸、雷击、飞行物坠落 +
施救、减损费用"，财产综合险的保障范围为"财产基本险 +13 种自然灾
害 + 三停损失"，财产一切险的保障范围为"财产综合险 + 责任免除以外
所有的自然灾害和意外事故。

通过对比能明显看出来，财产一切险的保障范围更加全面，适合保障
要求较高、风险管理较为完善的大中型企业。

另外，财产保险是一种损失补偿保险，如果发生事故，被保险人仅能
获得以实际损失为限的赔偿，赔付金额不超过保险金额，且补偿仅限将保
险标的恢复到事故发生前的状态，而不是赔偿保险标的原始价值。

2. 保险标的

大部分企业都会为员工缴纳"五险"，一旦发生人员伤害，有两个保
险可以覆盖——医疗保险和工伤保险。仓库内除了参与运作的人员之外，
其他比较重要的财产包括仓库建筑物、存储的货物、物流设施设备（货架、
叉车等），企业应考虑为其投保。

1）仓库建筑物

关于仓库建筑物的保险金额，如果仓库为自建仓库，可找企业的财务人员了解仓库的造价；如果仓库为租赁仓库，直接找物流地产商了解。

需要注意的是，如果仓库在投入使用前以及使用过程中进行了装修布置，比如新增了暖风设备、冷风设备、监控系统等，那么，除了造价外，也要将此部分费用增加到保险金额中。

另外，如果租赁的仓库与其他人的仓库在同一个防火分区内，建议投保时按整个防火分区投保，因为一旦该防火分区出现火灾，二次分区的作用不大。

2）存储的货物

对于仓库内存储的货物，正常情况下需要依据过往仓库的平均库存金额来投保，不过，由于发生风险的时间存在不确定性，投保人投保的金额最好高一些，这样做是因为会涉及未足额投保等问题。如果企业预算充足，可以考虑按照一年中最高库存时的货值进行投保。

3）物流设施设备

如果对新的物流设施设备投保，保险金额可参考设施设备的购置价格；如果是已经使用了一段时间的设施设备，则要用购置价格减去折旧费用。

机器损坏保险是在传统财产保险的基础上发展起来的，专门承保各种机器设备在运行过程中因与其特性相关的人为的、意外的因素，造成不可预见的机器设备损失。

3.6.3 责任保险：为责任上保险，转嫁企业经营中的责任风险

责任保险，是指保险人在被保险人依法应对第三者负民事赔偿责任，并被提出赔偿要求时，承担赔偿责任的财产保险形式。责任保险以被保险人对他人依法应负的民事赔偿责任为保险标的，保险合同中无保险金额，而是规定赔偿限额。

接下来介绍几类常见的与仓储管理相关的责任保险。

1. 物流责任保险

物流责任保险，是指被保险人在经营物流业务过程中，对列明原因造成的物流货物损失，依法应由被保险人承担赔偿责任的，由保险人根据保险合同的约定负责赔偿。

从责任的对象来看，物流责任既包括对客户（即物流合同相对方）的法律责任，也包括对第三方的法律责任（狭义的仅指对第三方的损害负赔偿责任）。

比如，物流公司为客户提供仓储服务，因为自身失误造成货物毁损的，就需要对客户负法律责任；如果在仓储活动中，对他人造成人身伤害或财产损失的，对其所负的法律责任就属于对第三方的法律责任。

从损害的性质来看，物流责任保险是物流保险中的一种类型，是对物流责任风险的保险保障。

2. 公众责任保险

公众责任保险，又称普通责任保险或综合责任保险，它以被保险人的公众责任为保险标的，是责任保险中独立的、适用范围最为广泛的保险类别。

公众责任保险主要承保被保险人在其经营的地域范围内从事生产、经营或其他活动时，由于发生意外事故而导致第三者人身伤害或者财产损失的，依法应由被保险人承担的经济赔偿责任。总的来说，投保人购买了公众责任险后，保险人主要承担这3部分责任：经济赔偿责任（对第三者造成的人身伤害或财产损失）、施救产生的费用、因赔偿纠纷产生的法律费用。

仓库作为货物周转和存储的重要场所，在日常的运营过程中涉及外部协作的情况有很多。比如，收发货时，卸货和提货的车辆和司机会进入仓库；另外，部分外包业务也会有专门的人员进入仓库内操作（如仓库清洁等）。

第三方人员在仓库内作业时，由于被保险人的过失对其造成人身伤害或财产损失的，可以向被保险人索赔。企业如果配置了公众责任保险，就可以把这部分风险转嫁给保险人。

3. 雇主责任保险

雇主责任保险是指被保险人所雇用的员工，在受雇过程中从事与保险单所载明的与被保险人业务有关的工作而遭受意外或患与业务有关的国家规定的职业性疾病，所致伤、残或死亡时，被保险人根据《劳动法》及劳动合同应承担的医药费用及经济赔偿责任（包括应支出的诉讼费用），由保险人在规定的赔偿限额内负责赔偿的一种保险。

也就是说，雇主责任保险是以用人单位依法对员工应承担的经济赔偿责任为标的，转嫁用人单位对员工的赔偿责任风险。

雇主责任保险与工伤保险，虽然都是以员工发生"工伤"为重要的理赔条件，但是在保险性质、赔偿方式、赔偿类目、缴费方式、可参保时间、赔偿金额等方面都存在不同之处。两者并不冲突，也不存在赔付顺序的问题，而是共同提升了员工的保障效能。

3.6.4 如何配置：买保险总比不买强，但是买错保险比不买保险更可怕

有的企业认为"买保险总比不买强"，但是买什么样的保险，选择什么样的保险公司，在保险金额、保险费和保障内容中如何平衡呢？对于这些问题，企业绝不能糊里糊涂地做出选择，而是要科学决策，因为买错保险比不买保险更可怕！

1. 财产保险与责任保险的区别

与仓储管理强相关的物流保险主要分为两大类，即财产保险和责任保险。前面已经分别针对这两类保险做了简要的介绍，两者的区别有哪些呢？

1）发展基础不同

一般财产保险产生和发展的基础是自然风险和社会风险的客观存在及商品经济的产生与发展，而责任保险产生和发展的基础是民事法律制度的建立与完善。

2）补偿对象不同

一般的财产保险，保险人的补偿对象是被保险人，赔偿金是支付给被保险人的。而责任保险中，虽然赔偿金也是支付给被保险人的，但实际上是花费在了被保险人之外的受害人身上。换句话说，购买责任保险后，保险人代替被保险人履行对第三者的民事赔偿责任。

3）补偿范围不同

一般的财产保险承保的都是实物，如建筑物、货物、设备等，这些保险标的的价值是可以估计的，并在此基础上确定保险金额，以此作为保险人赔偿的最高限额和计算保险费的依据。

而责任保险承保的是被保险人对第三者造成的人身伤害或财产损失、施救产生的费用、因赔偿纠纷产生的诉讼费用，无法准确估量。因此，责任保险通常只规定保险人所承担责任的最高限额。

4）赔偿处理方式不同

与一般财产保险相比，责任保险的赔偿要复杂得多，这主要体现在 3 个方面：第一，责任保险的赔偿必然涉及第三者，受害人向被保险人索赔，被保险人才能向保险人索赔；第二，赔偿处理以法院的判决或执法部门的裁决为依据；第三，赔偿金实质上是支付给受害人的。

2. 按需搭配保险组合

1）保险金额第一位

保险有 3 个关键要素：保险费、保险金额、保障内容。在日常的保险购买决策中，有的企业以预算为出发点，能买多少买多少，这会出现未足额投保的情况；有的企业是谁给的返点多，就买谁家的保险，忽视了保障内容是否健全等问题。

正确的做法是，把保险金额放在第一位，也就是要足额投保，然后再根据保险费的预算搭配保险组合，优先把高的风险覆盖住。

2）不可能三角

同样的保险金额，保障内容也足够全面，但是某家保险公司的保险费相较于其他几家更低，而且低得有点离谱，此时，千万不要陷入低价陷阱。

注意要重新审核保险公司的资质，比如，其股东构成、是否有被起诉的记录、网络上的评价等。企业必须选择有实力的保险公司，避免出现理赔难的问题。另外，如果在购买保险时，企业没有时间和精力去对比，可以委托专业的保险经纪公司来满足需求。

3）风险全覆盖

无论是建筑物还是存储的货物，其价值相对而言都比较高，一旦发生风险，损失比较大，通过购买财产保险覆盖风险，大多数企业都能算清楚这笔账。但是，很多企业容易忽略在仓储运营过程中，对第三者造成的责任风险所带来的损失。建议在购买保险时，基于企业的实际情况，合理搭配财产保险和责任保险。

3. 风险不因投保而消失

有些企业在仓储业务上配置了财产保险和责任保险，便以为任何风险造成的损失都可以由保险公司兜底，这种想法是不理智的。购买了保险，并不意味着在日常的仓储管理中可以放松警惕、放宽标准。

如果企业不采取积极的风险防范措施，一旦风险发生，保险公司只会赔偿合同中约定的那些责任所造成的损失，而责任之外的损失（体现在责任免除条款中），保险公司是不负责赔偿的。

同时，保险公司在理赔时，也会评估被保险人在仓储管理过程中是否配置了必要的防止风险发生的设施设备、是否编写了制度或者流程文件、是否建立了日常的检查机制以及相关的记录等。如果其中的一些环节缺失，将会影响保险公司的定损判断，最终保险公司有可能不予理赔对应的损失，或者是减额理赔。

第4章

▼

质量管理

　　质量与安全一样，都是企业管理的重中之重，容不得半点疏忽。安全是红线，质量是底线。安全是企业运行的前提和基础，而质量是企业的生命，是企业发展的灵魂和竞争的核心，是企业赖以生存和发展的保证。

　　本章我们先系统了解质量管理的概念、物流质量管理的要点和质量管理的重要性，再分别从流程管控、日常检查、主题活动3个方面探讨质量管理如何有效落地，以及如何通过企业层面的质量审计帮助仓储部门／项目系统提升作业质量管理的水平。

4

4.1 了解质量管理

我们对质量都不陌生。我们常说的质量，除了产品质量之外，还包括服务质量。产品质量应包括满足对产品功能、寿命、可靠性要求的适用性质量和制造质量。

现代质量管理学认为，质量就是满足顾客的期望的程度。所谓好，就是充分满足顾客的期望。一般来说，顾客的期望是快速、物美、价廉、方便（服务）。

4.1.1 什么是质量管理：为了实现质量目标而进行的所有管理性质的活动

质量管理，就是在一定的技术经济条件下，为保证和提高产品质量所进行的一系列经营管理活动的总称。该经营管理活动包括质量管理体系的制定、质量的控制、质量的验收与评定等内容。简单来讲，质量管理就是为了实现质量目标而进行的所有管理性质的活动。

物流质量管理，是指运用科学先进的质量管理方法、手段，以质量为中心，对物流的全过程进行系统管理。

虽然产品的质量在很大程度上由生产环节决定，但是产品从生产线下线到交付到消费者手中，要经历仓储、装卸、搬运、包装、流通加工、运输、配送等多个物流环节，这些环节如果控制不当，也会对产品的质量造成重大的影响。

4.1.2 物流质量管理的要点：服务性、全面性、预防性、先进性

物流质量管理建议围绕 4 个要点展开，即服务性、全面性、预防性、先进性。

1. 服务性

物流工作的核心就是向内外部客户提供物流服务，根据不同的服务对象及其需要，开展物流服务工作。

1）内部服务

指把物流过程中各个环节、各个工序之间的关系，视为"供应与使用"的关系，也就是上一个环节把下一个环节视为"用户"。比如，仓管员对原材料验收合格后，方可在生产有需求时供线。

2）外部服务

外部服务指的是物流企业为上游的生产型企业以及下游的经销商或者零售商提供的物流服务，比如仓储服务、二次包装、干线运输、区域配送、快递物流等。

需要注意的是，物流服务质量并非越高越好，通常情况下，服务质量越高，其对应的成本也越高。企业想要持续经营下去，没有利润是不行的，因而要寻求服务水平和成本之间的最佳平衡点。

2. 全面性

1）全员参与

物流质量管理绝不是企业内几个部门、几个岗位，甚至只是几个人的事儿，必须是全体人员参加的全面质量管理。企业要打造"质量第一""服务至上"的质量文化，充分调动全体人员参与物流质量管理的积极性。

实行全员质量管理，需要在组织架构上体现物流质量管理的重要性，必须设置专职的质量管理人员。比如，大型物流企业建议成立质量管理部门，负责主导和监控企业的物流质量管理；中小型物流企业，建议在大型的仓储业务中配备质量管理人员，质量管理人员直接向仓库经理汇报。

2）全程参与

物流质量管理要针对物流的全过程进行，包括原材料及半成品管理、材料的供线、成品库管理、从工厂至区域分销中心的调拨运输、区域分销中心的仓储管理、二次包装管理、从区域分销中心至经销商或者零售商的配送管理等各个功能环节。

另外，如果物流服务只涉及单一环节，也要对这个单一环节的全过程进行质量管理。比如只涉及仓储业务时，要对收货、在库管理、二次加工、发货、残损货物报废等进行管理。

3. 预防性

与安全管理一样，物流质量管理也应突出强调"预防为主""事前控制"的思想，坚持"以防为主、防检结合"的质量管理原则。

一方面，要尽可能地把影响物流质量的可控因素消灭在萌芽阶段，比如，如果到达仓库的提货车辆车厢密封不严，就会存在运输途中货物被雨水浸湿的风险，而做好装车前的检查，就可以避免；另一方面，要对有可能影响物流质量的不可控因素（随机性）做好风险评估，并制定好相应的防范措施，一旦发生质量事件，及时补救。

4. 先进性

推行物流质量管理，应谋求管理组织先进、管理手段先进和管理方法先进。

1）管理组织

建立质量管理部门，质量管理人员要熟悉与质量相关的法律、法规；组织制定企业的质量目标、质量方针；搭建企业的质量管理体系，对质量管理体系的执行情况进行指导、监督、检查并督促整改；定期进行质量审计，对质量管理体系的有效性进行检验；等等。

2）管理手段

建立物流质量管理的程序文件，集中企业的业务骨干，编写标准化作业指导书，减少作业过程中对个人经验的依赖；所有人员按照统一的标准作业，减少差错；通过流程培训且考核合格的人方可上岗；定期对作业指导书进行优化，确保执行的是最新的且最适用的作业指导书。

3）管理方法

物流质量管理的方法有 PDCA 循环、数理统计方法等。PDCA 循环是由计划（Plan）、执行（Do）、检查（Check）和处理（Action）4 个阶段构成的循环质量管理方法。数理统计方法的基本原理是从一批产品中抽取一定数量的样品进行测试，得到该批产品的质量数据后，再运用统计推断方法对总体的质量情况做出预测，揭示其质量变化规律等。

4.1.3 质量管理的重要性：提升客户满意度、提高运作效率、提升市场竞争力

物流过程中发生丢失、损坏、变质、延误等事故，不仅货物的数量可能减少，而且货物的质量会受到损失，最终使得物流服务本身和企业经营活动两方面都受到挫折。加强质量管理，对于企业提升客户满意度、提高物流运作效率、提升市场竞争力等方面意义重大。

1. 有利于满足客户要求，提升客户满意度

物流企业向客户提供的并非实体产品而是物流服务，服务是无形的，产品是有形的。服务过程中，人比较重要，产品交付过程中，产品比较重要。产品质量的好坏很容易被测量，而服务的质量，大部分时候需要由客户感知。

物流服务质量好，客户满意度就会高，企业的客户就会逐渐增多；反之，质量一般或者差的企业，其客户就会逐渐减少。

2. 有利于物流工作质量的提升，提高物流运作效率

加强物流质量管理，能促进物流各环节之间的有效衔接，减少不必要的等待；另外，高效的物流质量管理，能提高物流设备与作业人员的匹配程度，促进物流各功能要素之间的协调与配合，减少运作时间，充分调动作业人员的积极性，提高物流设备以及场地的利用率。

物流运作效率提高，意味着在完成同样的工作任务时所需的时间更短，或者在同样的时间内完成的任务增多，从而带动了成本的节约。

3. 有利于企业全面管理，提升市场竞争力

企业运营是一个系统化的过程，物流质量管理绝不是孤立存在的，它

势必带动企业在其他各个方面管理水平的提升，从而进一步促进企业的发展，提升企业的市场竞争力。

4.2 流程管控

仓储管理过程中，建立标准化作业流程体系是提高仓库运作质量的基础保障。笔者在第一本书中专门拿出一章的篇幅对"作业流程设计"进行介绍，为避免内容重复，在此仅从质量管理的角度做一些补充。

4.2.1 收货：不仅要清点数量，更要关注质量

收货过程中，仓管员要参考单据上的信息，核实货物的数量及质量。

1. 货物数量

无论是从生产线下线的货物，还是从外部调拨来的货物，通常送货单会随车走。仓管员在收货时需要结合单据，按照不同的代码、批次清点相应的货物数量。数量上的差异主要存在两种情况——少货或多货，在本质上又分为 4 类，即混代码、混批次、短少、多货。

对于收货时发现的数量差异，建议将车厢内所有的货物全部卸下来以后再统一处理，因为有些差异可能是发货方在装车时没有将同一个代码、批次的货物放在一起所致。当然，也有可能是装在一起了，但是运输过程中发生颠簸，导致少量的货物散落在车厢的不同位置，从而形成了数量差异。

全部卸货完毕后，如果仍然存在数量上的差异，仓管员首先要组织人员对差异部分进行自查，检查是否存在装卸工失误造成的码放错误。排除自身原因后，让运输商去跟发货方沟通。

2. 货物质量

仓管员除了要清点货物的数量之外，还要关注货物的质量。生产型企业自营或者外包的成品仓库或区域分销中心仓库，通常以货物的运输包装

是否完好作为接收的重要依据，非必要不做开箱检查。

流通型企业自营或者外包的仓库，除了会关注货物的运输包装是否完好之外，通常会针对不同价值的货物设置一定的比例进行开箱抽检，检查箱内货物的数量和质量是否存在问题。

对于运输包装破损的货物，装卸工在卸货时需要将其单独挑出来放到托盘上，卸货完毕后由仓管员或者其他经过授权的人员进行开箱检查，如果箱内货物没有损坏，可以正常接收；若要继续流通到下游，则要考虑是否更换运输包装。

如果箱内货物质量受损，分两种情况：以整箱为单位流通的，则判定为残损；以箱内最小单位包装流通的，则可以考虑只接收质量正常的部分。

对于雨水进入车厢导致货物水湿的情况，不仅要关注运输包装，还要关注箱内货物的质量是否受到影响，有些货物的包装上有透气孔，货物很容易因为受潮而变质。

3. 单据签收

对于数量差异和质量差异，生产型企业的成品仓库或者区域分销中心仓库人员需要在单据上注明差异原因，由司机或者运输商的现场协调员签字确认。

数量差异如果是运输商造成的，产生的损失由运输商赔偿；如果是发货方造成的，可以考虑在 ERP 系统内进行库存调整。

质量差异如果是运输商造成的，找其索赔，如果担心残损货物被司机带走，进入市场后造成恶劣影响，影响生产型企业的品牌形象，可以考虑将货物留在仓库等待集中报废，但索赔金额建议给运输商打折；如果是发货方造成的，可以考虑在 ERP 系统内进行库存调整。

流通型企业的仓库在签单时，对于数量差异和质量差异，通常以正常的可以接收的货物数量为准，不再区分混代码、混批次、短少、多货之类；非正常品直接拒收，由运输商带走即可。

有的运输商为了考核指标达标，会跟收货仓库的人员沟通，对差异的部分直接买赔，单据上不再体现差异。

4.2.2 存储：建立质量状态标准，待检、放行和扣货

建议将仓储过程中的货物质量状态分为 3 种：待检、放行和扣货。接下来将针对成品仓库和区域分销中心仓库的货物质量状态管理分别进行简单的说明。

1. 成品仓库

通常情况下，从生产线下线的货物的质量状态是"待检"，只有经质检人员抽样检查合格以后，货物才能正常发运。这意味着从生产线下线的货物进入成品仓库，只有从"待检"状态转为"放行"状态以后，才能正常发运到区域分销中心仓库去，而抽样不合格的则要被"禁止"发运。

因此，在仓储管理过程中，需要特别注意货物质量状态的管理。管理方式可以考虑下面几种。

1）系统管控

在 WMS 内设置 3 种质量状态：待检状态、放行状态、扣货状态。当计划人员下达调运任务时，处于待检和扣货状态的货物是不能参与发运分配的，系统也就不会提示拣货。

2）实物管控

将处于"扣货"状态的货物放到仓库指定的区域，不允许在正常库位存储。另外，可将红色的卡片或者布条放到处于"扣货"状态的货物上；也有的使用红标签代表"扣货"，黄标签代表"待检"，从视觉上提示仓库的操作人员注意。

3）系统与实物管控结合

除了在系统中控制货物的质量状态之外，也可同步对实物进行管理，也就是把前面讲到的两种管理方式结合在一起，这实际上是有了双保险。

2. 区域分销中心仓库

成品仓库对货物质量状态的管理，主要关注货物本身的质量，与生产

过程中是否做好质量管理强相关。

区域分销中心仓库的质量管理的侧重点与前者不同，除了会接到工厂质检人员的扣货 / 放行通知之外，大部分是仓储过程中发生的自主质量管理行为。其中扣货的原因主要包括过了停止售卖期、货物待换箱以及残损。

1）过了停止售卖期

仓管员每天在 ERP 系统中检查是否有过了停止售卖期的货物，如果有，需要在系统中进行扣货，也就是不允许这个代码、批次的货物参与分货。实物以及 WMS 中也要由仓管员进行同步处理，将其从存放正常货物的排位转移到专门存放过了停止售卖期货物的排位上去。

2）货物待换箱以及残损

待换箱，指的就是货物的外包装出现破损，但箱内货物的质量不受影响，只需要更换外包装。仓库内由换箱培训合格的特殊仓库的仓管员负责换箱操作，定期统计需要换箱的货物的库存，以及所需纸箱的箱皮代码、数量，申请纸箱。

纸箱到货后，将需要换箱的货物按照标准进行换箱，抽样检查合格，货物即可转回到正常的排位。同时，仓管员要在系统中将这批货物的质量状态由"扣货"改为"放行"。

残损，指的是箱内货物的质量出现了问题。货物出现残损后，需要将其质量状态由"放行"改转为"扣货"。与待换箱不同的是，此操作不可逆。货物的待换箱和残损，除了是入库时运输商或者上游生产环节造成的外，也可能是在存储过程中，作业人员操作失误造成的。

4.2.3 发货：装车前、装车中、装车后，监控装车全过程

在大多数人看来，仓储管理中，只要做好运作过程中的质量管理就够了，涉及外部协作的，没必要给自己增加工作量，大家"各扫门前雪"。

对此，建议仓库在收货及发货过程中做一些必要的质量复核工作，尤其是发货过程中。比如，将货物装到了有缺陷的提货车辆上，并经过长途

运输到了下游的客户处，部分货物有可能会因为质量受到了影响而被拒收。

虽然这类问题的主要责任在运输环节，但是如果仓库在发货时对车况进行检查，就可以避免前面提及的问题。仓管员可以考虑设计车辆检查记录表，并分别在装车前、装车中和装车后对车辆进行有针对性的检查。接下来以厢式货车为例，介绍各环节的检查内容。

1. 装车前

装车前的检查内容包括：顶棚和车厢四壁是否有孔洞或者缝隙（关闭车门，检查车厢内是否透光）；车厢底板和车厢四壁是否平整，是否有大面积铁锈，是否有尖锐物；车厢内是否有水渍、油渍或杂物，是否有异味；车厢中门和后门是否密封，是否能上锁（如果密封不严，运输途中遇到下雨，雨水会顺着门缝进入，造成货物水湿）；车厢内是否采取了合适的防潮措施（尤其是长途运输，以及发货地和收货地的温差较大时）；等等。

发现不符合的项，要在车辆检查记录表中进行详细记录，并要求司机立即整改。比如，车厢底板有铁锈，建议在车厢底板上铺一层彩条布，如果车厢两侧也有，也要挂上或者粘上彩条布；对于防潮，可以在车厢的两侧放置干燥剂、棉被或者其他可以防潮的材料。

整改完毕后，由仓管员进行复查，对于整改合格的即可安排装车；仍然不符合要求的车辆，拒绝给予装车并上报运作主管。

装车中发现的不符合的项，大部分是装卸工技能不熟练或者不认真造成的，应及时提醒装卸工进行整改。往高处码放货物时要给装卸工提供登高梯，避免其踩在货物上造成货物挤压变形。装车中涉及的填充材料、物理隔离材料等，尽量要求运输商提供。

2. 装车后

装车后的检查内容包括：车厢尾部剩余较大空间时是否采用了梯形码放方式（防止在运输途中发生货物倒塌），车尾是否使用了网兜进行保护（防止打开车门时，车尾的货物从车内掉落下来造成货损），是否按要求对车门进行上锁并对所有的车门用施封条进行施封，等等。其中，网兜需要由运输商提供，施封条建议由仓库提供。

4.2.4 环境：清洁卫生、害虫防治、温湿度控制，营造良好存储环境

收货、存储、发货作业，属于与运作管理强相关的环节，在质量管理中自然需要给予更多的关注。但是，仓库作业环境对货物质量状态的影响也不容小觑。

1. 清洁卫生

保持仓库的清洁卫生，不仅是为了展示一个良好的库容库貌，也有助于保持员工的生产力、效率和安全，保护库内的叉车和其他设备不受损坏，保护货物不受污染。

1）清洁计划

建议仓库的清洁负责人制订仓库清洁计划，内容要涵盖责任人、清洁项目、清洁标准（无灰尘、无垃圾等）、清洁方法（用洗干净且拧干的抹布擦拭办公桌、用干净的"尘推"清扫地面灰尘等）、清洁频率（每天、每周、每月等）、检查人（清洁负责人、仓库主管等），详见表4-1。

表 4-1　仓库清洁计划

责任人	清洁项目	清洁标准	清洁方法	清洁频率	检查人
清洁工	仓库地面				
	一层货架				
	一层货物表面				
	消防栓及灭火器				
	装卸照明灯				
	库内反光镜				
	装卸升降平台下面				
	1.8 米以下墙壁				
	……				

责任人	清洁项目	清洁标准	清洁方法	清洁频率	检查人
仓管员	库内办公区桌面、柜子				
	库内办公区文件				
	备货区货物				
	灭蚊灯				
	粘鼠板				
	……				

清洁负责人：　　　　　　　　　仓库主管：

日　　期：　　　　　　　　　　日　　期：

2）工具管理

根据使用需要采购合适的清洁工具，比如带盖子的垃圾桶、扫帚、簸箕、拖把、尘推、抹布等。所有的清洁工具必须存放在指定的区域。

拖把在使用后，应洗净并在太阳底下晒干，避免滋生害虫；扫帚在使用后也要进行清理，避免垃圾藏在其中；垃圾桶和簸箕使用后应清洗干净并在指定位置晾干，切记，不要使用库内货物的包装箱作为垃圾桶；每次从水池取水以后要及时将水池内外清理干净，水池的下水口要安装防虫网。

2. 病虫害防治

仓库是存储货物的场所，外部的害虫进入或者仓库内部滋生害虫，如不采取措施及时进行灭杀，将会造成严重的损失。

1）来源管理

仓库的生活区（吃饭及休息的区域）应与库区进行物理隔离，员工不得将食物带进仓库；铲除库区周围 1 米以内的杂草，避免害虫滋生和隐藏；库区以及存放在仓库的货物必须保持干净、整洁，杂物必须及时清除，不要长时间在库内堆放；仓库周围的排水沟渠应当保持干净，无积水和淤泥，即使有少量积水，也应保持不浑浊；密封库房内外的缝隙、孔洞等，通风口必须安装防虫网。

2）物理防治

在仓库各墙角和库门的两侧放置粘鼠板，仓管员需每天检查所负责区域内粘鼠板的使用情况以及有效性，发现粘鼠板上粘了老鼠时需立即进行清理。同时，查找粘鼠板周边的建筑物是否存在孔洞，或者作业门／安全逃生门是否存在长时间不关闭的情况；如有，及时封堵和关闭。

灭蚊灯要悬挂在库门的两侧，距离地面 2 米左右。灭蚊灯开启后，从门外看不到灯光，仓管员要每天检查灭蚊灯的清洁状况，观察托盘中的蚊虫数量并清理。对于存在大量蚊虫的位置，要分析原因并采取相应措施。

3）化学消杀

化学消杀就是利用化学药剂来杀死害虫，这是当前防治仓库害虫的主要措施，具有彻底、快速、效率高的优点，兼具防与治的作用。

仓库所使用的化学药剂应当无色无味，对人体无危害，对货物无影响。选用对害虫具有较强毒性的化学药剂，并选择在害虫抵抗力最弱的时期施药。采取物理防治与化学消杀轮换使用等方法，以免害虫形成抗药性。

3. 温湿度控制

对于仓库内存储的货物，仓管员要了解其存储要求，尤其是对温度和湿度是否有特殊的要求，避免因为温湿度控制不当，造成货物在存储过程中发生损坏或者变质。

1）温湿度的监测

按照存储货物对仓库温度需求的不同，仓库可以分为常温库、恒温库、冷藏库、冷冻库等。其中，常温库是目前市场上最常见的，也是供给量和需求量最大的仓库，其他的仓库都需要在原有建筑物的基础上增加相应的制冷设施设备。

对于普货仓库，建议根据存储货物的特点，考虑是否配置温湿度计。如果仓库单个防火分区的面积较大，建议至少放置两个温湿度计。仓管员要每天定时查看温湿度计的读数，并做好记录。当读数高于或者低于货物最佳的储存温湿度时要及时上报，并采取措施进行调节。

2）温湿度的控制

温度异常。当夏季库内温度高，接近最佳储存温度的上限时，可以组织仓库的清洁工增加用水拖地次数；如果温度得不到有效控制，立即将那些不适宜高温保存的货物转移到温度较低的库区。当冬季库内温度低，接近最佳储存温度的下限时，可以关闭库内的日常通风窗，减少冷空气进入仓库；如果温度得不到有效控制，应启动供暖设备对仓库供暖。

湿度异常。当夏季库内湿度高，接近最佳储存湿度的上限时，可以打开强制通风设备，加快室内外空气循环，使湿气散发；若发现货物外包装受潮，应视情况重新堆码，避免最底下一层货物失去支撑而倒塌。

4.3 日常检查

日常检查是质量管理工作的重要内容，是消除隐患防止质量事故发生的重要手段。通过日常检查，可以发现仓储管理过程中存在的危险因素，以便及时制定有针对性的措施，保证物流服务的质量。

仓储管理过程中，如果存在的质量问题未能及时暴露出来并及时解决，小问题很有可能会产生连锁反应并变成大问题，质量事件逐渐升级成为质量事故。早发现问题，才能早分析、早解决。

4.3.1 检查：建立每日质量检查机制，只有早发现，才能早分析、早解决

通过每日质量检查，可以及时发现仓储管理中存在的质量问题，及时采取措施避免造成重大损失。每日质量检查属于质量自查的范畴，建议从以下几个方面入手。

1. 检查项目

仓库的质检人员根据运作管理中的质量要求，尽可能多地罗列检查项目，但是罗列出来的项目未必一次性全部体现在检查表上，而是根据不同

时期的质量关注点，以及日常检查中不同检查项下观察到的问题发生的频率，定期更新。

检查项目可以分为以下几类。

一是运作相关，如车辆检查记录表是否及时填写、卸货时是否存在货物倒置的情况、堆码不稳定的货物是否做了防护措施、装车时是否存在重货压轻货的情况、车厢装不满时车尾货物是否梯形码放、车尾是否加网兜保护等。

二是存储相关，如排位上是否存在外箱破损的货物、按箱拣货排位是否存在乱码乱放现象、随机盘点排位的实物库存是否与系统一致等。

三是环境相关，如仓库地面是否清洁无垃圾、灭蚊灯的托盘下面的蚊虫是否及时清理、病虫害控制记录表是否按时填写等。

2. 检查人员

操作岗位的人员大部分时间都在做具体的操作，没有时间去监督别人是否存在违规操作，且管理中应杜绝"既当运动员，又当裁判"的行为。检查人员应至少是基层管理岗位及以上级别的人员，这些人的部分职能带有管理属性，他们也具备发现问题的能力。

3. 检查形式

日常检查时不建议采用组团的形式。首先，大家都有自己的事情在忙，集中在一起的难度较大；其次，组团检查会让某些成员存在偷懒行为，把检查当成了走形式；最后，固定在某个时间段检查，会让一线员工在这个时间段之外放松对自己的要求。

建议检查人员根据各自的时间安排，自行到库内进行检查；将发现的问题及时记录，并立即纠正存在风险的行为；检查完毕后在检查表上签字，交给质量管理小组的组长。组长要对所有小组成员交上来的检查表中记录的问题进行汇总、分析，并提出改进提升意见。

4.3.2 改善：质量改进的 3 个重要工具

发现问题，就要针对问题进行分析，找到解决问题的关键，改进提升。

此处分享 3 个质量改进的工具，即 PDCA 循环，鱼骨图分析法，纠正、纠正措施与预防措施。

1.PDCA 循环

PDCA 循环是美国质量管理专家沃尔特·A.休哈特首先提出的，由戴明采纳、宣传后获得普及，所以又称戴明环。

PDCA 循环是将质量管理分为 4 个阶段，即计划（Plan）、执行（Do）、检查（Check）和处理（Action）。在质量管理活动中，各项工作应按照做出计划、计划实施、检查实施效果的顺序执行，然后将成功的纳入标准，不成功的提交给下一个 PDCA 循环去解决。

以上 4 个阶段不是运行一次就结束的，而是周而复始地进行。一个循环完了，解决了一些问题，未解决的问题进入下一个循环。

PDCA 循环包含 4 个阶段和 8 个步骤，其中 8 个步骤分别为：第一步，分析现状；第二步，寻找原因；第三步，确认要因；第四步，针对要因制订计划，拟定措施；第五步，执行计划，执行措施；第六步，检查验证，评估效果；第七步，将成绩标准化；第八步，处理遗留问题，提交给下一个循环。

2.鱼骨图分析法

鱼骨图分析法是一种发现问题"主要原因"的分析方法，是一种透过现象看本质的分析方法，因其形状很像鱼骨，而得名"鱼骨图"或者"鱼刺图"。

吃鱼的时候，一般卡住喉咙的都不是大的鱼刺，而是较小的鱼刺。鱼骨图分析法就是通过层层分解，对问题刨根问底，找到最小的那根刺，从而也就找到解决问题的关键点。鱼骨图的具体使用步骤如下。

第一步，明确此次分析的目标，将其标注在"鱼头"上，在"鱼尾"填上问题或现状。

第二步，头尾间用粗线连接，有如脊椎；加箭头标志指向鱼头，脊椎就是达成目标的所有步骤与影响因素。

第三步，召集人员共同讨论问题出现的可能原因，采用 5M1E 分析法，分别从"人、机器、材料、方法、测量、环境"6 个角度来分析，尽可能找出主要原因，并把主要原因在"大刺"上标出。

第四步，针对主要原因再问为什么，尽可能多地层层追问，可以在"中刺""小刺"上填写次要原因，直至无法继续提问为止。

第五步，把问题、应采取的措施等进行归类，这样就很容易发现哪些是当前问题发生的主要原因、该如何去面对与解决、哪些可以马上解决，以及需要调动哪些资源来解决。

3. 纠正、纠正措施与预防措施

纠正、纠正措施与预防措施是仓库质量管理人员日常工作中非常重要的质量控制措施。对于发现的质量问题，大多数人都可以做到"纠正"，并针对发现的问题分析其产生的原因，采取"纠正措施"。

但仅仅做到"发现一个问题，就解决掉一个问题"还不够，对于同一类问题，还要学会举一反三，采取"预防措施"。

1）纠正

纠正是为消除已发现的不合格之处，纠正的关注点在于"就事论事"。纠正是对现有的不合格之处当机立断进行补救，尽管它立刻就能产生作用，但效果可能只是"治标但不治本"。

2）纠正措施

纠正措施是针对已发现的不合格之处，或其他不希望出现的情况所采取的。纠正措施的关注点在于"追根溯源"。采取纠正措施是在被动情况下做出的积极反应，属于事后防范，需跟踪验证才能看到效果，其效果是"标本兼治"。

3）预防措施

预防措施是针对潜在的不合格之处，或其他潜在的不希望出现的情况所采取的。预防措施的关注点在于"未雨绸缪"。采取预防措施是主动确定改进机会的过程，属于事前防范。预防措施的效果是彻底避免不合格之处或不希望的情况发生，一般需要较长时期才能够看到。

为了便于大家理解，举个例子：仓管员在检查仓库粘鼠板的有效性时，发现其中一块上面粘了一只老鼠，怎么办？

首先，仓管员要做好记录，上报质量管理人员，并将老鼠清理掉，更换新的粘鼠板，这一步就是纠正。

其次，分析老鼠出现的原因，采取有针对性的纠正措施。比如，如果粘鼠板周围存在孔洞，要及时进行封堵；如果周围的门长期处于敞开状态，要考虑是否关闭或者更换为快速升降的感应门；如果有人带食物进入仓库，要对进入仓库的人员进行培训并加强入口的检查力度；等等。

最后，针对问题采取预防措施。比如，立即组织仓管员清查自己所负责库区的粘鼠板的有效性，同时，对于第一个粘鼠板点位发现的问题、问题出现的原因、问题出现后采取的措施，在其他点位也要进行对照检查和预防。

4.4 主题活动

通过日常检查来提升质量管理水平，属于比较传统的管理方式。就像"猫捉老鼠"那样，有检查的时候，员工的作业行为就会比较规范，没检查的时候则比较放肆和随意。企业必须充分调动员工的主动性和积极性，让每个人都成为质量的负责人，以先进的质量文化推动质量管理不断走向自律、自觉、自信和自强。

质量文化的形成，需要企业竖向和横向管理的共同作用，竖向主要包括领导的影响力、文化的宣导、质量的培训等方面，横向主要是良好质量氛围的形成、协作能力的提高等。质量文化是一种精神，不是一朝一夕可以形成的，它需要更多人了解、更多人参与、更多人贡献。

4.4.1 主题月：以质量主题活动为载体，让质量管理深入人心

我国的"质量月"活动始于 1978 年，是在国家质量工作行政主管部门

的倡导和部署下，联合国家相关部门并发动广大企业和全社会积极参与，以多种形式于每年 9 月组织开展的为期一个月，旨在增强全民族质量意识和提高质量水平的全国范围内的质量专题活动。

一般质量月的主要活动有：召开主题大会、开展大规模咨询服务活动、组织宣讲《质量振兴纲要》、拍摄质量月主题公益电视广告、举办质量知识竞赛、组织开展"五查一访"、表彰质量效益型企业、组织专项监督检查及打假活动等。

质量月的实践证明，每年集中一段时间、确定一个主题，围绕实现国民经济发展目标，动员和组织社会各方面力量，采取多种形式，有针对性地开展质量月活动，对增强全民质量意识，推动质量振兴事业，促进国民经济健康发展，有着重要的现实意义。

对于企业而言，可以借鉴国家层面推行质量月的形式、思想和方法，在仓储管理中推出质量"主题月"活动，也就是每月制定不同的质量主题。这个主题就是每月质量管理的关注点，企业可通过一系列活动在全员范围内强化主题。

为什么要推行"主题月"活动？因为质量管理的范围很广，如果"眉毛胡子一把抓"，其结果就是什么都管不好。建议将仓储业务中的质量管理划分为 12 个不同的模块，每个模块对应不同的主题，通过每月的主题活动，让员工养成好的作业习惯。

每月推行不同的质量主题活动，并不意味着可以忽视掉其他 11 个模块中出现的违规操作行为，发现员工存在违规的行为依然要及时指正和处理，只是当月主题的优先级更高罢了。

企业的仓储部门或者仓储项目推出的质量主题活动，要从企业及仓储管理的实际情况出发，综合考虑成本、资源占用、时间等因素，没必要每次主题活动都大张旗鼓地推进，也可以将每月一次改为每两个月或者每季度一次。

4.4.2 步骤：动员宣传、组织实施、总结提升

每次开展质量主题活动时，主导部门要精心策划、广泛动员，营造良好的质量氛围，组织开展多种形式的活动，增强全员的质量意识，帮助员工改变不良的操作习惯。

1. 动员宣传

围绕每月的活动主题，组织召开动员大会，进行"主题月"活动动员和部署，引导全体员工积极投入"主题月"活动。主导部门可以在办公区域、库区的主要道路及收发货作业区域悬挂质量标语、播放质量宣传视频、张贴质量看板等，对活动主题进行宣传，营造全员关注质量的良好氛围。

其中，质量标语要结合当月的主题制定。比如：每项操作求质量，产品质量有保障；产品原料不放松，后续工序才轻松；检验记录要可靠，分析改善才有效；检验测试坚持做，一点问题不放过；宁愿事前检查，不可事后返工；发现问题马上报，及时处理要做好；光靠记忆不可靠，标准作业最重要；劣品标识加隔离，退料重要易处理；质量意识在我心中，产品质量在我手中；不收不良品、不做不良品、不出不良品……

2. 组织实施

1）专项培训

针对活动主题，制作培训课件。不建议在课件中堆砌大量的文字，或者直接把相关的作业流程拿出来当作课件，课件尽量是文字、图片、视频相结合的形式。另外，针对不同的群体，要采用不同的授课方式。

2）趣味活动

在部分操作人员眼中，质量管理人员就是在挑毛病，双方的关系经常会比较僵。对于质量管理人员来讲，质量主题活动可以拉近其与操作人员的距离，将质量管理的思想传递给所有的人员，达到"曲线救国"的目的。

比如，组织知识竞赛（质量知识抢答、质量知识考试）、技能比赛（叉

车司机驾驶技能比赛、装卸工装车或者卸车比赛)、有奖征集(针对某个主题展开有奖征文、短视频征集、仓库质量问题隐患征集)等趣味活动,以提升全员参与质量主题活动的积极性。

3)专项检查

管理者往往会高估基层员工的自觉性,认为只要做了培训,下达了命令,员工就会主动并自觉地完成任务。

检查是质量管理中非常重要的一环,开展培训和推行活动之后,没有检查和跟踪,就不会有太明显的效果。IBM 前总裁郭士纳在《谁说大象不能跳舞?》一书中提到,"人们不会做你希望的事情,只会做你检查的事情",道出了管理的精髓。

对于检查中发现的问题,要落实整改责任,确保每一个问题都有原因分析和整改措施,有对应的责任人、计划整改完成时间。质量管理人员按期检查整改情况,务求达到实效。

3. 总结提升

1)评优评先

对于活动期间表现突出的个人或者团队,要适当给予奖励,且物质奖励和精神激励都要有。这是为了树立榜样,让榜样起到模范带头作用。

2)复盘提升

每月质量主题活动的主导部门或者个人要对当月的组织情况进行复盘,可以将做得好的地方固化下来,继续在下一期活动中实践;对于不足的地方,要分析如何优化提升。

4.5 质量审计

质量审计是识别改进领域的工具之一,是一种独立审查、确保执行过程符合组织或仓储部门/项目定义的方针政策、标准和程序。审计工作过程及其结果的优劣程度,是企业管理层最为关注的模块之一。

仓储部门／项目作为被审计的对象，不应当把企业层面的质量审计人员当成"敌人"，而是要借助质量审计人员的专业能力发现质量管理体系中存在的漏洞，把质量审计当成一次提升质量管理能力的机会。

4.5.1 目的：保证提供给客户的服务是安全、及时、有效且总是高质量的

质量审计的目的是验证仓储部门／项目的质量管理体系是否持续满足要求，并且正在有效运行，同时获得质量管理体系持续改进的数据，使质量管理体系不断完善，以保证企业提供给客户的服务是安全、及时、有效且总是高质量的。

企业成立质量审计委员会，不是要建立一个监视机构，而是通过质量审计助力仓储部门／项目养成自我反省的习惯，去主动听取内外部客户的声音，根据客户的需要不断地改进工作。质量审计所获得的改进策略往往涉及多个部门，这些部门应共同分析和执行改进策略，并且把质量管理体系作为沟通的共同语言。

质量审计的内容包括：识别全部正在实施的良好或者最佳实践；识别全部差距或者不足；分享企业所在组织或行业中类似项目的良好实践；积极、主动地向仓储部门／项目提供协助，以改进过程的执行，从而帮助其提高作业效率（不能只做问题的提出者，还要协助仓储部门／项目改进）；强调每次质量审计都应对组织经验教训的积累做出贡献，采取后续措施（纠正、纠正措施、预防措施）降低质量管理中的风险，带来质量成本的降低并提高企业领导或客户对仓储服务的接受度。

4.5.2 策划：通知方式、组织形式、审计内容

针对每年的质量审计，审计小组要精心组织、优选人员，突出重点、抓好延伸、讲究方法、搞好协调，注重质量、提升效果，使质量审计工作进展顺利，效果突出。

1. 通知方式

质量审计可事先通知，即提前确定好时间并告知被检查的部门或者项目，也可采用"飞行检查"，即在不提前通知时间、行程的情况下，以直接空降现场的方式进行检查，与突击检查类似。

其中，飞行检查能最大限度地减少人为因素对审计结果的影响，审计小组看到的情况更真实。这就要求仓储运营团队在日常运作中就要做好质量管理。企业层面的质量审计，建议至少一年一次。

2. 组织形式

中型及以上的物流企业通常会设置专门的质量管理部门，负责所有物流业务的质量管理工作，那么，质量审计工作则主要由该部门主导实施。

如果物流企业没有设立专门的质量管理部门，只是仓储运营团队中有质量管理人员，那么在审计仓库的作业质量时，建议由其他运作部门／项目的质量管理人员来实施，也就是交叉审计，以避免用自查的方式进行审计。

生产型企业更不必多说，在供应链上，生产型企业比任何一个节点都更加重视质量的管理，会成立专门的质量管理部门负责全厂的质量管理以及质量审计，仓储管理的质量审计也包含在其质量审计范围内。

3. 审计内容

1）质量文件

其内容包括：是否有明确、清晰的仓库组织结构图及各岗位职责；在岗人员"花名册"的关键信息是否齐全；仓库的关键作业环节是否有对应的标准化作业流程支持，如收货流程、发货流程、盘点流程等；标准化作业流程文件是否定期优化更新，是否有主管领导审批签字，每次修改是否说明了修改原因；等等。

2）人员培训

其内容包括：是否建立了各岗位技能矩阵（不同的岗位对于同样的培训内容应区分对待），是否制订了各岗位的培训计划并实施，每次培训是否有记录，员工上岗之前是否经过了培训并考核合格，是否建立了完整的个人培训档案；等等。

3）设施设备

其内容包括：外部租赁的仓库，其租赁手续是否齐全（房地产权证书、消防资质、租赁合同等）；建筑物的维修维护记录是否齐全，上报的问题是否存在长时间不解决的情况；是否建立了设备管理制度；是否制订了设备保养计划，并按计划定期进行保养；设备易损件的库存管理是否有台账；每台设备是否建立了独立的管理档案等。

4）仓库现场

其内容包括：仓库现场是否有明确的分区（装卸区、暂存区、存储区、其他区域）；平面库的库位线、排位号标志是否清晰，立体库的排位号、通道号是否清晰；库内是否有必要的标志，比如装卸门标志、清洁工具存放区标志、叉车限速标志等；产品的堆码是否存在超盘、超高现象，不稳定的产品是否使用缠绕带或者缠绕膜进行保护；仓库的实物库存是否与系统库存一致；仓库的卫生状况是否良好；等等。

5）管理指标

其内容包括：是否设定了关键考核指标，比如收货及时率、发货及时率、盘点准确率等；检查考核指标的各项记录，比如纸质或者电子版的原数据、汇总数据等；是否定期对考核指标的完成情况进行统计、分析；等等。

6）质量自查

其内容包括：运作部门是否定期组织质量自查，比如制订详细、可行的质量检查计划，有明确的检查范围和检查频率；对日常检查中发现的问题是否制订了有效、可行的整改计划并落实；是否存在同一个问题多次出现的情况；等等。

4.5.3 实施：首次会议、质量审计、末次会议、审计报告

质量活动中要按照程序做好首次会议、质量审计、末次会议和审计报告 4 个环节的管理。

1. 首次会议

参与质量审计活动首次会议的人员包括：审计小组成员、仓储部门 / 项目的分管领导（副总或者总经理助理级别）、仓库经理、被审计部门 / 项目的质量管理人员等。会上各方先做自我介绍，然后由被审计部门 / 项目的代表介绍部门 / 项目的整体情况、质量管理情况以及在质量管理方面做出过哪些成绩等，审计小组的代表分享此次审计的时间安排。

2. 质量审计

质量审计时，审计人员按照提前设定好的分工展开审计工作。被审计部门 / 项目需要安排专门的人员配合审计，提供审计人员所需要的各种资料，对于审计人员提出的疑问要给出正面的答复，确认审计人员所发现的问题。如果去作业现场审计，审计人员需要穿戴符合要求的劳保用品。

审计过程中，审计人员要严格按照审计表格上的标准进行对照检查，对于发现的问题要做好文字、图片或者视频记录；对于被审计部门 / 项目在质量管理中的亮点，审计人员也要做好记录，把好的质量管理实践分享给其他部门 / 项目学习。

3. 末次会议

审计结束后，审计人员将各自所发现的亮点和问题在小组内部进行分享和汇总，然后，由审计小组组长发起末次会议。

参加首次会议的人员，也要参加末次会议。对于发现的问题，审计人员要不带任何感情色彩地陈述（只描述问题，不做评价），被审计部门 / 项目的人员可以就问题做进一步的解释和说明，但不必当场给出问题的解决方案。

4. 审计报告

建议审计小组在质量审计结束一周之内编写作业质量审计报告，内容要涵盖质量审计的背景、目的、人员、发现的问题、质量管理中的亮点等，并将质量审计检查表和质量审计整改跟进表作为报告的附件提交。

审计小组组长在报告上书面签字确认后，留存一份，再整理一份纸质版和电子版文件一同发送给被审计部门／项目。审计小组负责跟进整改措施的落实情况，确保所有的问题在规定的时间内都被解决掉。

第2部分
精益管理篇

随着运营时间的增加，无论是企业内部还是外部客户，都会对仓储环节提出更高的要求。下游订单量的增加，意味着仓库需要提前建立更多的库存，每天的收发货量也会增加，对仓库的存储能力、运作效率提出了挑战。基础管理工作做好了，并不等于做到位了！如何在有限的资源范围内实现降本、增效、提质？必须在做好基础管理的前提下，对运营过程进行全面的优化提升。

第2部分，着重为你介绍仓储管理的精益管理策略——财务分析、流程优化、数字化建设和供应链协同。只有进一步优化成本、提升效率、服务水平、协同一致，才能让运营管理水平更上一层楼。

第 5 章

▼

财务分析

成本是体现企业经营管理水平高低的一个综合指标，成本管理不只是财务部门的事情，仓储部门作为运营管理的主体，更要对运作中的各项成本负责。

对于物流企业而言，如果销售部门是"利润中心"，那么仓储部门就是"成本中心"。

销售部门通过成本测算，综合考虑各种因素，向甲方提供合理的不含税报价，双方通过多轮谈判，确定合同的执行价格。物流企业此时可基本确定预期的利润率。

业务中标，仓储部门在接手业务以后，要将成本控制在一定的范围内，并在运作一段时间以后对成本进行优化。想要提升业务的经营效益，仓储部门必须将重点放在运营管理上，加强对成本的控制。

本章将围绕仓储运作管理中涉及的三大类资源所发生的费用展开探讨，并结合三大类资源的特点，给出不同的降本策略。

5

5.1 场地费用

仓储业务，离不开存储货物的场地，仓库是保证仓储业务正常开展的核心资源，是保管、储存货物的建筑物和场所的总称。仓库具有六大功能：储存和保管、调节供需、调节货物运输能力、流通加工、信息传递、产品生命周期的支持。

与场地相关的费用包括租金、物业管理费、水电暖等杂费。其中，是租赁的第三方的仓库，租金和物业管理费，业主单位（出租方）按每天每平方米多少钱乘以租赁面积来收取；水电暖等杂费，相关部门根据统一定价乘以每月的实际使用量来收取。

场地费用中涉及的单价，是仓储项目管理阶段考察各个仓库时关注的重点，一经确定，单价会明确在租赁合同中，费率相对不变。如果租赁期限较长，有的出租方会约定租期每满一年，按照一定的比例上调每天每平方米的租金和物业管理费的费率。

想要从场地费用中找到降本的关键点，应该从哪里着手呢？

5.1.1 优化仓库布局：平面库的空间/水平优化，以及立体库的整体优化

场地费用的构成中，租金的占比较大。租赁的仓库面积越大，每月的租金就越高。想要减少租金，要么找出租方降价，要么减少租赁面积。

在合同期内（非合同即将到期阶段）与出租方谈降价，相较而言难度较大，毕竟如果对方不同意，仓库使用方无法做到"拍拍屁股就走人"，不仅安排人员寻找新的替代仓库会产生费用，"搬仓"也会产生费用。另外，仓库使用方提前退租，如果出租方不同意，还涉及违约金等。

而减少仓库的租赁面积，或者在原有的面积内提升存储能力，是仓库

使用方可以自己控制的。

1. 平面库的空间优化

空间优化，指的是提升仓库的空间利用率。

当货物的存储方式为平面库，且只存放一层货物时，就可以考虑是否叠盘存储。叠盘主要应满足 3 个条件：第一，同代码、同批次货物的批量至少是两个整盘及以上；第二，每盘货物堆码稳定，这表现在每盘货物顶层平整且不容易散架；第三，最下面一层货物有足够的承重能力，避免叠盘之后最下面一层货物被挤压变形造成货损。

在不借助任何外部器具的前提下，想要实现叠盘存储，前面提到的 3 个条件缺一不可。如果每个代码、批次货物的批量较大，但是货物堆码不稳定，最下面一层货物的承重能力不够，就可以借助一些外部器具，比如借助巧固架来实现货物的叠盘。

巧固架又叫堆垛架，是从托盘衍生出来的存储设备，是货物单元集装、商品存储与商品流通的多功能设备之一，需配合叉车使用。

根据库房的高度，巧固架可堆叠 3 ～ 5 层，形成立体存储模式，适合用在租期较短的仓库、低矮的老式仓库或生产车间的暂存区等不适合放置货架的区域。巧固架的特点是方便可靠，可根据场地状况自由搁置，且规格统一，容量固定，存放情况一目了然，不用时可以套在一起，节省空间。

存储轮胎的仓库通常不安装货架，也不使用托盘，而是直接使用定制的巧固架，这不仅比货架方案的成本更低，而且灵活性更强。如果仓库到期不再续租，想要更换仓库，可以使用巧固架进行立体化存储。此种存储设备在搬仓时直接拿走即可，但是如果之前在仓库内安装了货架，那么，考虑搬仓时则会有很多的顾虑。

2. 平面库的水平优化

水平优化，指的是提升仓库的平面利用率。

仓库平面的布局主要有四大分区，即装卸区、暂存区、存储区和其他区域，其中面积占比比较大的是存储区，而存储区主要由存储排位和叉车通道组成。想要优化平面布局，有两个策略：策略一，压缩装卸区、暂存区和其他区域的面积，富余出来的面积用来存储货物；策略二，减少存储区内叉车通道的数量，主要观察现有的排位布局是否可以重新设计，比如排位的背靠背设计，就可以实现两个排位共用一个叉车通道的目的。

3. 货架库的整体优化

货架安装完成后，由于固定在仓库的地面上，在优化布局时，"推倒重建"的代价太大，所以应尽量依托现有的布局，结合货物的特点进行调整。

1）呆滞库存

定期对在库货物的"库龄"进行分析，对于呆滞库存（至于存放多长时间算呆滞，请参考各自所管理业务的特点综合考虑），组织叉车司机将其从原排位转移至指定区域进行统一管理，把原来呆滞库存所占用的靠近备货区的排位释放出来，给那些快进快出的货物使用。放呆滞库存的指定区域通常为远离装卸门的区域。

另外，专门用来存储呆滞库存的排位，如果每个排位设计的可存储货物盘数较多，在实际存储时可打破每个排位只能存放同代码、同批次货物的规则，也就是建议呆滞库存采取"混储策略"。

2）库位转移

如果在仓库的布局设计中有大量存储托盘数较多的排位（比如 10 盘及以上，这在饮料生产企业的仓库中比较常见），由于发货订单中包含的货物数量不均匀，有时候无法一次性将单个排位上的货物全部取走，就会造成一个排位上剩余几盘货物的情况。

按照系统的存储规则，每个排位仅存放同代码、同批次的货物，且收货上架时系统优先提示往空排位上放货，那么，剩余几盘货物的排位的存储能力就无法释放出来。建议每天由系统文员将此类排位筛选出来，由叉车司机将剩余的货物转移至那些存储能力较小的排位上去。

5.1.2 库房用电改造：增加自然光源、改造照明系统、智能照明控制等

场地费用涉及的水电暖等杂费中，大型仓库的电费是一项比较大的开支，仓库的用电需求包括照明用电（尤其是 24 小时作业的仓库）、设施设备用电等。

出租方收取电费时执行的单价是由当地电力公司给出的。仓储运营团队想要实现电费方面的成本节省，如果只能使用市政供电，在单价方面是没有商量的余地的，只能从每月的用电量上下功夫；也可以考虑改变供电来源，使用单价更低的电或者自发电。

1. 增加自然光源

白班作业时可尽量利用自然光源，也就是不打开屋顶照明灯，利用从外面照射进来的太阳光增加库房的亮度。这就需要在租赁仓库时，选择屋顶有采光带的仓库。

另外，即使租赁了屋顶有采光带的仓库，随着使用年限的增加，屋顶采光带上会有灰尘及杂物覆盖，因此需要定期对屋顶采光带进行清洁。

2. 改造照明系统

1）改造库房照明系统

如果仓库使用的是白炽灯、荧光灯，建议更换为更为节能的 LED 灯。较之于白炽灯、荧光灯，LED 灯的采购价格更高一些，但是由于 LED 灯的能耗特别低，长期而言可以节省大量的电费。综合下来，LED 灯的使用成本更低。

如果库房的面积较大，企业的预算有限，短期内拿不出太多的资金支持照明系统改造，可以考虑与专业的第三方合作。目前有一种比较常见的模式是，改造所涉及的设计、采购和施工均由第三方负责，但是改造完成后，每月节约下来的电费，企业需要按照一定的比例支付给第三方。

2）改造园区照明系统

园区内的普通路灯建议改造成太阳能路灯。太阳能路灯的工作原理是将吸收的太阳光转化成为电能，储存在蓄电池里面，晚上再转化为光能，

以达到照明的目的。

从成本角度来看，太阳能路灯与普通路灯相比，存在以下优势：

第一，普通路灯需要用电，会产生电费，而太阳能路灯靠太阳能蓄电，太阳能取之不尽；

第二，太阳能路灯的使用寿命长，太阳能电池板的使用寿命在 20 年以上，蓄电池的使用寿命为 3 ～ 5 年，灯具的使用寿命为 5 年；

第三，太阳能路灯无须额外布置与市电交流的线路，因此无须担心市电连接线所引起的电线老化或是电流失常等问题，更加安全；

第四，太阳能路灯系统是全自动的，无须人为干预，几乎不产生任何后续费用，维护费用极低。

3. 智能照明控制

目前部分物流仓库无论区域内有人还是没人，照明设备都从上班一直开到下班，甚至 24 小时常亮，浪费极其严重。因此，建议对仓库的照明设备控制系统进行改造（相关的技术大家可以自行搜索）。

改造可以从以下方面入手：

第一，可以将物流仓库划分为小的区域，每个区域的照明设备联动，避免人或者叉车少时整个仓库灯火通明造成浪费；

第二，在物流仓库内没有人或者叉车的情况下，照明设备自动休眠一定的时间（可以根据实际情况设定）；

第三，实时监控室外的亮度，动态调整照明设备的功率，让仓库内的亮度达到要求，避免过度照明或光线不足。

4. 电动叉车充电优化

电动叉车充电的优化方向在于，在有限的电池体积下增加电池容量以及发展快充技术，缩短电瓶的充电时间。

对叉车进行电机升级、电控以及调教后，其单位时间内的用电量会少一些，但是目前来看省电效果有限。因此，对于已经投入使用的电动叉车，建议多关注厂家是否推出快充技术以及大容量的电瓶。

5. 屋顶光伏发电

如果是企业自建的物流仓库，可以考虑在仓库屋顶建设分布式光伏发电站。

仓库屋顶面积大且平坦，安装分成式光伏发电站简单易操作；园区附近通常空旷无遮挡，光照资源丰富，分布式光伏发电站的发电效率更高；园区内用电量大且电费高，安装分布式光伏发电站能节省高额电费，将多余的电量输送给国家电网还可以享受光伏发电补贴，增加收入。

2022 年 4 月 22 日，菜鸟公司公布了其国内园区 2021 年的光伏发电账单。

目前，其国内安装了光伏发电设备的物流园区有 6 个，覆盖 30 万平方米园区屋顶，2021 年全年发电量 2573 万千瓦·时，节省燃煤 9263 吨，减少碳排放 16437 吨，相当于植树造林 45 万平方米。其发电量远超园区用电需求，所产绿色电能的 35% 自用，65% 的多余电量输送到了国家电网，余电可满足 2 万人的居民用电。

不过，企业在考虑采用"屋顶光伏发电"时，不能仅看到其优点，还要关注后期的维护、保养和潜在的风险。

太阳能板是把太阳光转换成直流电，再由逆变器将直流电转换成交流电，最后才接入馈线或是自用的，一定会有许多输配电设备与线路；光电转换过程中也可能会出问题，如出现热斑、裂痕与黄化，使发电量下降，太阳能电池与模块也因此受损，上述问题若没有定期检查并处理，就会引起短路或是起火。

2021 年，美国马里兰州佩里维尔的亚马逊仓库发生起火事件，事故原因直指屋顶太阳能电池板。消防公司 Susquehanna Hose Company 表示，预估损失达 50 万美元。

5.2　设施设备费用

设施设备是仓储管理的重要工具和手段，与仓储管理相关的设施设备主要包括存储设备、搬运设备、集装设备以及其他消耗物资等。

在仓储项目管理阶段，要完成设施设备的采购或者租赁，因为设施设备配置是否齐全将会直接影响仓储及整个物流流程的效率。在仓储运营管理阶段要加强对设施设备的管理，如若管理不善，轻则造成设施设备损坏，重则发生安全事故，导致人身伤害、财产损失。

想要从设施设备费用中找到降本的关键点，应该从哪里着手呢？

5.2.1 叉车维修与保养费用：建立备件库、优化工时费

在仓库的运作管理中，叉车是搬运货物的主力军，要参与到卸车、入库、上架、下架、备货、补货、装车等大部分作业中。

在使用过程中，由于多种因素的影响，叉车自身的结构和零部件会产生不同程度的自然松动、磨损、积物结垢以及机械损坏，从而使叉车的技术性能变差，有必要及时对其进行技术保养。另外，叉车司机操作失误也会造成叉车的损坏。

叉车维修与保养产生的费用对于大型仓库而言，也是一笔不小的开支。其费用主要体现在配件采购和支付维修工工时费两个方面，因而可以从以下方面实现降本。

1. 建立备件库

传统的做法是，叉车发生故障时，先安排专业的人员对其进行检查，确认是某个配件损坏后，向配件供应商下单采购；配件到位，再安排专业的人员进行配件的更换。

此做法存在两个问题：第一，从下单到更换配件的过程存在时间差，至少是几天的时间，如果仓库在配置叉车时没有考虑数量上的冗余，有叉车停工就会影响仓库的正常运作；第二，单次采购配件，由于采购数量较少，很难获得有优势的价格。怎么办？建立备件库是个不错的选择。

建立备件库，首先要明确哪些配件是需要提前建立库存的，然后根据易损件损坏的频率以及仓库内叉车使用的配件数量，确定单次的采购量。

用于叉车保养的物料，也要建立一定数量的库存。

电动叉车易损件可分为开关类、总成类、电源电路链接系统、信号警示装置、液压系统、轮胎相关部件以及其他，建议设备管理人员根据实际需要配置。

备件库的建立，实现了易损件和保养物料的批量采购，能够在一定程度上实现成本的节约，也消除了过去单次采购模式下等待配件的时间差。

有了备件库，还要建立相关的管理制度和流程。对于配件的入库、在库管理、出库，都要严格按照约定的制度执行，避免出现数量上的差异。另外，为每种配件及其他保养物料设置相应数量的安全库存，低于安全库存时则要发起采购。

2. 工时费优化

对叉车进行维修和保养，一定是需要专业人员来操作的，这时就会产生工时费。大部分情况下，专业人员对叉车进行维修和保养是按小时收费的。如果企业每月支出的工时费较多，可以考虑从以下几个方面进行优化。

1）与第三方维修机构合作

与第三方维修机构合作，由其提供专业的维修人员在仓库驻点，以便发生设备损坏时可以实现第一时间响应。这其中的费用节约主要体现在减少了过去为维修所支付费用中包含的维修人员的差旅费（双方同城情况下，主要指交通费）。

此种模式下，一定要明确第三方维修人员的工作内容以及权限。这种模式的缺点在于，第三方维修机构可能会为了赚钱随意糊弄甲方，或者给出不合理的建议，从而产生不必要的费用。

2）自建维修队伍

仓库可以考虑组建一支专业的维修队伍，解决与第三方维修机构合作时的不信任的问题，但队伍人数不宜过多；也可以考虑将自建维修队伍与第三方维修机构合作相结合的方式。

此种模式下，要根据预测的工作量配置人员数量，同时明确维修人员的岗位职责以及工作内容,尽量避免工作不饱和的情况。当没有维修工作时,可以安排维修人员对需要保养的叉车进行保养。

如果仓库内使用的叉车数量较少,或者叉车维修、保养的频率非常低,不建议考虑自建维修队伍。

5.2.2 货架维修与风险防范:损坏早发现早处理、避免货架倒塌

货架与叉车不同,在安装过程中会固定在某个具体的位置,不会像叉车那样来回移动。在使用过程中,只要不出现外部原因造成的损坏,货架几乎不会产生太多的后期费用。

所以,对于仓库运营管理过程中货架相关的成本控制,要更多地去关注使用过程中存在的潜在风险所带来的损失。

1. 部件损坏

大部分传统仓库使用的叉车都需要人来操作,而人在作业过程中无法完全避免失误。笔者在管理仓库时,偶尔会遇到叉车司机将横梁撞弯、把货架的立柱撞变形等情况,且大部分情况下都是违规驾驶造成的。

想要让损坏的货架恢复额定的承载能力,就需要安排人员对损坏的配件进行更换,这时就会产生费用,包括配件自身的费用、运输费用、安装工时费等。为了保证配件型号准确,通常情况下,企业会向原货架供应商下单,但是由于单次采购量小,价格会相对比较高。

建议在仓储项目启动阶段,对货架供应商进行招标时,就把未来使用过程中必然会出现的配件损坏所产生的替代成本考虑进去,在货架采购合同中约定所使用货架涉及的立柱、横梁以及其他配件的单价、安装工时费等。

在货架招标采购阶段,供应商为了拿到订单,通常是会考虑在售后方面做出让步的。另外,在采购货架时最好提前储备一部分配件,此时属于批量采购,单价和运输费用都更低一些。

2. 货架倒塌

对于仓储运营团队而言,最需要关注的是货架倒塌风险的防范。虽然

货架倒塌的概率小，但是造成的损失大。一旦发生货架倒塌，除了货架自身的损失外，还可能涉及其他财产损失、人员伤害。

货架倒塌所造成的损失会导致运营管理中的利润减少。如果出现人员伤害，还要追究企业管理人员的责任。货架倒塌风险的防范是一个系统化的、持续管理的过程，建议关注以下方面。

1）采购阶段

第一，尽量避免为了节省费用，采购那些支撑能力已经减弱的二手货架；第二，在采购货架时，根据实际需要配置一定数量的防护设施，比如货架立柱前的防撞柱、货架两端的防护栏、货架高层排位上的防护网等；第三，如果当地相关部门对仓库以及库内货架的抗震能力有要求，在配置货架时要采取必要的措施。

2）运作阶段

第一，叉车司机在往排位上放货时要严格按照流程操作；第二，存放到货架上的货物的重量不准超出排位的最大承载能力；第三，每天组织人员对库内的货架进行检查，确保被撞坏的货架能被及时发现；第四，如果货架的配件被撞坏，要及时将受到影响的排位上的货物取下来转移到其他排位上去；第五，及时更换被损坏的配件。

5.2.3　托盘维修与数量管理：减少损坏、及时维修、防止丢失

托盘是成组运输的载货工具，是使静态货物转变为动态货物的媒介物。货物一装上托盘便立即获得了活动性，成为灵活的流动货物。在仓库运作中，托盘是一种非常常见且使用量较大的物流单元化设备。

托盘按照不同的质地可分为：木质类、金属类、塑料类、塑木类等。其中，木质类托盘由于采购成本低、使用范围广，很多仓库都在使用。接下来以木质类托盘为例，探讨如何进行成本控制。

1. 托盘维修

托盘在使用过程中很难完全避免损坏的情况。对于损坏的托盘，要在

发现的第一时间将其挑选出来，放到专门的存放区域。

不要凑合着使用已经损坏的托盘，等到真正无法使用的时候，再维修就来不及了。更换托盘上的几个配件花不了太高的费用，但是如果托盘彻底无法使用，就要采购新的托盘来替代，代价更大。

如果仓库的托盘为企业自行采购的，建议提前储备一些标准化的板材、方木、钉子以及维修工具等，这样成本能稍微低一些。如果仓库的托盘为企业从第三方租赁的，维修的工作可完全交给第三方来处理，双方要在合同中对托盘的维修责任和维修费用进行约定。

2. 数量控制

在运作过程中要加强对托盘数量的管理，避免托盘丢失。如果涉及与上下游环节的企业共用托盘，则要制定明确的交接流程，保留托盘流转的凭证，定期对仓库内的托盘数量进行盘点，并与外部合作伙伴对账。虽然托盘的价值不高，但它仍属于企业资产的一部分，一旦丢失，就会出现账面亏损。

如果仓库内存储货物的淡旺季非常明显，在淡季就会出现大量托盘闲置的情况。如果托盘为企业自购，可以考虑将闲置的托盘租赁给企业内部其他有需求的仓储项目，获得一些收入；如果托盘为外部租赁，可以按照与第三方的约定，把闲置的托盘退租，以减少支出。

5.2.4 货物堆码保护的费用：加强管理、寻找替代品

仓库内存储的货物，从卸货验收、入库上架、备货下架、发货装车，其间要经历多次的库内转移，如果货物的堆码不稳定，在转移或者存储过程中很有可能会发生倾倒，造成货损。因此，很多仓库在收货时，会要求装卸工使用缠绕膜对堆码好的货物进行保护。

缠绕膜的工作原理在于，借助薄膜超强的缠绕力和回缩性，将货物紧凑地、固定地捆扎成一个单元，即使在不利的环境下货物也不会松散与分离；且缠绕膜没有尖锐的边缘，不会造成货损。如何从缠绕膜上实现降本

呢？下面进行介绍。

1. 加强管理

1）批量采购

如果企业旗下有多个仓储项目，可以考虑联合采购。

单个仓储项目由于每次的采购量较小，企业与供应商之间的议价能力较弱，但是如果联合其他的仓储项目，单次的采购量就会增加很多，企业就有能力与供应商发起价格谈判。如果企业旗下只有一个仓储项目，可以考虑降低采购的频率，比如把每月采购一次改为每季度采购一次，从而增加每次的采购量。

批量采购对于使用方而言，能够实现成本的节约；对于供应商而言，就是薄利多销，双方很容易达成一致。

2）废品变成钱

收货时使用缠绕膜进行保护，发货时如果需要拆零装车（即非带盘运输），缠绕膜就会被装卸工撕下来。已经使用过的缠绕膜被撕下来以后，其缠绕力减弱，基本上就变成垃圾了，但千万注意不要直接扔掉。

用过的缠绕膜和装缠绕膜的纸箱可以卖给废品回收商。缠绕膜中的纸筒较硬、不容易损坏，企业可将其收集起来，卖给缠绕膜供应商，由供应商进行回收（比当成垃圾卖的单价更高些）。

3）制定缠绕标准

堆码完成的货物，如果不使用缠绕膜进行保护，在转运或者存储中可能会发生以下几种情况：第一，货物与托盘之间发生脱离；第二，最上面的一层货物掉落；第三，最上面几层的货物发生倾倒。

因此，在制定缠绕标准时，可以针对不同货物的堆码的稳定程度，采用不同的缠绕方式。

比如，堆码稳定的，在缠绕底部货物时，连着托盘缠绕 3 层；对于中间的货物，使用缠绕膜缠绕一层；对于顶部的货物，缠绕 3 层。也就是不必从底部至顶部都采用同样的缠绕 3 层的标准，而是重点保护底部和顶部货物，减少中间货物缠绕膜的使用量。

2. 寻找替代品

不同的货物，由于其运输包装材料、规格存在差异，其堆码的稳定性也不尽相同。

有的纸箱包装的货物每层之间可以压茬，堆码完成后就会比较稳定，无法压茬的几乎一推就倒；有的尼龙袋包装的货物，如袋装的尿不湿，自身重量不大，且尼龙袋表面光滑，堆码完成后就会非常不稳定。

对于堆码比较稳定的货物，可以考虑使用缠绕膜的替代品，比如定制的缠绕带。

使用缠绕带围绕最上面一层或者几层货物进行缠绕，可以防止上面一层或几层的货物发生掉落和倾倒，加上每层货物之间可以压茬码放，以及货物自身的重量作用，使用缠绕带保护后，依然可以达到原有的缠绕膜保护的效果。

缠绕带与缠绕膜最大的不同之处在于，前者可以重复使用，而缠绕膜只能使用一次。

5.3 人员费用

现阶段的仓储管理活动，除了少量的自动化仓库之外，大部分仓库对人员的依赖性仍然比较强。完成仓储相关的作业，需要大量的基层操作人员，包括仓管员、叉车司机、拣货员、装卸工等。涉及 24 小时作业的仓库，至少要配置两个班组的人员。

人工成本对于企业而言算是一笔不小的开支，仓库的人工成本总额，等于所有岗位的单位人工成本乘以配置的人员数量。其中，单位人工成本除了工资之外，还包括社保与公积金、津贴、福利等。

想要从人员费用中找到降本的关键点，应该从哪里着手呢?

5.3.1 控制加班费：减少加班、优化加班费、采用综合工时

加班费，指劳动者根据工作的需要，在规定工作时间之外继续工作所获得的劳动报酬。劳动者加班，延长了工作时间，增加了劳动量，应当得到合理的报酬。

《劳动法》第四十四条规定，支付加班费的具体标准是，安排劳动者延长工作时间的，支付不低于工资的百分之一百五十的工资报酬；休息日安排劳动者工作又不能安排补休的，支付不低于工资的百分之二百的工资报酬；法定休假日安排劳动者工作的，支付不低于工资的百分之三百的工资报酬。

对于 24 小时作业的仓库而言，加班费支出也是需要加强管理的。

1. 减少加班

加班的原因有很多种，比如：当天的工作量太大，不加班完不成任务；部分员工的工作效率低，只能靠加班完成任务；领导要求加班；为了迎合领导，通过加班来表现自己；看着别人都在加班，自己不好意思准点离开；纯粹为了混个加班费……

这些原因，有积极的，也有消极的。仓库管理人员要主动控制不必要且不合理的人员加班申请，杜绝不正之风。

建议对每月的加班申请进行分析，比如从加班人员的角度分析，看看究竟是哪些人员在加班，谁加班的次数最多，找其直属领导了解其工作能力如何。确认后，要进一步分析该人员的个人能力和岗位要求是否匹配，然后采取相应的措施，不匹配就安排转岗，匹配但只是能力欠缺就安排有针对性的培训。管理人员也可以从加班日期的角度分析，如果多个员工集中在某天加班，要进一步了解加班的原因。

2. 优化加班费

员工加班，企业支付相应的加班费，这无可厚非，但有些加班费可以转化成别的形式。比如，在作业量不大的时候，安排以往加班的人员调休，用调休来代替支付加班费，尤其是针对那些工资较高的员工。

3. 采用综合工时

对于 24 小时作业的仓库（通常是两班倒，每个班组的工作时间为 12 小时），建议采用"综合工时工作制"，即以标准工作时间为基础，以一定的期限为周期，综合计算工作时间的工时制度。

如果按照标准工时工作制（每日工作 8 小时、每周工作 40 小时的标准工时），仓库每个班组工作 12 小时，加班费的支出就比较高了。标准工时工作制与综合工时工作制的区别如下。

第一，工作时间计算方式不同。标准工时工作制是按照每天工作 8 小时计算的，而综合工时工作制是按行业的淡旺季计算的。后者的工作时间可以在一定程度上灵活调整，但全年平均下来仍要符合规定。

第二，实行的工作制度不同。在综合工时工作制中，其工作时间不区分工作日与公休日（周六、周日）。但是，在国家法定节假日工作，在标准工时工作制和综合工时工作制中都视为加班。

用人单位实行综合工时工作制，应提前向所在地劳动保障部门申请，经批准后方可实行；未经批准的，默认实行标准工时工作制。

5.3.2 减少用工人数：优化作业流程、提升作业效率、设备替人

物流的仓储环节相对于运输、配送等环节，对人员的需求量更大，尤其是对一线操作人员的需求。对于录用的员工，企业不仅要支付工资，还要支付其他符合法律要求的社保、福利等。

仓库运作中涉及的环节比较多，每个环节、每个节点都需要有不同岗位的人来操作。在设计仓库的组织结构时，通常是以标准化操作流程为指导，设定仓库需要的岗位，并根据作业量和作业效率来设定每个岗位需要配置的人数。

如果采取一些优化方法，减少用工人数，每年就可以节约一笔不小的开支。

1. 优化作业流程

优化作业流程时要把关注点放在作业流程中，观察作业流程中每个节点与其他节点之间是否存在可以优化的空间。

仓库的第一版作业流程通常是在仓储项目管理阶段设计的，为了确保开仓初期业务运作的稳定性，减少差错，加上前期的作业量不大以及设计者自身能力所限，流程设计的很多方面都会相对比较保守。

开仓运作一段时间以后，所有人员对业务会逐渐熟悉，随着业务量的增加，运作中存在的问题就会不断暴露出来。每个作业流程的负责人，尤其是与收发货相关的，要定期对作业流程进行回顾和优化。

除了要对原有作业流程设计中没有考虑到的问题采取措施进行完善外，还应重点关注原有的作业流程中是否存在"冗余"的环节，也就是设计者为了规避某个风险，采取了过度控制的策略。

具体而言，优化作业流程可以通过砍掉不必要的作业环节、将某个环节与另一个环节进行合并、调整节点之间的顺序等来实现。通过减少人员的作业环节，来实现作业人数的减少。此处不做太多的说明，第 6 章会专门针对"如何进行流程优化"展开探讨。

2. 提升作业效率

要想提升作业效率，就要把关注点放在作业人员身上，分析是否有办法提升其单位时间的工作量。

1）技能培训

针对不同岗位所需要具备的能力，组织相应的能力提升培训。培训的方式有内部培训、外部培训等。

另外，定期组织作业流程的回顾性培训也非常有必要，建议每季度或者每半年组织一次。对于工作效率比较依赖熟练程度的岗位，比如叉车司机，可以定期举办"叉车技能大比拼"活动。

2）绩效考核

如果作业人员的工资是固定工资，时间久了，必然会降低那些优秀员工的积极性，致使优秀员工的流失率增加。

建议将工资调整为"固定工资＋绩效工资"的形式。绩效考核标准的设定要做到能量化的量化，不能量化的要清晰地描述出具体要求，实现多劳多得、少劳少得、不劳不得。通过绩效考核，促使员工想办法提升自己的工作效率，对于绩效不好的员工进行调岗或直接劝退。

3. 设备替人

要想用设备替人，就要关注是否存在一些先进的设备，以替代部分岗位的人员。

现阶段，针对仓储物流环节，每年都有一些新的技术出现。仓储运营管理者切忌坐井观天，除了要关注仓库运营事务外，还要放眼整个行业，去了解有没有可能引进外部的先进设备，帮助企业提升效率。

从成本的角度看，要想用设备替人，需要考虑引入设备产生的成本，比如采购成本／租赁成本、维修维护费用、服务费用等，与由此可以节约的人工成本进行对比。如果使用设备的成本较低，且风险可控，就可以考虑。

5.3.3 作业岗位外包：成本转化、降低风险、灵活用工

作业岗位外包，指的就是用人单位与人力资源公司或者劳务公司合作，将部分非核心岗位外包给人力资源公司，由其按照用人单位的需求，提供适配的人才。对于人力资源公司而言，人才就是它的"产品"。

把部分作业岗位外包给第三方，将为企业节约大量的人力和时间成本，提高效率。从仓储运营管理的人员费用控制角度看，作业岗位外包有以下 3 方面的优点。

1. 管理成本转为交易成本

如果企业所有的员工都自己招聘，在财务管理中，为正式员工支付的工资及其他福利会作为企业的管理成本来体现。

而采用作业岗位外包的方式，外包出去的那些岗位所产生的费用将不再打款给个人，而是以劳务费或者服务费的形式支付给人力资源公司。在

财务管理中，这部分费用将不再作为管理成本体现，而是交易成本，即企业为采购一项劳务服务所支出的成本。

自主招聘转换为外包模式后，在选择人力资源公司时，企业拥有很大的选择权和议价权，每年合同到期以后，还可以根据实际的需要，在新一轮的招标中选择性价比更高的公司，以实现成本的节约。

此外，在支付每一笔费用时，人力资源公司都需要开具增值税专用发票，而增值税专用发票是可以抵税的，从而可以减少企业的综合税负，实现一定比例的成本节约。

2. 减少用工风险带来的损失

企业使用外包员工，由于双方之间不存在劳动关系，所以发生的纠纷不属于劳动争议。劳动者若提起劳动仲裁，由合作的人力资源公司出面处理即可，企业只在必要时提供协助。

这样做完全符合相关法律和政策的要求，无任何政策风险，解决了无固定期限劳动合同带来的忧虑，避免了劳资纠纷。

3. 灵活用工

减少正式员工的数量，将劳动成本由沉重的固定成本转变为轻便的流动成本，可以增强企业面对经营风险的应变能力。

尤其是仓储业务存在明显的淡旺季时，自主招聘模式下，旺季易出现人员不足的情况，企业需要提前招聘人员，还要考虑后续人员安置以及为此产生的成本；淡季出现人员闲置时，为了确保业务的稳定，企业只能暂时都"养着"。

作业岗位外包是弹性灵活的人才利用方式，可满足季节性、阶段性人力资源波动需求。尽管这种方式也会产生一些费用，但比自主招聘模式要便利得多。

当然，作业岗位外包也存在一些缺陷，比如安全问题、信息不对称、员工利益冲突等。人力资源公司与劳工可以在合同中对相关问题进行约定。同时，在日常的合作中，双方也要加强交流，及时发现存在的问题并协商解决。

第6章

▼

流程优化

以前，仓库面积小，产品的品类少，仓库管理基本采用比较粗犷的方式，库位的管理靠脑子记，经验的传递靠师傅口头传授。后来，随着仓库面积增大，产品品类和管理人数增多，管理的难度也不断加大。仅靠经验来管理，已经显得捉襟见肘。

外资生产型企业及外资物流的进入，加速了仓储物流环节的运营变革。很多企业开始将经验转化成文字，打磨成标准化作业流程（Standard Operating Procedure，SOP）。

SOP 就是将某一事件的标准操作步骤和要求以统一的格式描述出来，用来指导和规范日常的工作。SOP 的精髓就是把完成一件事情涉及的每个岗位所应该做的工作进行流程化和精细化，使得任何一个人处于这个岗位上，经过培训并考核通过后都能上手操作。

作业流程使操作人员的作业活动更加规范，在一定程度上能提升仓库的作业效率。但如果企业固守一套作业流程，长期不做任何优化，也不太妥当。除非当初制定作业流程时的各种内外部条件都没有发生变化，但这种可能性非常小。

6

本章给大家分享一个工具——工作流程改进（Work Process Improvement，WPI），其含义为：减少工作中的损耗，并提高人员的作业效率的过程。

WPI 的精髓是发现损耗、消除损耗、防止损耗卷土重来。实现这 3 点是通过下面 5 个步骤来完成的：准备、还原作业流程、了解现状、改进实施、流程化和标准化，如图 6-1 所示。

了解现状
3 种思维方式、现场观察记录、通过数据分析找到改进点

还原作业流程
通过流程讲解、模拟演练，对拟优化的作业流程有一个全面的了解

改进实施
提出改进方案并立即进行现场测试，验证改进结果是可重复、可持续且满足企业发展需求的

准备
想通过此次活动解决什么问题，把问题定义清楚，做好问题准备、人员准备、设备准备

流程化和标准化
将有效的改进方案应用到流程中，并对执行情况进行可视化管理

图 6-1　WPI 的 5 个步骤

6

6.1 准备

要做好一件事，前期的准备工作非常重要。正所谓"不打无准备之仗，不做无把握之事"，充分的准备工作是我们做任何事情的前提，是一切事情成功的基础。没有准备的行动，只能使一切陷入无序，最终将会面临失败。

要应用 WPI，至少要做好 3 方面的准备：问题准备、人员准备和设备准备。接下来分别展开介绍。

6.1.1 问题准备：问对问题比找到答案更重要

在正式探讨这个话题之前，笔者先分享一个从《巴菲特传》中看到的故事。

有一次巴菲特做即兴演讲，有人问他有什么管理技巧可以推荐。他讲了一个人在外地的小镇上发生的故事。这个人想与当地人交朋友，他走到村子的广场上，看见一位老人，老人身边有条狗。他小心翼翼地看着老人身边的狗，问道："你的狗咬人吗？"老人说："不咬人。"于是他弯腰拍了拍这条狗，这条狗凶狠地扑了上来，咬了他的手臂。这个人一边整理被狗撕烂的衣服，一边战战兢兢地问老人："你不是说你的狗不咬人吗？"老人说："这不是我的狗。"

这个故事告诉我们一个道理，那就是提出正确的问题是很重要的。在做流程优化前，我们要准备 5 个问题。

1. 想解决什么问题

运营管理中存在的问题非常多，其中常见的是效率问题，比如收货效率低、发货效率低、库位利用率低等。我们首先要弄清楚现阶段想解决仓库运作管理中的什么问题，并且对问题的定义越清晰越好。

2. 问题发生的背景是什么

描述问题发生的背景，说明该问题为什么如此重要，如果不解决会产生什么影响。

比如，在每年的"双 11"前后，随着生产量的增加，大部分的区域分销中心仓库都会面临入库量激增，以及订单量成倍增加的情况，有的仓库在"双 11"期间的发货量甚至超过往常几个月的发货总量。

对于生产型企业而言，如果在仓储及运输过程中不能做好物流环节的交付，将会影响其发展及声誉。

3. 领导层是否支持该问题的改进

有的问题，在作业人员那里是问题，但是在领导层看来都是小事，不必"小题大做"；有的问题，想要得到改进，仅靠几个人的努力是不够的，它是一个 系统工程，需要人力、物力、财力方面的投入。

因此，在发起 WPI 时，一定要向领导层汇报。如果他们不支持，要跟领导层再次确认或者澄清，以免白忙活一场。只有获得领导层的支持，才能调动更多的资源，从而更好地推进改进过程。

4. 是否有明确的提升目标

制定目标要遵循 SMART 原则，即目标是明确的、可衡量的、可达成的、相关的、有时间限制的。明确了提升目标，才能在后续的工作中有的放矢。

5. 节奏如何

如果想通过 WPI 解决效率问题，则要明确效率的衡量单位。仓库管理中，不同的作业效率对应的单位不同。

比如，叉车司机的上下架效率以托盘为单位，每小时完成多少盘；仓管员的收发货效率以箱为单位，每小时完成多少箱；装卸工的装卸效率以吨、立方米为单位，每小时完成多少吨、立方米（重货单位为吨，轻货单位为立方米）。

6.1.2 人员准备：不只是操作层面的人员，领导层也要参与进来

问题准备好了，还要准备参与活动的人员。作业流程改进，绝不是几个管理者根据各自的经验，在会议室对文字版的作业流程进行理论分析，最后"拍脑门"决定的。

参与活动的人员必须分成小组，按照各自的分工深入一线，在现场进行实地观察，对现场存在的问题进行分析和改进。

1. 总负责人

总负责人是 WPI 的灵魂人物，对他的要求更高。首先，总负责人要熟悉 WPI，要给所有参与的人员进行培训；其次，总负责人要有多次的 WPI 实战经验，在活动推进的过程中能有效组织人员、启发思路、获得结果。

2. 参与人员

参与人员尽量包含各个层级的人员，每个层级的人员有 1~2 名。除了从基层挑选出一些作业人员和主管，最好让企业分管仓库运营的管理者也一并参与进来。这样会显得企业比较重视 WPI，对管理者而言，这也是一次比较好的了解基层的机会。

3. 人员分组

要将人员按照不同的观察对象分成几个大组，然后再将大组拆分成几个小组。其中，小组至少要有 3 组，以避免提交上来的数据太个性化。

每个小组内部也要进行分工，有的人负责掐表，有的人负责填时间观察表，有的人负责在仓库布局图上画行走轨迹。当然，仓库的运作部门也要指定专人来对接 WPI 小组人员的具体需求。

6.1.3 设备准备：工欲善其事，必先利其器

参与 WPI 的人员在库区实地观察时，要做好个人安全防护，避免被他人或者设备伤害；同时要准备各种工具，用来测量和记录观察对象每个动作所花费的时间等事宜。

仓库运作一线的作业环境比办公室更复杂，进入库区需要穿戴必要的劳保用品。其目的在于保护参与人员在库内观察、记录的过程中，免遭或减轻伤亡事故和职业危害。穿戴劳保用品是保护参与人员安全与健康的重要措施之一，安全帽、防砸鞋、反光背心等都属于劳保用品。

到现场观察，就要做好各项记录。记录观察对象在作业流程规定的步骤中，每个环节的用时、行走轨迹。如果涉及突发事件，也要进行描述和记录。

所用到的工具有秒表、仓库布局图、不同颜色（至少两种）的笔、按照流程分割出来的关键环节用时记录表等。

在准备环节，有两个地方要特别注意，那就是所有的数据都要基于"眼见为实"的原则来记录。另外，所有参与此次活动的人员要做到"全程参与"。

6.2　还原作业流程

还原，指的是事物恢复到原来的状况或形状。

工作中经常操作计算机的朋友，应该熟知"系统还原"这个概念。在工作中，由于病毒或者操作的失误，系统会面临崩溃，而系统还原就是要把计算机的系统恢复到正常状态。

还原作业流程，并非要把目前执行的作业流程恢复到 1.0 版本，而是由总负责人为所有参与 WPI 的人员全面讲述相关的标准化作业流程。因为在没有接受培训之前，大部分人对作业流程缺少整体的了解，对部分节点的操作细节一知半解。培训的目的在于统一认知。

6.2.1　流程讲解：不要"照本念经"，而要"图文结合"

有些朋友可能会说，解决效率低的问题，需要搞这么复杂吗？答案是肯定的，因为仓库的作业是一个系统工程。

比如，针对提升发货效率这个问题，绝对不仅仅是提高仓管员的清点和交接效率就可以实现的，而是要从客户下达订单开始观察，直至该订单下的货物全部装车完毕并出库。

参与 WPI 的人员并非全是来自一线的操作人员，所以在讲解作业流程的过程中要尽量细致。用作业流程图或者运作视频来辅助讲解，要比纯粹照着文字念的效果更好。

6.2.2 模拟演练：用角色扮演的方法，加快对流程的熟悉

作业流程讲解完毕以后，尽量让各个小组的人员进行角色扮演，也就由不同的人扮演作业流程中的各个角色，然后模拟各关键节点的内容。作业流程中的每个关键节点涉及的角色，要描述清楚自己所负责的工作内容。

这样，通过几轮角色扮演之后，参与人员对作业流程就基本熟悉了。对于那些没有了解清楚的内容，也可以有针对性地进行学习。

6.3 了解现状

在 6.1 节，笔者提到了"所有的数据都要基于'眼见为实'的原则来记录"，对于参与 WPI 的人员而言，就是要了解现状，看到什么就记录什么，而不能凭主观想象、推测来处理。

丰田管理法中，有这样一句话："在离问题发生地越远的地方，做的决策越糟糕。"对于仓库管理而言，作业现场就是距离问题最近的地方，无论你想解决问题还是想学习解决问题的方法，都要秉持"三现主义"（现场、现物、现实），实事求是。

6.3.1 3 种思维方式：八大浪费、ECRS 分析法、黄金三角

思维方式，本质上是指人脑的运动，通俗地说，就是人们观察、分析、解决问题的模式化、程式化的"心理结构"。受个人知识储备、经验等因素的影响，对于同一个现象或者问题，每个人的思维方式不同，输出的观

点也不尽相同。

为了提升 WPI 的效率，在小组人员正式进入作业现场之前，建议由总负责人分享几个比较有针对性的思维模型，比如八大浪费、ECRS 分析法、黄金三角等，帮助大家拓宽思路、打开视野。

1. 八大浪费

八大浪费，最早是在工厂 JIT 中提出的，其浪费的含义与人们通常所说的浪费有所区别。对于 JIT 来讲，凡是超出增加产品价值所必需的最少的物料、设备、人力、场地和时间的部分，都是浪费。

我们可将其归纳为八大浪费，分别是：不良、修理的浪费，过度加工的浪费，动作的浪费，搬运的浪费，库存的浪费，制造过多、过早的浪费，等待的浪费，管理的浪费。

在研究仓储物流活动时，也可以使用八大浪费的思维方式去分析仓库管理中是否存在对应的浪费。

2. ECRS 分析法

ECRS 指取消（Eliminate）、合并（Combine）、重排（Rearrange）、简化（Simplify）。在 WPI 中，ECRS 就是取消、合并、重排和简化剩下的任务。为了便于理解，假设原来的作业流程是：A→B→C→D→E。

1）取消

利用 ECRS 分析法时，首先考虑某道工序有无取消的可能性。如果所研究的工序可以取消而又不影响作业质量和进度，这便是最有效果的改善。

例如，不必要的搬运、检验等，都应予以取消；如果不能全部取消，可考虑部分取消。举例，C 工序没有必要，将其取消后的作业流程就是 A→B→D→E。

2）合并

合并就是将两道或两道以上的工序合并成一道。合并可以有效地消除重复现象，能取得较好的效果。

当某些工序之间的生产能力不平衡，出现人浮于事和忙闲不均时，就需要对这些工序进行合并。举例，B 和 D 工序可以合并，合并之后的作业流程是 A → B+D → E。

3）重排

重组也称替换，就是通过改变工作程序，使工作的先后顺序重新组合，以达到改善流程的目的。比如，合并后的 B 和 D 工序可以在流程中前置，重排之后的作业流程是 B+D → A → E。

4）简化

经过取消、合并、重排之后，要对该作业流程做进一步的分析研究，使现行方法尽量简化，以最大限度地缩短作业时间，提高作业效率。

简化就是一种工序的改善，也是局部范围的省略（整个范围的省略是取消）。举例，重排之后，发现 A 和 C 环节可以省略，简化之后的作业流程是 B+D → E。

任何作业流程，都可以运用 ECRS 分析法来进行分析和改善。

3. 黄金三角

黄金三角指的是完成 WPI 后，会有一些可行的标准要落实，而黄金三角可以保证标准的稳定性。

黄金三角的"三角"主要指 3 个方面：第一，建立标准，告诉操作人员如何对原有的作业流程进行改善；第二，标准的管理，新的标准制定出来后，明确后期谁来管理这个标准，包括作业流程的审批、培训、分发与回收等；第三，可视化管理，对流程的执行情况进行监督。

6.3.2 眼见为实：到现场观察并记录

接下来，小组人员就要带着工具来到作业现场，针对各自负责的观察对象进行实地观察和记录了。

到达作业现场后，每个小组由 1 人负责掐表、1 人负责填时间观察表、1 人画行走路线图。

时间观察表，即把用秒表掐出来的每个操作所用的时间记录在时间观察表上，同时一并记录下来操作过程中发现的异常问题和所耗费的时间。画行走路线图，就是用笔将观察到的作业人员的行走轨迹在仓库布局图上画出来。

6.3.3 数据分析：整理资料、细查深剖，寻找关键问题

收集完数据后，各小组对时间观察表和行走路线图进行分析。

通过时间观察表，我们可以分析出流程中的各环节所用时间占总时间的比例，找出哪些环节是没有意义的，将这些环节标记为红色；哪些环节是有意义的，将这些环节标记为黄色；哪些环节是有重要意义的，将这些环节标记为绿色。

标记为红色的环节要避免发生；标记为黄色的环节要进行改进，使其所占用的时间减少；最终目的是提高标记为绿色的环节所用时间占总时间的比例。

通过行走路线图，我们可以直观地看到作业人员的轨迹，找出哪些区域轨迹比较集中，对于轨迹比较集中的区域可以考虑如何优化。

6.4 改进实施

发现了可以改进的问题，就要分析原因，提出改进的措施，并小范围进行尝试。尝试的目的在于验证改进措施在实操环境中是否行得通。如果效果不佳，则要继续尝试其他的改进措施，直至符合预期。

WPI 中所有改进措施的尝试均为小范围测试，想要大范围推行，就不能只看到改进之后效率方面的提升，还要关注因此带来的风险如何防控、需要额外投入哪些资源等，确保改进结果是可重复、可持续且满足企业发展需求的。

6.4.1 迭代思维：发现不足，马上测试，马上修改

各个小组内部分析完毕后，找出作业流程中可以改变的环节，然后在大组内进行讨论，确定可以统一改进的地方，并到作业现场进行测试。测试完成后，对改进前和改进后的数据进行比对。

讨论时，建议采用头脑风暴的方式，鼓励大家提出关于改进的想法。头脑风暴的过程应遵循以下原则。

自由畅谈。以大组为单位，围绕如何改进的议题畅所欲言，充分思考、任意想象。每个成员可以发表自己的任何想法，而且无须深入考虑可执行性，荒诞离奇的想法也是可以的。

限时限人。在规定的时间内，组织参与现场观察的人员一起讨论。讨论时间不宜过短或者过长，太短大家难以畅所欲言，太长则容易产生疲劳，30 ～ 45 分钟即可。

禁止批评。参加头脑风暴的每个人都不得对别人的想法提出批评意见，因为批评对创造性思维会产生抑制作用。

延迟评判。在头脑风暴过程中，既不能肯定某个想法，又不能否定某个想法，评判要在会议结束后进行。这样做一方面是为了防止评判约束与会者的积极性；另一方面是为了使与会者集中精力提出想法，避免把应该在后期做的工作提前，影响创造性思维的大量产生。

以量求质。牡蛎的数量越多，你越有可能在它们里面找到珍珠。WPI总负责人要鼓励与会者尽可能多地提出自己的想法，以大量的想法来保证质量较高的想法的存在，想法多多益善，不必顾虑其内容的好坏。

6.4.2 验证改进：结果是可重复、可持续且满足企业发展需求的

由于测试的过程是以目标为导向，且在不考虑各种困难的前提下进行的，所以，如果要将测试的项目在实际工作中实施，必须找出作业流程改进所需的资源及其他需求，并找出作业流程中的控制点，避免员工不按标

准操作发生的各种风险，以确保改进结果是可重复、可持续且满足企业发展需求的。

为了便于大家理解，下面以提升叉车司机的备货效率为例。

假设叉车司机的备货过程如下：

第一步，驾驶叉车到 107 发货门，找仓管员领取备货任务；

第二步，在终端设备中输入备货的订单号；

第三步，根据系统提示，驾驶叉车到目标排位，升起货叉、取货、货叉落下，使用扫描枪扫描货物上的条形码；

第四步，驾驶叉车将货物运送至 107 发货门所在的备货区，在系统内进行放货位置确认；

第五步，重复第三步和第四步，继续根据系统提示，将货物从目标排位运送至备货区，直至该订单下的整盘备货任务完成。

通过时间观察表和行走路线图，很容易会发现叉车司机有大量的时间花费在了往返备货区和目标排位的路上。想提升叉车司机的备货效率，一定会有人提出提升叉车司机的行驶速度，这样就能节省备货时间，达到提升效率的目的。

如何提升行驶速度？比如，由专业的人员对叉车的电控参数进行调整，拆掉叉车上的限速器，或者提升叉车司机的驾驶水平。

调整电控参数或者拆掉叉车上的限速器，确实可以让叉车司机提升行驶速度，可以提升备货效率。但是，显然这个措施是存在隐患的，因为仓库的作业环境复杂，并非一片空地，行驶速度过快，稍有不慎就会造成安全事故，如把人撞了、与设备发生碰撞等，这些都会对企业的运营带来不必要的麻烦。

因此，基于头脑风暴讨论出来的改进方案一定要经过筛选和评估，然后再确定可以实施的方案。

6.5 流程化和标准化

在第四个步骤中确定的可重复、可持续且满足企业发展需求的改进方案，仍然处于小范围的试验阶段，想要让其发挥更大的作用、取得更好的结果，一定要在整个仓储业务运作中全面推广。

如何确保改进方案在落地时，每个人执行的标准统一？在 6.3 节中，笔者介绍了黄金三角，即建立标准、标准的管理以及可视化管理，本节将做进一步的展开。

6.5.1 建立标准：固化改进措施，统一标准，统一行动

作业流程设计，是指基于业务的特点以及未来运营管理的需要，制定标准化作业指导书。也就是说，找到一个适合当下的最优的工作方法，然后通过作业流程设计将其固化下来，让所有接受过作业流程培训的人都能少走弯路，减少错误。

对于 WPI 中确定的改进项，在满足各种资源需求并且找到各个风险控制点后，WPI 总负责人将讨论的成果以文件的形式交付仓储运营管理团队。

相关作业流程的负责人，需要将改进措施和新的标准以文字的形式记录下来，并通过流程变更控制将其变为标准化作业流程。

6.5.2 标准的管理：审批、培训、分发与回收

作业流程文件修改完成后，即可提交给运作控制人员和质量控制人员进行审批。这里的运作控制人员主要指仓库经理，质量控制人员指的是质量主管或者质量经理。

1. 审批
运作控制人员和质量控制人员在拿到作业流程以后，负责对其编写进行指导。作业流程的修改人根据运作控制人员和质量控制人员的建议进行修改。

审批合格以后，运作控制人员和质量控制人员以手写的方式签署姓名和日期，以示批准。特别提醒，我们在"表尾"签署的审批日期，跟"表头"中的生效日期不能是同一天，因为每份作业流程文件，在正式生效之前，我们还要进行培训。大家可以根据所管理仓库的实际情况来决定间隔的天数，建议是 5 天左右。

2. 培训

培训老师结合改进后的流程编写培训教材，并制订培训计划，然后在规定的时间内完成相关岗位人员的培训。

为了提升培训的效果，建议在培训过程中分享此次作业流程改进的背景，以及为什么改进。这一方面可以增加趣味性，另一方面会让员工的印象更深刻。

对于培训的过程要做好记录，比如，参加培训的人员要签到、培训的考核试卷要留存、要对培训现场拍照等。

3. 分发与回收

在作业流程文件生效的前两天，质量控制人员负责将所有的作业流程文件进行复印，发放前要检查复印件的质量，确保文字、图片、表格清晰，无遗漏（除了正文，还要包含其中的附件）。

为确保复印件的有效性，质量控制人员要在每份文件上盖章。其他人无权复印，若出现没有盖章的复印件，该复印件无效且要追究复印人员的责任。

作业流程文件的分发，发多少份，发给谁，以适用为准，并做好分发记录。

在分发作业流程文件的同时，要对上一个版本的文件进行回收。回收也要做好记录，建议将分发与回收的信息记录到一张表上，一一对应。

6.5.3 跟踪管理：指导、监督与纠偏

由于上一个版本的作业流程已经执行了相当长的一段时间，大部分人

的操作习惯已养成，在执行新作业流程的初期，操作人员很容易出现作业行为上的偏差。因此，仓库的管理人员就要管理和纠正这种偏差。

1. 制作辅助的指导性文件

流程优化大多数时候都不是整体性、颠覆性的改变，而是针对其中的几个环节进行的局部优化。建议针对局部优化的地方制作"一点教材"，用一页纸的篇幅把问题说清楚，还可以采用图文结合的形式，将"一点教材"塑封之后，发给相关岗位的人员。

如果仓库的作业现场悬挂了"作业流程看板"，那么，要结合优化后的作业流程对看板内容进行更新，看板的内容尽量是作业流程图。

2. 管理执行情况

一个新的操作习惯的养成，除了需要员工刻意为之外，还需要外部的监督，否则很难在短时间内达到良好的效果。

比如，建立配套的检查机制，对不按新作业流程操作的人员进行纠偏。

第 7 章

▼

数字化建设

2022 年 8 月 22 日，在数字化仓库系列行业标准新闻发布会上，中国物流与采购联合会物联网技术与应用专业委员会标准部部长沈启星提到："整体来看，仓储行业当前能基本达到数字化仓库标准要求的仓库占比还不到 10%。具体来说，当前仓储业中具备物联网基础能力的仓库占 39%，基本实现无纸化的仓库占 46%，具备仓储物精细化管理能力的仓库占 13%，具有初步平台化服务能力的仓库占 9%。"

我国"新基建"发展到了一个重要的阶段，这对数字化仓库、数字供应链而言存在着非常大的机会。在未来，仓库是智能化物流组织的重要据点，这些据点将构建成高效的供应链网络，为我国经济高质量发展提供动能。

从某种意义上来说，仓库的数字化建设就是使用一系列数字化的技术手段、标准化的措施和方法，来寻找可能存在的问题和有效解决问题的方案。仓库的数字化建设可以让仓库管理更高效。

本章我们以传统仓储管理过程中所遇到的管理瓶颈为中心，从货物管理、效率管理和设备管理 3 个角度切入，探讨如何进行数字化建设，从而有效地提高仓库管理的效率及效益。

7

7.1 货物管理

仓库管理的本质就是通过整合各种资源对仓库中的货物进行管理。在仓库管理的过程中，不仅要保证仓库货物的完整，还要对货物的所有状况进行记录，比如货物的数量变化、质量状态变化、位置变化等。

如果仓库的面积小，不依托任何技术手段和工具，纯粹靠人来管理，倒也说得过去。但是，如果仓库面积大、货物品类复杂、运作人员数量多，却仍然只靠人来管理，就会暴露出很多的问题，比如找不到货、账实不一致等。

在仓库管理中，任何时候都不能忽视数据的重要性，所以使用很有必要。它可以把所有的仓储数据保存在系统中，方便管理层进行查看，并据此分析市场的变化，及时采取应对措施。

7.1.1 WMS：不同于进销存系统和手工账

WMS 是通过入库管理、库存管理、出库管理等功能，对生产日期、质量状态、物料对应情况、库存盘点、虚拟仓和仓库布局等进行综合管理的系统。借助 WMS，可以有效控制并跟踪仓库内货物流动的全过程，实现或完善企业的仓储信息化管理。

进销存系统与 WMS 的区别在于，进销存系统是为了对企业生产经营中的进货、出货、批发销售、付款等进行全程跟踪、管理而设计的信息化系统，在仓储管理环节更偏向于对作业结果的记录；WMS 也可以对仓库的作业结果进行管理，但其最主要的功能是对仓库作业过程进行指导和规范。

现阶段，WMS 已经成为大部分仓储业务的标配，是仓储管理的重要组成部分。与过去的手工账相比，借助 WMS 可以提高仓库的运作效率，减少作业人员的差错，降低管理难度和成本。

7.1.2 传统 WMS 存在的缺陷：系统信息与实际情况不同步

传统 WMS 最大的缺陷在于系统信息与实际情况不同步。

使用传统 WMS 进行系统操作时，要么是前置的，要么是后置的。传统 WMS 无论是在系统开发上，还是场地和设备的投入上，都比"实时化"的系统在成本上更节约。为了更好理解两者在操作上的差异，此处以收货环节为例。

1. 前置

仓管员在入库之前，系统人员会根据到货信息，在系统中筛选出可以放货的排位，并将每个代码、批次的货物与其要存放的排位一一对应，然后告知仓管员。

仓管员跟卸货司机交接完货物以后，组织叉车司机按照系统人员的要求入库。入库完成以后，仓管员对入库货物的货位进行复核，无误后再跟系统人员进行反馈确认，系统人员在系统中确认完成收货。

2. 后置

仓管员在跟卸货司机交接完货物以后，组织叉车司机入库，叉车司机随机往库内空置的排位上放货，并做好记录交给仓管员。也有的做法是，在卸货之前，由仓管员统计出库内空置的排位并告知叉车司机，叉车司机参考仓管员给出的信息去放货并做好记录。

叉车司机把所有的货物都放入排位以后，将每盘货物与对应排位的记录交给仓管员，仓管员对入库货物的货位进行复核，无误后，由系统人员将该车货物存放的排位录入系统并在系统中确认完成收货。

根据以上信息，可以发现传统 WMS 存在以下缺陷。

缺陷一，在使用传统 WMS 时涉及大量手工录入的工作，而且这些录入工作通常是在计算机上操作，录入信息的准确性依赖于系统人员，即系统的操作效率低、准确性不高。

缺陷二，如果仓管员在收货或者发货完成后，不及时把入库或者出库信息告知系统人员，就会造成系统信息与实际情况不符。

3. 实时化

"实时化"的 WMS，更适合品种多、批量大、仓库使用面积大的仓储业务。

由于参与作业的人员多、业务操作复杂，单纯靠培训、检查等无法从根本上降低人员的差错率，所以要通过先进的软件系统和配套的硬件设施来提升作业的精准度。

而"非实时化"的 WMS，更适合品种少、批量小、仓库使用面积小的仓储业务。

7.1.3 货物管理数字化：RFID 技术、IoT、条形码技术

现代化 WMS，是以射频识别（Radio Frequency Identification，RFID）、物联网（Internet of Things，IoT）、条形码技术为核心，结合 PDA 手持设备，通过扫描条形码对仓库到货验收、入库、移库移位、库存盘点、出库等各个作业环节的数据进行采集，保证企业及时准确地掌握真实库存数据的系统。

现代化 WMS 与其他信息系统，如 ERP、供应商关系管理（Supplier Relationship Management，SRM）系统、仓库控制系统（Warehouse Control System，WCS）等灵活集成，实现更为高效的仓储管理，打造数字化仓储管理中心。

1.RFID 技术

RFID 通过无线电信号识别特定目标并读写相关数据，而无须在识别系统与特定目标之间建立机械或光学接触。RFID 技术在 WMS 中有什么作用呢？

它相当于一名不会出错的"货品登记员"，可对货物的货位、批次、质量状态、配送等信息实现电子标签式管理，对收货、发货、补货、集货、送货等环节进行规范化记录，对仓储全过程进行管理。

2.IoT

IoT 是指通过信息传感设备，按约定的协议，将任何物体与网络相连接，物体通过信息传播媒介进行信息交换和通信，以实现智能化识别、定位、跟踪、监管等功能的技术。

将 IoT 应用于仓储管理，会有什么样的效果呢？一方面，实现货物信息的快速读取与记录，简化相关流程，有效提升整体工作效率；另一方面，以技术替代人力，提升管理系统内货物信息的准确性。

3. 条形码技术

条形码技术主要应用在两个地方，一个是对位置的管理，一个是对货物的管理。

对位置的管理比较好理解，比如，打印出装卸门、备货区、收货暂存区、排位等对应的条形码并贴于合适的位置，然后使用手持设备扫描条形码，将相关信息录入系统，减少手工录入造成的差错。

对货物的管理，比如，收货时在空白条形码中录入代码、批次、数量等信息，一次性编辑好并将其贴于对应货物上，后续可以通过条形码追踪货物的流转轨迹。

现阶段，在仓储管理中想要实现货物的可视化、数字化管理，市场上有很多标准的现代化 WMS 产品供企业选择，并且有大量成功应用的案例。当然，企业也可以根据实际需要进行定制化的系统开发。

7.2　效率管理

仓库的效率通常分为两个方面：一方面是时间上的效率，另一方面是成本上的效率。

时间上的效率很容易量化，大多数仓库都会制定时间效率指标，只要在限定时间内完成所需要的操作，都可以接受。而成本上的效率则不一样，毕竟"再小的苍蝇也是肉"，能省多少是多少。

因此，当我们讨论效率的时候，虽然分析的往往是操作时间，但本质上都是冲着成本效率去的，脱离成本效率来考量时间效率，通常是没有意义的。WMS虽好，但无法解决所有的问题，比如无法管理资源和过程。

7.2.1 物流资源无法及时掌控：仓库主管无法随时知道人员和设备的利用情况

由于管理理念的不同，同时出于运作效率的考虑，那些面积较大的现代化仓库在岗位设置上不会像传统仓储企业那样——仓管员既要收发货也要当叉车司机，甚至兼任装卸工，而是会设置更加细化的岗位，比如仓管员、叉车司机、拣货员、装卸工等。

其中，仓管员的职责是收发货，叉车司机的职责是货物的上下架以及往散货拣选排位上补货，拣货员的职责是从一层拣货区的成箱货物中拣货，装卸工的职责是货物的装车和卸车。

另外，在面积较大的现代化仓库中，基层操作岗位不固定于某个具体的库区，上百位一线作业人员被分散到几万平方米的区域，对于仓库主管而言，想要监控所有作业人员的在岗情况及工作完成情况很难。

大部分仓储管理的现状是，仓库主管依赖笔记本和对讲机，通过询问和记录来跟进作业人员的作业情况。但显然，采用这种方式，仓库主管并不能如实地掌握每位作业人员的具体情况，比如下列情况。

第一，每个岗位上今天上班的是哪些人？虽然会执行考勤，但考勤记录都在考勤表上，仓库主管不可能随时拿着考勤表来安排工作，仅凭脑子又无法记住所有作业人员的名字。

第二，各作业人员分别在做什么工作？每位作业人员手中的工作大概分为两种，一种是上一个班次交接下来的，另一种是当班主管布置下来的。不管是哪种工作，多数都是随机安排的，而且主管也不会把所有作业人员的工作安排都记录下来。

第三，哪些人员目前处于没有工作任务的状态？这主要指的是从上班后就没有被安排工作的人员，以及安排的工作完成之后暂时没有工作的人员。

7.2.2 作业效率无法实时跟踪：事后弥补，不如事中控制

因为仓库每天的收发货作业量比较大，提卸货车辆常有上百辆，为了保证所有的车辆能准时提卸货，必须对每辆车的提卸货信息进行研究。因此，仓库制定了车辆预约机制，让所有的承运商按照仓库设定的不同的作业轮次对提卸货车辆进行预约。

仓库调度人员会根据每天库内正常上班的各岗位的人员情况以及客户的特殊要求，对预约进行回复。回复完的预约，意味着仓库对承运商的承诺。

车辆到达仓库，司机在仓库调度室办理登记入库手续，随后车辆停靠至指定的作业门。库内的作业效率基本上就由仓管员来跟进了。

仓管员会根据作业进度，通知仓库调度人员安排装卸工，并通知叉车司机上下架。当司机没有按照既定的时间办理出库登记的时候，仓库调度人员会用对讲机找到指定的仓管员进行询问。此时往往会了解到五花八门的原因，比如：车辆到达作业门的时间比较晚、司机清点货物的速度比较慢、卸货车辆装载的货物在车厢中码放混乱等。

显然，尽管了解到了各种原因，却无法改变车辆不能准时出库的问题。这除了可能导致下一轮次的车辆延迟进库作业之外，提货车辆也存在无法准时将货物送达下游客户的情况。

在作业效率跟进的过程中，仓库调度人员在了解到车辆没有准时出库时才去追踪效率，为时已晚。他们无法清楚地知道：第一，车辆是否在规定时间内停靠到垛口；第二，司机是否在规定时间内清点完货物；第三，装卸工是否按照既定的效率装卸货等。

7.2.3 WMS 无法解决所有问题：除了货物之外，还要管理资源和过程

有些管理者认为，只要有一套 WMS，物流中心的数字化建设便做到位了，其实不然。

WMS 的功能主要体现在仓储的货物管理上，它能跟踪到每个代码、批次的货物存放在哪个排位上，什么时候收的货，什么时候发的货，收货订单信息，发货订单信息，等等。

但是，WMS 并不能做到资源状态的管理（哪些人 / 设备在工作、哪些人 / 设备闲置等），也无法知晓每辆提卸货车辆在每个关键点的作业是否按时完成。

还有一些管理者认为，在 WMS 之外做的任何跟数字化相关的投资，都属于乱花钱。

笔者曾见过一些小型物流公司为了节约成本，目前还在使用手工记账，通过货卡和 Excel 表来管理库存。对于这些小型物流公司而言，能用一套 WMS 已经算是很好了。但我也确实见过，一些大型的第三方物流公司通过投资信息系统，使得产出大于投入的。

想要做好仓储管理，除了要使用 WMS 管理货物之外，还要对资源和过程进行管理。

7.2.4 效率管理数字化：需求建立、功能定位、可行性分析、系统设计、功能实现

仓储运营主体对信息系统的主要需求还是 WMS，国内排名靠前的 WMS品牌商有富勒、唯智、科箭、C-WMS、标领等。因为市场需求量大、推广容易，这些大型的系统集成品牌商也乐于开发此类软件。

相对而言，能做到及时掌控资源、实时跟踪作业效率的系统少之又少。对仓储企业而言，最好的途径是与系统集成品牌商进行合作，开发一套定

制化的系统。当然，如果技术成熟、市场需求量大，那些专业的系统集成品牌商是可以将定制化的系统面向市场推广的。

开发一套这样的系统需经历以下步骤。

1. 需求建立

对于信息化管理滞后的现状（资源无法及时掌控、作业效率无法实时跟踪），只要针对性地解决 5 个方面的问题即可，即哪些设备可用却无法掌控、设备分配给哪些人员无法掌控、上班的人员中哪些无法掌控、哪些订单有人员在处理无法掌控、订单的完成进度无法掌控。

这 5 个问题可以归纳成资源和订单两个大类。其中，资源包括人员和设备两种。

人员。业务部门在开始一天的工作之前，就需要清晰地知道当前班次每个岗位的人员名单、哪些人员正在工作、这些人员目前在做的工作是什么、哪些人员在等待。

设备。物流搬运设备是分配给叉车司机和拣货员岗位的，他们需要依靠这些设备来完成收货和发货作业。业务部门需要明确哪些设备正在使用（先要对每种设备进行编号）、分别是谁在使用、哪些设备处于闲置状态。

订单。业务部门还需知道当天的订单有哪些、正在推进的作业有哪些、哪些订单未开始作业、每个正在作业的订单的进度如何。以发货为例，进度包括：开始备货、备货完成、仓管员清点、车辆到达、司机清点、双方交接、开始装车、装车完成、车辆离库。

因此，想要解决以上问题，需要开发出来一款基于 PC 端和移动端的操作系统，让所有的操作者都参与进来（仓管员、叉车司机、装卸工等）。

通过这样的系统，仓库调度人员便可以实时掌控仓库的运作数据了，这样，收发货过程中的效率问题就能被及时发现、及时解决。另外，所有参与仓库运作的资源的使用情况也可以在系统中显示出来，仓库调度人员或者主管就能清楚地知道目前有多少人在收发货、多少人在等待。

2. 功能定位

新开发的这款系统需要以完成收发货订单为基础任务，通过组织协调各种资源——人员、库内设备、车辆等，实现在计划的时间内完成订单的管理。

这款系统应以过程化管理为核心，以实现高效、标准化管理为最终目标，通过任务过程跟踪、即时交流协作、执行精度控制，实现管理的透明化、扁平化、实时化、协同化、标准化。它应具备以下功能。

1）基于预约表信息，自动推算车辆的预计进库时间和预计离库时间，并通过 LED 显示屏进行通报。

2）围绕整个收发货的流程，将完成订单的过程分为几个重要环节，任何一个环节出现效率问题，系统便会报警，在仓库调度室的监控报表上进行显示。

3）自动统计同一岗位不同人员的作业量，并在系统内进行通报排名。

4）实时通报各作业资源的使用及闲置情况。

3. 可行性分析

如果系统能按照预期实现以上功能，那么接下来就要测算其投入和产出情况。

按照测算的数据，节省主要来自效率提高之后的人员数量减少。引入系统的手机应用之后，系统每隔一小时会在平台上通报每个操作者的作业量及其排名，作业量排名会刺激操作者采取改进措施。

这在无形中创造了一种积极向上的氛围，作业量排名让那些平时干得好的员工越干越好，让那些干得不好的员工无地自容。这样作业效率自然会提高，每天的工作任务也会提前完成。如果任务量没有增加、作业时间没有减少，那么以新的作业效率来计算，需要的人数自然就会比以前少。

4. 系统设计

首先，系统需要具备定义的功能，要将参与项目运作的人员的资料放到系统的数据库中，包括姓名、班组、岗位以及其他的基本信息。同时，系统也要维护物流设备的信息，比如叉车、电动地牛等。

每个班组的人员上班以后，要在系统中签到，同时，操作设备的人员要在系统中使所操作设备与自己关联。这样，仓库调度人员就可以在系统中清楚地看到当天可以使用的资源有哪些了。

其次，以卸货为例，围绕卸货的整个流程，在每个关键节点进行时间确认，比如：预约卸货时间、司机到保安室登记入库时间、车辆停靠作业门时间、安排装卸工卸货时间、卸货完成时间、车辆离开作业门时间、司机到保安室登记出库时间。

由于系统对每个模块的作业效率是提前定义好的，一旦发生效率问题，系统会马上进行提示，并反映在调度中心的监控报表上。发货的设定在此不做赘述，其逻辑同收货相似，只不过多一个提前安排备货的环节。

最后，基于一些大数据，仓库调度人员会通过查看各种报表对仓库的作业情况进行管理，报表包括 LED 显示屏报表、作业门占用报表、仓管员使用报表、叉车司机使用报表、装卸工使用报表、效率监控报表等。

5. 功能实现

最终，通过系统设计，预计可以实现两大功能。

1）订单跟踪，及时掌控作业进度

通过此系统，仓库调度人员可以在系统中维护各种效率数据，出现效率问题后系统自动报警；实时掌控作业进度，及时解决异常问题，确保订单及时完成；加强过程管理，让"结果"自然发生。

2）掌控资源，使资源得到最合理的使用

通过此系统，仓库调度人员可以查看叉车司机、装卸工、作业门等资源使用报表，及时了解各种资源的使用、闲置和异常情况，使资源得到最合理的使用。

7.3 设备管理

仓储设备管理，是进行仓储管理的重要手段。仓储设备极大地降低了人们的劳动强度，提高了物流运作效率和服务质量，降低了物流成本，在物流作业中起着重要作用，促进了物流的快速发展。

仓储设备是企业的重要资产，它们既是技术密集型的生产工具，也是资金密集型的社会财富，配置和维护这些设备需要大量的资金和相应的专业知识。仓储设备配置齐全与否，损坏的设备能否及时维修，直接影响仓储及整个物流流程的效率。

7.3.1 仓储设备是企业的重要资产：配置和维修维护需要大量的资金

仓储管理涉及的设备包括：存储设备（如货架等）、集装设备（如托盘等）、搬运设备（如叉车、地牛等），以及其他配套的设施设备，这些设备都是企业的重要资产。

货架安装完成后，除了人为原因涉及的更换以外，日常管理中几乎不存在其他的损耗。

托盘如果是企业自行采购的，后期运营管理中需要关注托盘的数量差异、损坏托盘的维修及报废。托盘如果是从第三方租赁的，则要关注每次进出仓库的托盘数量，以及损坏托盘的及时退租维修。

对于叉车及其他搬运设备，企业自行采购的成本比从第三方租赁的成本低一些，但是企业在后期的运营管理中要花更多精力。

大型的仓储业务，通常要配置几十辆叉车以及其他搬运设备。这些设备不管是采购还是租赁，对于企业而言都是一笔不小的开支。比如，有的高位叉车，其单台的采购成本可以买一台不错的轿车了。

这么贵重的设备，仓储运营方更应该加强后期的管理，对它爱惜有加。如果管理不善，每台叉车给企业累计带来的损失将会远远超出其采购成本，比如叉车倾倒、撞坏其他设施设备、造成人身伤害等的费用往往很高。

7.3.2 设备管不好：不只是人的能力问题，有一件合适的工具很必要

传统的管理方式对人的依赖性较强，企业需要组建设备管理团队，包括一个设备主管、若干个维修保养人员。设备管理团队要借助计算机上的电子表格以及各种打印出来的记录表，做各种计划，填写各种记录，而且很多记录还要由叉车司机填写。

运营管理过程中，采用依赖人的管理方式会暴露出很多问题。比如：叉车发生了碰撞，但找不到责任人；叉车到了该保养的时间，却没有及时得到保养；叉车司机在通过人、车混行区域时速度过快，碰到了库内行走人员；等等。

叉车运行中出现的问题，有些可以通过强化培训来改进，但是有些是无法完全靠人解决的。对于管理者而言，当然可以说这些问题的频繁发生是因为设备主管的能力不行，但很多时候，换了设备主管未必就能从根本上解决问题，这时该怎么办？

7.3.3 设备管理数字化：组件及主要功能

下文以叉车管理为例介绍设备管理数字化的相关内容。

企业可以借助科技的力量——叉车数字化智能管理平台，为叉车管理保驾护航。现阶段市场上有标准化的产品可供选择，叉车的组件及主要功能如下。

1. 叉车的组件

叉车的组件分为车载硬件以及软件系统两个部分，其中车载硬件包括：车载显示器、控制器、GPS/GSM 天线、传感器（按需配置，如碰撞相关的、速度相关的、重量相关的）、身份读取器、速度报警器、电瓶监控器等。

2. 叉车的主要功能

操作授权。为每台叉车设定可以操作的人员，如果仓库是两班倒的话，可以在每班各授权一个可以操作这台叉车的叉车司机。只有经授权的叉车

司机，才能通过刷卡或者其他的识别方式（如人脸识别或指纹识别等）登录系统。

启动检视。登录系统后，车载显示器自动显示出叉车司机上车前需要做的各项车况检查，叉车司机下车围绕车身逐项进行检查，并将检查结果在系统中确认，确保即将运行的车辆符合各种安全要求。

安全带显示。跟驾驶轿车一样，驾驶叉车时，叉车司机也需要系上安全带。安全带显示功能可以实现不系安全带时无法移动叉车，同时，当安全带被解开时，叉车自动停下来。

碰撞管理。叉车司机在驾驶叉车的过程中，如果因为疲劳驾驶或者操作失误造成碰撞，系统会自动记录碰撞发生的时间、作业人员、位置以及碰撞程度，同时，将信息以邮件或者其他形式发送给管理员。这样就避免了前面提到的，靠人来管理时无法找到叉车发生碰撞时的责任人的问题。

速度定位。对于库内人车混行的区域，以及作业人员比较集中的区域（暂存区、备货区），通过 GPS 速度定位功能，管理员可在系统内提前设定不同区域的最快行驶速度。当叉车司机到达该区域时，如果超速的，系统将进行干预，强制减速。

档案管理。系统会记录叉车的初次使用、维修、保养、报废等各个节点的数据并进行管理。比如，当管理员在系统内提前设定保养计划后，在临近保养的时间，系统会自动发出提醒；在年检时间到达前，系统也会自动提醒；等等。

报表管理。在叉车运行过程中，系统会从各个维度收集和记录数据，并基于这些数据生成各种报表（根据需要开发，提前设计报表模板）。比如，管理员可从系统中下载叉车的维修记录，对比哪些叉车的维修费用较高，然后进一步分析维修费用较高的叉车的运行情况，找到原因后有针对性地解决。

第8章

▼

供应链协同

英国供应链专家马丁·克里斯多夫曾说过:"21世纪的竞争将不再是企业之间的竞争,而是供应链与供应链之间的竞争。"

仓储环节,是连接供应链上下游的重要环节。我们在谈仓储运营管理优化时,除了考虑内部优化之外,还应该站在供应链的全局,统筹考虑是否存在可以改善的方面,通过供应链协同实现整体价值最大化。

本章我们先来系统了解仓储与供应链的关系,供应链协同的目标与范围,对供应链和供应链协同形成整体上的认识;再进一步从上游协同、内部协同和下游协同3个角度,结合案例探讨现阶段供应链管理中存在的问题及改善策略。

8

8.1 什么是供应链协同

全球经济环境、贸易格局、产业结构的不断变化，不断冲击着各大企业的供应链。

在链路长、流程复杂的供应链体系中，供应链上各企业之间的信息传递存在缺失、冗余、失真、重复等问题，导致各个环节之间交互不畅，造成一系列连锁反应。这愈发凸显供应链协同的重要性。

8.1.1 仓储是供应链的核心：库存控制中心、调度中心、增值服务中心

传统意义上的仓储，指的是自建或者租赁仓库，对货物进行储存与保管。"仓"即仓库，为存放、保管货物的建筑物和场地的总称，具有存放和保护货物的功能；"储"即储存、储备，表示收存以备使用。

现代物流中的仓储，是基于经济全球化与供应链一体化背景下的以满足供应链上下游的需求为目的，在特定的场所运用现代技术，对货物的进出库、存储、分拣、包装及其信息等进行有效的计划、执行和控制的物流活动。

1. 供应链

供应链是指生产及流通过程中，涉及将产品或服务提供给最终用户的由上游与下游企业所形成的网链结构，即围绕核心企业，从提供原材料、包装材料开始，到制成中间产品以及最终产品，最后由销售网络把产品送到最终用户手中，将供应商、制造商、分销商、最终用户连成一个整体的功能网链结构。

畅销书作者刘宝红曾这样介绍供应链管理的全局观。

把供应链横向切，供应链就是采购把东西买进来，生产去加工增值，

物流去配送，环环相扣；把供应链纵向切，从产品流、信息流和资金流的角度来阐述，供应链管理就是对这"三流"的集成管理。

2. 供应链与仓储

对于仓储在供应链中的作用，吴菁芃博士在其文章中有过专门的描述。

在理想的情况下，供需是平衡的，生产型企业对客户期望的产品进行按需组装并直接交付给客户。但是，这一目标对于大多数消费品来说是不可行的，因为生产和消费不会完全同步，单个产品的运输成本过高，而且在多个始发地和目的地之间进行运输协调也非常复杂。

通过将原材料、零部件和产成品投放在面向生产和面向市场的地点，企业就可以拥有在客户需要的时间和地点及时为客户提供产品的能力。如此一来，产品的交付时间将缩短，产品的可用性将提高，产品的交付成本将降低，从而提高分销运营的整体效率。

仓储环节在供应链中的作用包括：实现供需平衡、防范不确定性、满足生产的要求、支持即时供货、提升运输的经济性等。

因此，生产型企业建立仓储物流中心对整个供应链而言非常重要，是供应链管理中不可或缺的一环。

仓储是供应链的核心，是供应链中的库存控制中心、调度中心和增值服务中心。

管理库存、减少库存、控制库存成本，是仓储在供应链框架下降低供应链总成本的主要任务；仓储与供应链的效率和反应速度相关，其需要不断提高精准度、及时性、灵活性以满足客户需求；在仓储环节提供促销装、捆绑装等增值服务，能够提升客户满意度。

8.1.2 供应链协同的目标与范围：供应链整体降本增效，以及企业内外部协同

《管理学大辞典》一书中是这样定义供应链协同的。

供应链协同是供应链中各节点企业实现协同运作的活动，包括树立"共

赢"思想，为实现共同目标而努力，建立公平公正的利益共享与风险分担的机制，在信任、承诺和弹性协议的基础上深入合作，搭建电子信息技术共享平台并及时沟通，进行面向客户和协同运作的业务流程再造。

供应链协同管理，就是针对供应链上各节点企业的合作所进行的，是供应链上各节点企业为了提高供应链的整体竞争力，而进行的彼此协调和相互努力。

有效的供应链协同，可以使供应链全链条降低成本、提高效能、实现共享共担，提高应对不确定性的能力，最终以最小的代价创造最大的价值。

1. 供应链协同的目标

供应链协同的目标是实现整个供应链的降本增效，实现客户价值。它是一个完整的目标体系，既包括供应链协同的整体目标，也包括各节点的细分目标。

供应链协同目标制定的基本原则包括：目标要可执行、可衡量、具体相关，要实现集约化、敏捷化、柔性化；为实现降本增效的目标，要求供应链上各节点企业实现真正意义上的信息共享，打破相互不信任的状态；要实现企业内部的协同则要求各部门从企业的整体利益出发考虑问题，而不是单单考虑自身的利益满足。

为实现供应链协同的目标，必须建立供应链协同机制，必须匹配相关的规则、业务流程、组织结构、信息系统、金融资本、物流支撑等，明确各关联方的责任、义务、权利和利益，这些都是实现供应链有效协同的保证。

一套完善的供应链协同机制要求供应链主导企业站在"共赢"的角度协调各方的需求，平衡各方的利益，并能主导解决协同过程中出现的各种问题。

2. 供应链协同的范围

供应链协同由两个方面组成：企业内部的协同和企业间的协同。其中，企业间的协同可以进一步划分为与上游企业协同和与下游企业协同。

企业内部的协同是使企业内的各个职能部门、各个业务流程能够服从于企业的总目标，实现不同部门、不同层次、不同周期的计划和运营体系的协同，比如：采购部门、库存部门、生产部门、销售部门及财务部门间的协同，战略、战术、执行层次的协同，长期、中期及短期计划间的协同，等等。顺畅的工作流、信息流，合理的组织结构，动态的流程优化思考是实现企业内部协同的有力保障。

企业间的协同是指供应链上各节点企业在共享需求、库存、产能和销售等方面的信息的基础上，根据供应链的供需情况实时地调整计划、执行交付或获取某种产品和服务的过程。其目的是避免各自为政、坐井观天。企业间的协同比企业内部的协同复杂得多。

8.2 上游协同

生产型企业的上游企业，就是原材料和包装材料的供应商（后方简称"材料供应商"）。

早期，生产型企业通常会建立充足的原材料、包装材料库存，随着产能的不断扩大，其存储空间不断缩小，加上 JIT 模式的流行，不再建立太多的材料库存。

为了不影响生产，那些材料供应商不得不在所在的城市租赁仓库，建立一定的安全库存。接下来将着重介绍"以需求为中心管理供应商库存。

8.2.1 传统模式的弊端：仓储及运输成本高，运作效率低

传统模式下，不同的材料供应商各自为政，在其客户（生产型企业）所在的城市分别找不同的仓库存储材料，然后根据生产型企业的生产计划，组织运力资源按照需求将材料配送至生产型企业。

通常，当仓库内的材料数量低于安全库存时，材料供应商才组织运力资源将材料从外地运送至目标城市的材料仓。此种模式涉及仓储和运输两

大环节，无论是从成本角度还是运作效率角度看，都存在一些弊端。

1. 仓储成本

仓储成本主要涉及三大方面，即场地费用、设备费用和人员费用。

由于业务量小，人力资源和设备资源很多时候处于闲置状态，材料供应商通常不会考虑自营模式，而会将仓储业务委托给专业的第三方物流企业。

因为业务量小，材料供应商在与第三方物流企业谈判时必然会出现议价能力偏弱的问题。第三方物流企业所服务的客户不止一家，在人员和设备方面可以实现资源共享，在进出库费用和装卸费用上不会报价太高。

不过，第三方物流企业为了保护自身的利益，通常不会根据材料供应商的实际需求，提供相应的租赁面积（如 137 平方米），而是会设置一个最小起租面积（如 200 平方米），这就会导致材料供应商的仓库租赁费用增加。

此时材料供应商往往会接受，毕竟相对自营模式而言，第三方物流企业的报价更划算。

2. 运输成本

生产型企业下单后，材料供应商需要安排运力资源从租赁的仓库提货，将材料交付给生产型企业。

为了保证运输时效以及运输过程中材料不受损坏，材料供应商通常会采用包车运输（其对立面是拼载运输）的方式从市场上临时租赁车辆，或者将配送业务连同仓储业务一并外包给第三方物流企业。常见的配送车辆，比如面包车、厢式货车等，根据运输距离的不同，其运输价格也不同。

选择包车运输，除非车厢恰好被货物填满，否则只要有未利用的空间，都属于资源上的浪费，而空间浪费意味着成本上的浪费。

3. 运作效率

生产型企业制订好生产计划后，会根据各种材料的使用需求，向各个材料供应商下单。然后，材料供应商将需求传达给当地合作的第三方物流企业，由其完成备货、装车、运输、交货。如果运输配送环节是材料供应商临时从市场租赁车辆来完成的，还需要根据仓库的备货情况，及时调度车辆到仓库提货。

1）仓库运作效率

各个材料供应商分别与当地不同的第三方物流企业合作，而第三方物流企业的仓储管理水平参差不齐，且对材料供应商的重视程度也不同。比如，第三方物流企业对利润贡献大的订单，其重视程度会比较高，会优先安排发货。

第三方物流企业会造成运输配送过程的时间长短不一，最终在仓库运作效率方面体现出差异。

2）运输时效

虽然材料供应商合作的仓库都设在了生产型企业所在的城市，但从各个仓库到达生产型企业的运输距离不同，就会出现部分送货车辆早到，而部分送货车辆晚到的情况。

任何送货车辆出现状况，导致生产计划中所需要的某种材料晚到，都有可能造成生产的延迟。对生产型企业而言，这是不希望看到的。

8.2.2 供应商管理库存：仓储成本低、管理可视化、运作效率高

生产型企业采购材料时，采购价格不仅包括材料自身的成本，还包括前面所提到的仓储、运输等环节发生的费用。也就是说，虽然物流费用由材料供应商直接买单，但本质上是生产型企业支付了此项费用。

所以，生产型企业如果想降低采购价格，最好的方式是与优秀的材料供应商一起研究如何降低成本。比如，可以考虑将材料供应商的仓储需求整合到一起，再通过邀标或者招标的形式，寻找合适的第三方物流企业来提供相应的服务，也就是供应商管理库存（Vendor Managed Inventory，VMI）。

所谓 VMI，是一种以用户和供应商双方都获得最低成本为目的，在一个共同的协议下由供应商管理库存，并不断监督协议执行情况和修正协议内

容，使库存管理得到持续改进的合作性策略。

这种库存管理策略打破了传统的各自为政的库存管理模式，体现了供应链的集成化管理思想，适应市场变化的要求，是一种新的、有代表性的库存管理思想。由专业的第三方物流企业来统一管理各材料供应商的库存，这种模式较传统模式有以下优势。

1. 仓储成本低

单个材料供应商在与第三方物流企业谈判时，由于业务规模限制，显然没有太大议价权，不仅单位面积的租金不低，而且还要接受最小起租面积条款。但是，由生产型企业发起、各材料供应商响应的联合组织，其仓储业务的规模是显而易见的，自然会引起第三方物流企业的重视。

在商务谈判过程中，规模效应可以倒逼第三方物流企业在单位面积的租金上让步，并且不会因为各材料供应商租赁面积不同而给出不同的租赁单价。

另外，这种模式对于各材料供应商而言，也可以基本实现按需租赁，根据实际的使用面积乘以租赁单价，计算出租金。

2. 管理可视化

由于所有的材料都集中在一个仓库内进行管理，无论是材料供应商还是生产型企业，想要查看现有的库存都会很方便。

如果业务体量大，在选择第三方物流企业时除了约定价格外，还可以约定对方必须提供配套的 WMS，并给材料供应商和生产型企业开通可以查看系统内库存的权限。

另外，如果生产型企业有相关的资料，比如仓储管理的质量标准，可以将标准同步给第三方流物流企业，指导并监督其执行，避免其在收货、发货或者存储过程中因为操作不当，影响材料的品质。

3. 运作效率高

材料的仓储需求整合以后，由于业务规模变大，第三方物流企业在配置人员和设备时，避免了以往临时抽调其他仓储业务中的人员兼任收货、备货、发货的情况，基本上可以做到专人、专车（以及叉车等设备）专用，也就是提供一对一的全职服务。

操作人员全身心投入材料的管理中，随着对材料的不断熟悉以及业务操作熟练度的提高，其运作效率会有明显的提升。

另外，由于有专人负责，设定的关键运作指标（卸车效率、收货效率、入库效率、备货效率、发货效率、装车效率、库存准确率等）可以有效落地。当然，第三方物流企业受合同的约束，也会自觉提升服务质量和效率。

8.2.3 材料拼载运输：运输成本低、时效有保证、客户体验好

把以往分散在城市各个角落的材料仓库整合到一起后，原来的多点发货变成了单点发货，运输路径变得统一。由于单次配送业务量的增加，各材料供应商无须各自包车运输，而是可以采用拼载运输的方式。

如果运输费用合适，可以由第三方物流企业提供配送服务，即"仓配一体化"。在这种模式下，材料供应商与第三方物流企业的沟通成本更低，管理起来更加高效。当然，如果第三方物流企业提供的运输费用偏高，材料供应商也可以联合起来，找另外一家专业的车队承接配送服务。

不过，笔者建议考虑"仓配一体化"模式，双方基于此模式展开谈判，因为拼载运输有以下优势。

1. 运输成本低

传统运输模式下，由于运输距离不同，导致单次运输的价格不同：距离远的，运输价格就偏高；距离近的，第三方物流企业也可能会设置门槛价格，造成单价不统一。一个材料供应商的业务量偏小，但为了保证运输时效，同时防止自身货物与其他货物拼载时发生破损等风险，材料供应商通常考虑包车运输，而包车运输的价格偏高。

拼载运输模式下，各材料供应商每天配送的材料集中到一起发货，且每天的业务量相对比较平稳，可以与第三方物流企业或者车队商定一个统一的单价。建议以常用的标准车型为单位报价，比如 4.2 米、6.8 米、9.6

米、12.5 米、16.5 米。每种车型的装载能力是相对固定的，在实际执行过程中，要根据每天的发货量匹配合适的车型。

另外，对于材料，建议采用带盘或者使用其他单元化的载具运输，这样装卸车效率高，也能减少散装运输过程中因为装卸车失误造成的货损。

每天的运输任务完成后，第三方物流企业根据各材料供应商的材料占据的空间，计算出相应的比例，各方只需按比例承担相应的运输费用。在拼载运输模式下，各材料供应商的单次运输费用较传统的包车运输费用会有明显下降。

2. 时效有保证

由于业务量相对稳定，第三方物流企业可以为此业务安排专门的运输车辆，每天定时发车。这可以避免临时从市场上找车无法及时找到，或者司机对运输路线不熟，影响运输时效的风险。

3. 客户体验好

拼载运输采用的每日"班车"模式，可以实现一站式服务，也就是将生产型企业当天所需的材料一次性配送到位，避免了各材料供应商安排配送时，因为某种材料未及时送到而导致的缺料风险。

对于生产型企业的收货人员而言，传统的收货方式比较碎片化，而一次性配送到位使他们可以集中一个时间段完成所有材料的收货。

对于材料供应商而言，除非生产型企业抽检材料时发现了品质问题，否则大部分情况下，配送和交货环节是不需要额外投入时间来协调沟通的。

对于生产型企业而言，与上游的材料供应商协同，通过整合仓储和运输环节的资源，不仅可以降低采购成本，也可以提升运作效率和服务质量。

8.3　内部协同

对于大型的生产型企业而言，由于组织结构复杂、部门众多，一级只对上一级负责，从而形成了"各人自扫门前雪，莫管他人瓦上霜"的局面。

各部门不对其他部门负责，企业内形成一个一个利益主体，这会造成企业内耗严重，运行效率低。

俗话说："一只蚂蚁来搬米，搬来搬去搬不起。两只蚂蚁来搬米，身体晃来又晃去。三只蚂蚁来搬米，轻轻抬着进洞里。""三只蚂蚁来搬米"之所以能"轻轻抬着进洞里"，正是内部团结协作的结果。

内部协同，就是生产型企业内部基于某个提升目标，针对计划、采购、生产、物流、销售等环节，以项目小组的形式进行跨部门协作，共同促进目标达成的过程。

8.3.1　仓配一体化模式下的"零交接"：使用技术手段控制过程，减少交接次数

货物从生产线下线到交付至消费者手中，需要经历多个环节，涉及供应链上不同的企业。为了明确责任，规避风险，保证货物在流转过程中的质量和安全，对货物进行交接是必要的步骤。

对于企业内部而言，如果仓储和运输分别由不同的部门来操作，为了明确货物流转过程中的责任，也要涉及交接，且每一次交接都需要投入人力和物力，环节越多，成本也越高。

1. 传统模式下的多次交接

传统模式下，为了避免末端交货时出现数量差异，影响订单的完整交付，同时也为了明确究竟是仓储环节还是运输环节出现了问题，在货物从提货仓库到达卸货仓库的过程中，至少存在两次货物的交接，具体如下。

整车运输中，提货仓库与运输司机交接，运输司机与收货仓库交接。

零担运输中，除了前面提到的两次交接，运输途中还涉及多次交接。比如，运输司机从仓库提货后，将货物运送至提货地站点，与站点人员交接；提货地站点人员往干线运输车辆上配载货物后，与干线运输司机交接；干线运输司机到达收货地站点，与站点人员交接；收货地站点安排好配送车辆后，与配送司机交接。

显然，零担运输过程比整车运输复杂得多，环节越多，发生货损或者数量差异的概率越大。本小节我们以整车运输为例进行介绍。

1）提货仓库与运输司机交接。运输部门按照订单量的大小安排合适的车辆，并将提货车辆的预约信息发送至提货仓库，提货仓库按照提货时间组织每个作业轮次的备货。提货车辆到达提货仓库，运输司机办理完登记手续后入库，将车辆停靠至相应的作业门。运输司机下车，进入提货仓库，与仓管员清点交接货物；确认无误后，仓管员安排装卸工装车。装车完毕，运输司机封车并驾驶车辆离开提货仓库。

2）运输司机与收货仓库交接。运输司机根据单据上的收货地址，按照规定的行驶路线，在预约卸货时间之前到达收货仓库，在保安室办理入库登记手续。卸货时，运输司机进入作业现场，与收货仓管员完成货物的交接，对于数量或者质量存在差异的地方进行确认。

流程中设计了交接的动作，那么在执行中一定是需要成本的。

如果临时从市场调车来完成运输任务，由于司机专注于车辆驾驶，比较疲劳，在装卸货时宁可少要点运费也要在驾驶室休息，而不愿意进入作业现场参与货物的交接。清点的动作肯定要执行，既然司机无法独立承担起责任，那就只能在两端安排运输现场协调员来对接此事。而增加人员，意味着增加成本。

即使有些司机同意交接，但由于对货物不熟悉，遇到品类比较多的情况，不仅清点速度慢，而且很多时候也清点不清楚。如果业务稳定，运输车辆和司机固定，让司机负责交接还有一定的可行性。

2. 协同模式下的一次交接

我们探讨的前提是仓配一体化，也就是仓储环节和运输环节是同一个操作主体，如果在末端交货时出现数量差异，不管是仓储环节还是运输环节的问题，都由仓配运营主体来埋单。

对发货环节和收货环节的交接进行优化，既能规避潜在的风险，还能在一定程度上实现成本的节约。沿着这个思路，我们对订单从指令下达至交付的整个过程进行拆解。

1）环节拆解

交货时出现数量差异，提货、运输、交货 3 个环节都有可能存在问题。比如，提货环节，发货仓库少发或者漏发；运输环节，司机或者其他人员从车上偷盗货物；交货环节，收货仓管员没有清点清楚，或者是卸货的装卸工堆码错误。

这 3 个环节中，要说哪些环节可以采取一些措施进行控制，一定是仓配运营主体能够主导的环节，即运输和仓储两大环节。

2）运输环节

对于运输环节，可以考虑使用一些合适的设备进行控制。比如，在驾驶室中安装全球定位系统（Global Positioning System，GPS）；装车完成后，对所有的车门用施封条施封，并挂上电子锁。如果没有到达运输系统内设定的目的地，电子锁就被打开，系统将直接报警；如果在某个地方停车超时，也会引发系统报警；到达目的地后，只有输入相应的密码才能开锁。

对运输环节进行控制，可以从一定程度上降低运输过程中货物被盗的风险。

3）仓储环节

有了运输环节的控制，仓储环节可以考虑与运输司机"零交接"。也就是在提货仓库，仓管员做完内部清点之后（核对拣货员放在备货区的货物），不再与运输司机针对备好的货物进行交接，而是直接安排装车。

末端交货时如果存在数量差异，排除收货仓库收货人员失误造成的误差，只要运输过程中的施封条、电子锁、车辆轨迹不存在异常，那么这个责任就由仓储环节来承担。

通过仓储与运输两个环节的协同，将原有的在提货仓库的一对一交接的方式，转化为"零交接"，使提货仓库所需的运输现场人员数量减少，然后辅以对运输过程的可视化、智能化控制，既能保证货物数量的准确性，又可以在一定程度上降低仓配一体化的运营成本。

8.3.2 订单履行不局限于单一仓库：工厂直运与合提、越库作业、跨仓发运

订单履行是指接受订单、处理订单、拣选货物、整合订单、运输配送、交付订单的全过程，包括对订单的物理操作和相应的信息处理。为了便于管理，生产型企业通常会设立区域分销中心，来负责下游区域内客户的订单履行。

当区域分销中心内某种货物的库存无法完全满足某个客户订单的需求时，是让客户等待仓库补货完成再发货，还是想别的办法？当某个客户的订单需求单一且其所需货物恰好是当地工厂生产的时，有没有更快捷省钱的满足方式？

1. 传统模式下，从区域分销中心发运货物

大型的生产型企业，尤其是快消品生产企业，货物品类多、覆盖面广，通常会在全国的核心城市建厂或者在靠近原材料的供货地建厂，同时也会在全国建立区域分销中心，由每个区域分销中心负责该区域所有客户的订单配送。

为了确保客户订单的一次性完整交付，区域分销中心通常会存储生产型企业旗下所有品类的货物。

1）收货

区域分销中心内存储的货物主要来自各地生产工厂，也有一部分货物来自其他区域分销中心。也就是计划人员根据订单的预测量，从生产工厂和区域分销中心往各个区域分销中心调货。

区域分销中心收货后，在 ERP 系统中，此部分调拨货物的库存会从生产工厂或者其他区域分销中心转移至收货区域分销中心。为了便于管理，系统人员会提前在 ERP 系统中为每个生产工厂和区域分销中心设定代码。

如果区域分销中心配备了 WMS，那么收到的货物也会在 WMS 中建立库存，且信息更加具体，包括货物的品名、代码、批次、数量、具体的排

位信息等。

2）发货

区域分销中心内发出的货物主要去往两个方向——客户配送和中转站，其中客户配送的占比更大。

每天客户下单后，计划人员按照客户的位置，安排从最近的区域分销中心发货。由于订单量大小不一，配置的车辆通常覆盖全系列车型。

中转站调拨与客户订单没有直接的关系，属于计划人员的主动控制行为。比如，某个品类的货物在某个区域的销量不及预期，导致区域分销中心内库存过大；而在其他区域，该货物的销量超出预期，造成区域分销中心内库存不足，计划人员会将一部分多余的库存调拨至需要的区域。

2.协同模式下的发货不再局限于区域分销中心

针对客户的订单，在实际履行过程中会存在一些特殊的情况。

比如，区域分销中心内某个品类货物的库存不够，而当地生产工厂又不生产该品类的货物，怎么办？显然，让客户等待也无法及时满足客户需求。

又如，客户下单的货物集中在某几个品类且订单量较大，恰好这几个品类的货物是当地生产工厂生产的。如果仍然按照过去的模式，从其成品库装车，然后短驳运输至区域分销中心，区域分销中心收货、上架，然后再下架、发货，不仅时效长，而且成本高。

对此，可以采用以下方法。

1）工厂直运与合提

传统意义上，生产工厂生产的货物是先进入其配套的成品库，然后再从成品库调往当地以及外地的区域分销中心的。工厂直运就是某个客户的订单不下到区域分销中心，而是下到生产工厂，直接从生产工厂的成品库备货并发运。

当某个客户下单的货物全都是当地生产工厂生产的货物，且恰好成品库有库存时，计划人员可以考虑将该订单的履行者由区域分销中心调整为当地的生产工厂。

当客户下单的货物中，大部分货物都属于当地生产工厂生产的货物，且恰好生产工厂的成品库有库存时，计划人员可以考虑该订单的履行由生产工厂和区域分销中心共同完成，即提货车辆既要去生产工厂还要去区域分销中心，在两个地方装车，这种形式叫合提。合提时需要做好运输途中的货物安全管理。

工厂直运与合提模式，省去了部分货物从生产工厂到区域分销中心的短驳运输，以及区域分销中心的卸货、上架、拣货等环节。环节的减少带来的是效率的提升以及仓储与运输成本的节约。

2）越库作业

越库作业指货物直接从收货"流动"到发货，越过上架、存储、拣货环节，直接进行发货。

如果生产工厂内的成品库兼具区域分销中心的功能，当遇到客户下单的货物全部或者大部分都是当地生产工厂生产的时，可以考虑采用越库作业。也就是部分货物的备货不是从区域分销中心的货架上取下来，而是直接将生产线上下来的货物取走。这种模式减少了上架、存储和拣货过程，不仅实现了成本节约，也提升了效率。

3）跨仓发运

跨仓发运就是某个客户的订单不下到当地区域分销中心，而是下到其他区域分销中心，直接由临近的区域分销中心备货并发运。

跨仓发运通常是客户下单的货物中，大部分货物在当地区域分销中心没有库存或者库存不够，生产型企业为了及时满足客户需求所采用的应急发货模式。

在上述情况中，如果仍然按照传统模式，即从其他区域分销中心调拨一部分货物至当地区域分销中心，然后再由当地区域分销中心发货来满足客户需求，所需要的时间较长，客户可能会等不及，从而影响订单满足率。

跨仓发运较传统模式节省了大量的时间，尽管运输成本有所增加，但整体来看，其费用未必比传统模式高。

8.4 下游协同

生产型企业的下游是经销商和零售商。对于生产型企业而言，现阶段的市场已经不再是卖方市场，近几年的客户订单呈现以下特点：从过去的大批量、低频率逐渐向小批量、高频率转变；部分货物要求定制化生产，在规格、包装、分销商品牌标志等方面与其他同类货物要有区别；对厂家的供货价格及服务更加敏感……

接下来将着重介绍"以客户为中心持续创造价值"。

8.4.1 单元化运输：时效、成本、可视化

客户的订单呈现小批量、高频率的趋势，当单次的下单量不够装满整车时，按照传统的思路，有以下两种解决方案。

第一种，匹配合适的车型，也就是使用比以往车厢尺寸更小的标准车型，提货后直接送达客户处；第二种，采用零担运输方式，将货物先提至发货地的零担站点，然后将其与其他客户的货物拼载，通过干线运输至收货地的零担站点，再对货物进行分拨，安排车辆将货物配送至末端客户处。

采用小型车辆整车直送的模式，无论是运输时效还是客户体验，与以往的模式都没有明显的区别，但是在长距离的配送中，这种模式的单位成本更高。

采用零担运输方式，虽然运输成本较以往的整车运输方式持平或者略有下降，但是多次装车、卸车很容易产生货损或者数量上的差异。同时，操作环节的增多使得运输时间更长，客户体验也会受到影响。

面对客户订单的变化，生产型企业必须想办法满足客户需求，怎么办？建议考虑单元化运输方式。

对于区域分销中心而言，单元化运输就是先将货物按约定的包装单位

（如箱或者袋）装载到物流单元中，然后再把物流单元装载至提货车辆上，以单元化的载具进行运输并交付。关于单元化运输，运联智库曾发布过这样一篇文章。

单元化运输，是指在物流运输中将需要运送的零散货物，使用方便装卸的标准化、规格化包装或装载工具打包成少数标准的货物单元，并在运输过程中保持此种状态至目的地的一种货物运输方式。

现阶段主要是运用托盘、周转箱、笼车、小型非标集装箱等装载工具来实现货运的单元化。其中，托盘、周转箱、笼车一般是放在厢式货车内的，而小型非标集装箱略有不同，它有大小之分，可直接放在平板车之上作为外置运输单元。

单元化运输将货物与标准化的装载工具、机械化的装卸工具、规格化的运输工具有机地结合在一起，在提升货运效率、降低整体成本等方面有一定的优势，但也仍存在以下缺陷。

第一，装载工具必然存在一定的重量和体积，在车辆载重和空间有限的情况下，亏重、亏方就是严重浪费；第二，单元化必须使用配套的机械设备和适配的运输车辆，这就要求物流企业加大资产投入，走重资产模式，会加剧企业的资金压力；第三，单元化对单票货量以及货物的重量、尺寸有一定的限制，需要精准的客户定位。

是否采用单元化运输来应对客户订单的"碎片化"，需要企业权衡其中的利弊，做出适合自己的选择。

8.4.2 经销商向上游协同，深度参与供应链其他环节："一盘货"解决方案

随着互联网的兴起，电商发展迅速，京东和阿里巴巴成了电商领域的巨头。京东旗下的京东超市和阿里巴巴旗下的天猫超市，也成了众多生产型企业争相合作的经销商。

京东和阿里巴巴近些年也开始与上游的生产型企业协同，深度参与供

应链的各个环节，比如金融、仓储、运输、信息系统等，帮助生产型企业优化提升。

以京东为例，其旗下的京东物流运用服务京东商城时积累的经验和技术，开始面向市场，为上游的生产型企业提供仓储及运输服务，为客户带去了良好的体验及成本的节约。

现在家电销售渠道很多，当初厂家自己送货时，因为渠道分散，要把货物送往不同的仓库，而每个仓库的收货标准都不一样，所以沟通成本高、入仓时效慢，容易延误市场销售。另外，多渠道分别备货增加了运营成本，提升了管理难度。

我国是家用电器的消费大国。据统计，2021 年全国家电行业全品类累计销售额为 7603 亿元，同比增长 3.48%。旺盛的市场需求对品牌商来说意味着机遇。但有的品牌商因为供应链系统不畅，不仅错失良机，还额外付出了很多成本。比如在仓配环节就有很多让品牌商头疼的问题，而对于大件家电来说难题更多。

针对大件家电遇到的难题，京东物流从模式和技术两方面进行创新，基于深耕家电行业多年的积累，推出"一盘货"解决方案，帮助品牌商畅通仓配环节，实现降本增效。

第 3 部分
个体修炼篇

运营管理阶段是一个漫长的过程，除非丢掉了生意，否则仓储业务将会持续地运营下去。个人成长和业务发展，是相辅相成的关系，业务发展给员工创造了更多的职业机会，而个人成长又促进了业务的不断发展。想要在职场上有所成就，除了提升专业能力之外，还要提升你的软技能。专业能力能让你立身，而软技能却能让你更进一步。

第 3 部分，着重为你介绍职业发展的软技能提升攻略——自我成长、向上管理、客户关系、表达能力。只有掌握这些软技能，才能够让我们在职场中走得更远。

第 9 章

▼

自我成长

成长，是自己的事。"我"是成长的主体，除了"我"之外，没有人可以替代"我"完成或者实现成长。

在个人成长过程中，无论外界环境如何变化，发挥决定性作用的始终是我们自己，除了自己，没有人可以强迫我们放弃成长。无论处于人生的何种阶段，我们都肩负着成长的使命，成长是一辈子的事。

成长吧，变成自己想要的样子！

本章我们沿着个人职业发展的脉络，从基层比较有代表性的操作岗位——仓管员谈起，到介绍基层管理岗位——新晋仓库主管、资深仓库主管，以及中层管理岗位——仓库经理，为你拆解在职业发展的不同阶段所要面临的问题，并探讨如何突破瓶颈。

9

9.1 基层岗位

仓管员作为仓库管理中的基层操作岗位，需求量大，招聘门槛相对较低。仓管员不需要具备特殊的技能，只要综合素质没有问题，基本上就能胜任该岗位。

在仓管员的岗位上，有的人干了不到一年就离职了，也有的人一干就是好几年。做仓库管理工作久了，你会阶段性地陷入迷茫，自问："为什么我干了好几年，企业还是不提拔我？"

9.1.1 岗责：收货、发货与在库管理

仓管员，又叫仓库管理员，其工作主要是围绕仓库的收货、发货与在库管理来开展的。通常情况下，仓管员在一个相对固定的库区，跟其他几个同事一起负责该区域的收货、发货与在库管理。

下面以笔者初入职场，在一个大型的合同物流仓库（存储的货物是日化类的快消品）做仓管员时的工作内容为例进行讲解。

1. 收货

仓管员在接到卸货车辆入库通知后，告知司机停靠到哪个卸货门，同时准备空的托盘、缠绕膜，放到指定的卸货门两侧。仓管员准备好终端设备、条形码、中性笔，等待司机。司机驾驶车辆到达后，将进仓单（收货凭证）以及其他的单据一并交给仓管员。仓管员检查其车辆施封条（亲眼盯着司机将施封条拆下，确保施封条未被破坏），核实车牌号是否跟进仓单上的一致；确认无误后，安排司机将楔块放置于车轮前方/后方，防止卸车时发生溜车。

仓管员组织装卸工按照货物的堆码标准进行卸货，每个托盘上只码放同代码、同批次的货物，最外侧货物的代码、批次号朝外。仓管员在完成

实物清点后，要在 WMS 中同步完成收货；在每个托盘上贴一个条形码，扫描条形码后，输入货物的代码、批次、数量等信息；组织叉车司机将货物从暂存区转移至系统提示的排位上。对于收货中发现的异常，比如货物短少、外箱破损、箱内货物残损、混代码、混批次等情况，仓管员首先要核实自己的操作是否有问题，其次要上报直属上级。

收货完成后，仓管员在进仓单上签字。如果有异常，需要在备注栏内说明，同时要求司机签字确认。

2. 发货

每天客户下单后，承运商基于客户的 OTD 要求，与仓库调度人员预约提货时间。拣货班长组织拣货员拣取"按箱拣货"的订单，叉车班长组织叉车司机拣取"整盘货物"的订单，仓管员对备货区的货物进行清点。

提货车辆到达指定的装车作业门以后，仓管员首先要对提货车辆进行检查，比如车厢的密封性、车厢内是否有异味、车厢底板是否平整、车厢四周是否有尖锐物等。车辆检查合格后，仓管员安排司机对所要提取的货物进行清点，并与司机完成交接。确认无误后，仓管员在备货清单上签字确认。

仓管员组织装卸工装车，如果一辆车中有多个客户的货物，先卸车的货物要最后装车；同时，不同客户的货物之间要做物理隔离，防止卸货时影响交付效率。装车过程中做到重不压轻、大不压小，尽量压茬进行，防止货物在运输过程中因为不稳定发生倒塌而造成货损。

3. 在库管理

对于在库管理，仓管员要做到以下 3 点：第一，严把入库关，保证入库货物的准确性；第二，严把出库关，保证出库货物的准确性（仓管员把的是第一道关和最后一道关，其重要性不言而喻）；第三，货物的在库管理，这就涉及仓库内部的管理了。

想要确保库存的准确性，最好进行复核。比如，拣货员和叉车司机在备货时，都会对取货排位上剩余的货物进行盘点，而仓管员的清点实际上就是复核，这就相当于有了双保险。有一些大型仓库，还会特别安排一个全职的盘点员来负责货物盘点，这也是保证库存准确的一个重要手段。

9.1.2 痛点：那些难以言说的槽点

前面所提及的仓管员的工作内容，因仓库所处的供应链的节点不同，会存在一些差别，这在所难免。

不过，仓库的基础功能都是一样的（收、存、发），仓管员对工作的感受也是相似的。

1. 工作环境差

几乎每一个大学毕业生都梦想着自己将来在市中心"高大上"的写字楼里工作，穿职业套装，跟客户谈笑风生，累的时候坐在茶水间的窗边，一边喝着咖啡，一边欣赏远方的美景。

可是，对于物流专业的毕业生，尤其是进入仓储物流领域的毕业生而言，这简直是一种奢望。我们期盼的"高大上"的写字楼变成了远离市中心、周边缺少生活配套设施的物流仓库。职业套装是"丑得不能再丑"的工作服，还有一双笨重的防砸鞋。累的时候，去趟厕所就是最好的放松。更别提什么风景了，在仓库里待着，想看看蓝天白云都难。在普货仓库上班，有一种冷，叫作仓库里面和外面一样冷；有一种热，叫作汗流浃背。

2. 生活太枯燥

因为物流仓库经常会有大货车进出，所以其通常会被放到工业园区中。工业园区的生活配套设施自然比不了商业区或者居住区，有些物流企业不得不在园区内单独建一个生活区，为员工提供住宿和食堂。

笔者初入职场是 2006 年，那时的网络还不太发达，手机信号不太好。下班以后，大多数人都是待在宿舍里玩游戏，为了增加乐趣，往脸上贴纸条或者做俯卧撑是常有的惩罚措施。

3. 倒班很辛苦

大部分仓库是 7×24 小时作业，所以一般会设置两个班组，轮流上一周白班、一周夜班。仓管员几乎没有正常的周末，周一至周五会有一天轮休，周末倒班的时候也有一天的休息时间，但周末双休往往是奢望。

最难熬的要数上夜班了，因为上夜班的时候你不能像平时那样躺下来休息，而是需要不停地清点货物、发货。不太忙的时候，也只能趴在办公桌上小憩。

4. 工作多重复

仓管员的工作没有太多的新意，几乎每天都是重复的收发货操作。短则半年，长则一年，仓管员就能把所有的工作内容熟练掌握了。

所以，如果长期待在这个岗位上，后面的那几年基本上都是在复制第一年的工作经验，然后不断地粘贴。

5. 视野难以拓宽

仓管员的活动范围就局限在园区内，经常打交道的人就是叉车司机、拣货员、仓库调度人员、系统文员、运输现场协调员、货车司机等，很少有机会去了解外面的世界。

针对仓管员的培训也基本是业务技能方面的，往往是在 SOP 修改以后组织一次。其他的培训则零零散散的，比如安全培训、质量培训、制度更新培训等。

6. 上升空间小

仓管员的上升空间小，这得从两个方面来说：一方面是晋升的机会少，很难有仓库主管岗位的空缺；另一方面是仓管员人数较多，即使有晋升的机会，竞争也比较激烈，很难做到"一击必中"。

7. 对象太难找

在找对象上，有些人会选择"内部消化"，毕竟在一起工作，抬头不见低头见，大家对彼此都有所了解。但是如果内部没有合适的，到外面找，就会有些麻烦了。

长期扎根在仓库的人，往往不太擅长交际，物流同行对此都能理解。但是，你跟别人交往的时候，别人能理解你吗？未必。

还有的人之所以找不到对象，是因为平时忙了一天下班以后只想回去睡觉，即使到了周末，也只想好好放松放松，于是就忽略了这件事……

9.1.3 破局：接受现实、主动分担、清晰定位、制订计划

看完以上内容的你，是不是有点绝望了？希望那些即将成为仓管员或者当下就在仓管员岗位上工作的朋友不要被吓到。

笔者初入职场时也是一名仓管员，后来陆续做过组长、主管助理、仓库主管、仓库副经理……成长是一个过程，不要总抱怨自己的起点低，只要方向正确，你努力走过的路，每一步都算数。

1. 接受现实

写这些文字没有别的目的，只是想告诉你，仓管员的工作真的很锻炼人。所以，请不要轻易到你的主管或者经理面前，发出质疑的声音："为什么我干了好几年，你也不提拔我？"记住，企业不会提拔那些只有苦劳而没有功劳的人。作为仓管员，如果我们想要继续在仓库中工作，而且有所成就，该怎么办？

2. 主动为直属上级分担

仓管员有时候把自己的"账"算得太清楚了，职责内的事情做，职责外的坚决不做，多干一点，就觉得自己非常吃亏；在主管安排工作任务的时候，稍微觉得有点不公平，就与主管口角甚至产生肢体冲突。

前面说过，针对仓管员的培训不多，想要提升自己的能力，可以选择看书、学习一些课程，但最好的办法是给你的主管帮忙。你支持他的工作，相应地，他也会对你有个好的印象。

当你帮他完成一些超出自己能力范围的任务时，他是不是得抽时间指导你怎么去做？那么，你是不是就掌握一些新的技能了呢？当下次再有此类任务的时候，你的主管一定会优先想到你，因为这事儿交给你办，他放心。

有了信任基础以后，主管很有可能在工作中给你安排辅助他的工作的事情，那么，你是不是慢慢就掌握了一些主管岗位的技能了呢？

一旦他的工作发生变动，比如说晋升，需要有人来填补空缺时，你觉得他会第一个想到别人吗？不会的，一定是想到你的概率最大！因为选择你不需要进行太多的培训，你就能尽快上手，把业务稳定住。

3.清晰的职业定位

为什么要定位？因为你的定位决定着你的未来。当你有了清晰的定位以后，你才知道自己下一步该怎么做。

假设你是仓库主管，那么在实际的工作中，你就要以主管的身份来要求自己，这样你对同事就会有更多的爱了。比如，当你的同事比较忙，而你在休息的时候，仓管员的身份会给你一个"不要帮他"的信号，而主管的身份就会提醒你"主动上去帮忙"。

这样，你的同事会不会对你刮目相看呢？你帮助过的同事越多，将来你在竞聘的时候，是不是就有越多的人支持了呢？

4.制订提升计划

职业规划的逻辑也很简单，假设你的目标是仓库主管岗位，那你就要把该岗位的岗位技能说明书拿出来，然后把自己现在岗位的岗位技能说明书拿出来，逐条对照，找出这两个岗位的差距，制订提升计划，有针对性地缩小差距。

缩小能力差距，就要更多地实践。每天进步一点点，将来才会有大改变。

如果你做到了上面 4 点，现在再想一想：

你主动帮助主管分担一些工作，让主管信任你、辅导你，你就多了一种力量——领导拉力；

你主动帮助同事，有了更多的人支持，你就多了一种力量——群众推力；

你本身在努力地按照职业规划提升自己的技能，你自身就多了一种力量——自驱力；

后面的情景，不用笔者再给你描述了吧，晋升是大概率的事儿！

9.2 新晋仓库主管

你在基层岗位上努力付出，如今终于梦想成真，从仓管员或者其他基层岗位晋升至仓库主管了。

一些新晋仓库主管总想快点干出业绩来，给举荐自己的领导看看，以证明他们当初的决策是多么英明。

但事实上，上任初期，你会发现各项工作开展起来并不像预期的那样顺利，甚至是处处碰壁，有时候忙得晕头转向，但收效甚微。你时常陷入迷茫之中，对很多事情都想不通，有时甚至会怀疑自己的能力。

9.2.1 困惑：为什么我怎么做都无法快速赢得昔日"兄弟姐妹"的支持

作为一个心怀远大抱负的有志青年，你当然希望在新的岗位上尽快上手，带领同事们干出一番业绩。

但是，在实际的工作中，你可能会发现那些一起共事的"兄弟姐妹"跟自己有了距离感。对于你交代下去的很多事情，他们要么一直拖延，要么随便完成。你试图用自己的方法去赢得他们的支持，但总是事与愿违。

1. 基层员工不配合

绝大部分基层管理者都是从一线操作岗位提拔上来的，当你转身变成了管理者，要管理那些曾经与自己平起平坐的同事，安抚他们，哪有那么容易？

面对这样的处境，一些新晋仓库主管心想，既然调动不了，那干脆就不费那个劲儿了。要想干出点成绩，唯一的办法只能是凡事亲力亲为了。

2. 亲力亲为难"感化"

这些新晋仓库主管之所以亲力亲为，一方面是他们多年的工作习惯使然，他们认为自己以前就是这么做才有今天的，现在压力更大了，不得更加勤奋吗？另一方面，他们想通过卖力工作去"感化"那些下属，祈祷他们良心发现，为自己分忧解难。

于是，很容易出现的一种状况是，新晋仓库主管每天恨不得工作 18 个小时，他们每天的日程表都排得满满当当的。而他们的下属却不知该干些什么，要么在岗位上混时间，要么没有任何创造性地做点重复的工作。

新晋仓库主管原以为的用实际行动"感化"下属，完全是他们一厢情愿。

下属们的想法是：你当领导后，你的收入增加了，那你就该多干点儿，这跟我们有什么关系？

9.2.2　拆招：带团队做事和自己一个人做事，不是一种打法

美国学者劳伦斯·彼得经过多年调查研究之后，发现一个颠覆传统思想的"彼得原理"：在层级组织中，员工倾向于晋升到自身不能胜任的岗位，其结果是，企业中的每个岗位终将由不能胜任的员工占据。

作为新晋仓库主管，以前自己一个人干得好和现在担任管理者后带领团队干得好，完全是两码事儿。尽管新晋仓库主管在上任前或许接受了任职资格培训，但处理起管理事务来，还是会存在摸不着头脑的情况。

新晋仓库主管最大的认知错误在于希望"速成"，希望上任后就烧起"三把火"，从而忽视事物发展的规律——很多事情都是需要循序渐进地往前推动的。如果有空，你可以对比一下主管岗位和你以前所在岗位的岗位技能说明书，你会发现这两个岗位对任职人员的要求的差别还是挺大的。试图通过一次任职资格培训就掌握所有的技能，这是很不成熟的表现。

"知识"能学到，而"技能"只能习得。知识的学习是瞬间的，但技能的习得却要经历一个漫长的过程，需要不断地去练习。

另外，对于下属们的表现，新晋仓库主管要给予更多的理解，把所有的误解交给时间。毕竟，他们不是不认可你本人，只是不认可你新的身份。

所以，工作中依然要做好自己的本职工作，公平对待每一个下属，不

刻意照顾那些以前走得近的人；工作外不摆架子，要像以前那样，跟下属打成一片。

9.2.3 策略：提升 4 种技能，改善 3 种关系

在基层操作岗位上，你可以靠熟练的技能胜任工作。但是到了仓库主管岗位，靠单打独斗显然已经行不通。如果所有的事情都自己做，你根本忙不过来。所以，你不仅要做好自己，还要带好团队。

在职场中，影响新晋仓库主管成长的因素主要有两个方面：一方面是工作技能，一方面是人际关系。做好这两方面，大概率就能有不错的发展。

1. 提升 4 种技能

当自己的技能不太能胜任工作时，你就会感到困难重重、特别吃力，时间一久，就会对自己失去信心，甚至会逃避工作。要想解决这一问题，方法有很多，比如向前辈虚心请教、阅读专业的书籍、参加一些技能提升培训等。除了学习之外，以下软技巧可供参考。

1）优化事件

当你有很多工作要处理的时候，建议列出待办事项，将待办事项根据重要性和紧急程度进行排序，弄清楚主要矛盾和次要矛盾，集中精力解决主要矛盾。优先做重要紧急的，其次做紧急不重要的，然后做重要不紧急的，最后做不重要又不紧急的。

2）管理情绪

在工作中碰到一些影响情绪的事时，你必须学会管理自己的情绪，而不是一味地沉浸在消极情绪中无法自拔。通过自我调控，将更多的时间用于处理问题。另外，不要把太多的时间和注意力放在自己身上，解决问题才是关键。

3）借用资源

当你遇到自己无法解决的问题时，要看看身边有没有可以借用的资源，向那些比你能力强的人请教。三个臭皮匠赛过诸葛亮，这句话还是有一定

的指导意义的。当然，对于那些可以轻松解决的问题，在你精力有限时，可以借用资源放权给下属做。

4）学会授权

准确判断下属的工作能力如何，性格怎样，为人处世的方式和追求是什么，对你的命令是否服从，等等。只有了解了这些，你才能准确地为他们分配工作，对他们进行有效授权，才能知道他们是否能够有效完成工作。把一项比较重要的工作交给一个粗心的下属，把一项紧急的工作交给一个拖拉的下属，就属于对下属能力的判断存在问题。

2. 改善 3 种关系

工作中有 3 类人，一类是你的下属，一类是你的平级同事，还有一类是你的领导，你要交往的也是这 3 类人。处理好人际关系，将会推动工作的进展；但如果处理不当，就会使自己陷入被动局面。

1）跟下属的关系处理

下属尊重领导，最初往往是因为领导职级更高，所以在日常工作中，领导要多关心下属，不要等下属提出问题了才帮他解决，那样会让下属觉得这是他争取来的；当下属犯错的时候应该给予其改正的机会，及时提出批评，并且给出建议；当下属做出了成绩或者工作有进步的时候，要多鼓励和肯定；做好榜样，"己所不欲，勿施于人"。

2）跟平级同事的关系处理

你要准确判断平级同事所负责的工作与你的工作是什么关系，了解他的性格和为人处世方式等。平级同事之间常常会出现僵持不下、谁都不服谁的情况。对此，建议从以下几方面着手：先从自身找问题，切忌出现问题就相互推诿；主动配合平级同事的工作，不管自己的能力怎么样，态度一定要好；切忌用领导来压人，告状的事情尽量别做。

3）跟领导的关系处理

首先，要尊重领导，能做你领导的人肯定在某些方面比你强。领导在批评你的时候千万不要跟他对着干，因为他其实是在帮你。批评你不可怕，可怕的是他对你失望至极，连批评你都觉得没必要了。

其次，对于领导布置的任务，要多做请示和汇报，不要觉得找他是在给他找麻烦，也不要总自以为是地去做事。

最后，判断他的领导思路和战略是什么，你的工作思路是否与他的一致。你要努力使自己的工作思路与领导的思路一致，要很好地把握他的领导方式。如果你没有能力改变他，就必须努力去适应他的领导方式，让他重视你的工作，这样你才能真正做到事半功倍。

9.3 资深仓库主管

随着时间的流逝，你已经褪去了新晋仓库主管身上的那种"青涩感"，在各方面都变得更加成熟，成了资深仓库主管。

那么，可否请你思考一下，在过去的一年或者几个月中，你觉得自己有成长吗？如果有，你主动花了多少时间让自己成长？你成长了多少？

如果你觉得上面的问题有点不太好回答，咱们换个更直接一些的问题：你有没有感觉在仓库里快待"废"了？"废"的最突出的表现就是感觉不到自己成长，甚至是觉得自己昏昏沉沉的，没有了以前的冲劲。

仔细回顾下做仓库主管的这段日子，你或许会有这样的感觉：真的没闲着，有的时候还要加班，每天都很忙，但内心却有些许不安和焦虑。

说实话，笔者理解大家的这种感觉，也很理解仓库主管的不易，因为这个岗位真的很忙！

9.3.1 心酸：天天忙得晕头转向，哪有时间成长

说到仓库主管的忙碌，从这个岗位的职责上就可以看出一二：

负责相关运作流程的编写、回顾、优化和培训；

负责仓库收发货作业的协调、安排；

负责运作现场人员和设备的安全；

负责质量管理所需的各项工作的落实，对发生的质量事件和质量事故进行调查和整改落实；

负责库存的准确性，以及库存问题的调查和整改落实；

负责完成客户以及企业规定的各项 KPI 指标；

具备与客户沟通的能力，及时、快速向客户反馈所需的信息；

负责与承运商进行日常运作协调，以及异常问题的沟通解决；

负责完成上级领导安排的其他任务；

负责协调解决下属遇到的各种异常问题；

…………

看到了吗？仓库主管的"忙"，简直是全方位的。

1. 处理各种事

仓库主管最基本的工作任务就是组织人员，在保证一定效率的基础上完成收发货作业。

要完成货物的正常收发，就需要相应的物流资源——人员和设备。大型仓库中的操作人员少则几十人，多则上百人，而且工种很多，比如仓管员、拣货员、叉车司机、仓库调度人员、盘点员、装卸工等。

人不同于机器，有想法、有情绪，在作业过程中难免会出现一些错误。作为仓库的负责人，任何一个人的错误都会在仓库主管的绩效考核表上反映出来。

想要保证正常的运作效率，仓库主管除了需要让下属少犯错之外，还要兼顾人员安全、设备操作安全、作业质量符合标准要求。

国家下达的安全相关的文件就要求，贯彻"安全生产，预防为主"的方针，坚持"管生产必须管安全"的原则，组织安全生产。仓库主管自然要遵守相应要求。

仓库的安全事件每年都在发生，有的安全事件甚至达到安全事故的高度，这可能直接就断送了仓库主管的职业生涯。

2. 对接各种人

除了要管理好日常的业务运作之外，客户想要了解的信息、上级领导临时安排的任务、其他职能部门下达的指令等，最终都需要仓库主管来对接。几乎无论谁的指令，仓库主管都得听！

笔者在做仓库主管那段时间，仓库是 7 × 24 小时运作的，仓库人员每天都是两班倒。夜班很熬人，但相对而言却是我最喜欢上的，不是因为别的，纯粹是因为夜班期间杂事少，耳根清净。

除了运作管理之外，笔者上夜班时可以有时间思考如何把团队带好，如何提高运作效率，等等；而在白天却很难做到这一点，有时候忙得连喝水或者上厕所的时间都没有。

仓库主管既要处理各种事，又要对接各种人，可谓是又忙又累，压力还大。

如果这么看，仓库主管没有时间成长，好像也情有可原。不过，你再认真想一想，这是你想要维持的状态吗？

9.3.2 借口：不要用战术上的勤奋，掩盖战略上的懒惰

在职场中，笔者相信，任何一个仓库主管，都梦想着几年后能够顺利晋升到更高的岗位，比如仓库经理或者项目经理。但资深仓库主管会发现这样一个问题，那就是在这个岗位上很难晋升。

晋升确实不是一件容易的事，不过我们先不着急分析原因，而是想一想，在仓库主管岗位上的这几年，我们都做了些什么？

晋升为仓库主管之前，我们是单打独斗的，是某个岗位上的技能标兵，管好自己就可以。而仓库主管除了管好自己以外，更要把大量的时间花在班组人员的管理上；仓库主管管理的事务更加复杂，而且涉及平行部门之间的工作对接，这也需要时间……

在新手期，仓库主管的工作量很大，没有时间放松，适应这一岗位后才渐渐会有空闲时间。基于人类喜欢舒服的天性，仓库主管会想办法让自

己放松一些，降低每天的工作强度。于是，每天上班期间抽时间刷一下朋友圈、跟同事聊天等，下班以后刷刷抖音或者玩几把手机游戏，基本上就成了常态。

很多资深仓库主管认为，自己只要在这个岗位上耗着，将来一定有机会晋升为仓库经理，真的是这样吗？

我们知道影响晋升的因素有很多，比如经理岗位什么时候有空缺。这类因素我们无法控制，但我们可以控制自己。当出现岗位空缺的时候，是否能抓住机会晋升，要看自己的能力是否能够达到仓库经理岗位的要求。

往往在机会来临的时候，仓库主管就有点慌乱了，这是为什么呢？

因为过去一直忙于处理事务性工作以及人际关系，仓库主管根本没有为未来晋升为仓库经理做太多的铺垫和积累。

因此，仓库主管想要晋升，想要实现目标，绝对不能拿"忙"来当挡箭牌，也不要拿"勤奋"当借口，以为只要自己没有闲着，就是成长了。

9.3.3 蜕变：只有不断地输入和输出，才能保持竞争力

你若是在一两年里都忙到没时间成长，你最终会习惯不再成长的状态。时间长了，你就会丧失成长的能力。

渐渐地，你认识到目前的个人成长状态很危险，想要保住自己的职位或者继续往更高的职位发展，你必须做出改变。但是，怎么改变？你有点不知所措。

1. 应对成长的边际效用递减

有的朋友可能要说，每天遇到的运作中的各种问题，解决问题的过程就是一种成长。

说得太对了，这确实是一种成长，尤其是对于新晋升到主管岗位上的人而言。但是，大家有没有想过，过去的每一天你解决的都是不一样的问题吗？

如果你对这个问题的答案是肯定的，那么，笔者敢肯定地说，你是一个不称职的仓库主管。大部分人会说不是。在笔者看来，做了一年的仓库主管后，对仓库管理中的问题应该轻车熟路了，而且随着工作经验的不断积累、制度流程的不断优化和完善，难以解决的问题应该会越来越少。

经济学上有一个边际效用递减的规律。效用，即满足程度使人神经的兴奋，外部给一个刺激（即消费某种物品带来刺激，如吃面包刺激胃），人的神经兴奋就会有满足感（产生效用）。随着同样刺激的反复进行（连续消费同一种物品），满足感就会减弱（边际效用递减）。

回归仓库管理中，随着仓库主管工作年限的增长，纯粹依靠解决工作中出现的问题来让自己成长，成长速度会越来越慢，收获也会越来越小。也就是说，如果仓库主管只是从工作过程中学习，那么这种单一的学习方式对成长的贡献会越来越小。

这就能解释，为什么很多人觉得自己每天都很忙，却没有太大的进步了。你基本上都在复制粘贴在第一年工作中积累下来的经验。

2. 预留时间，多渠道学习，形成知识体系并践行

想要成长，必须给自己预留时间，那怎么从事务性的工作中解脱呢？

1）制度管人

通常情况下，企业都会有各种各样的制度，但显然，这些制度比较原则化，无法具体约束仓库人员的行为，怎么办？仓库主管就要依据企业的制度来制定仓库管理的各项规则，明确哪些事情可以做，哪些事情不能做，触犯规则就要承担相应的责任，比如一定的经济处罚。

2）流程管事

稍微有点规模的仓库都会有一份 SOP，它的功能在于，告诉每个人每一项收发货作业该如何操作。SOP 要放到运作一线，一线人员遇到任何问题都应该能在 SOP 中找到答案。对于运作过程中发生的普遍性问题，在制定了整改措施并落实后，要及时体现在 SOP 中。

3）时间管理

最简单的时间管理方法是，将手头的事务按照重要性和紧急程度进行分类。重要且紧急的要优先做，自己来；不重要且紧急的，可以考虑授权给下属做，然后做好监督。

笔者做仓库主管时，上班后通常会在笔记本上将当天的工作事项列出来，然后排序。如果有新的任务，就补充上去；如果授权给下属做，就在对应事项后面注明具体人员，每做完一项就划掉一项。

有了上面的准备，仓库主管就可以给自己留出学习的时间了。

4）学习与实践

学习的渠道其实有很多，比如网络课程；或者关注一些物流行业的公众号，这些平台每天都会发送一些原创文章。虽然无法走出去增长见识，但阅读文章也可以获得一定的成长。

学和做是两个概念，学到只代表知道了，但做不做、做得好不好、做得是否深入，才真正影响你的成长效果。想要成长，除了丰富自己的知识体系之外，更要进行大量的实践，因为只有实践才能把学到的知识内化为自己的本事！

成长这件事，一定是贯穿整个职业生涯的，甚至是一辈子的事。任何时候都不能让自己忙到连成长的时间都没有，你现在再强，如果是停滞的，也会很快被别人淘汰，因为别人一直在成长！

9.4　仓库经理

你的努力让你再次获得了晋升的机会，从仓库主管晋升为仓库经理。

晋升为仓库经理后，或许你还沉浸在晋升的喜悦之中，但很快就会被现实给予沉重的一击，因为你会突然发现，在这个岗位上，以前做仓库主管积累的那些经验有点不好使了。这个岗位更强调管理能力、人际关系处理能力、沟通能力等。

以前掌握的那套工作技能，有点相形见绌。

如何在仓库经理岗位上，把身边的普通员工变成干将？如何培养善于解决问题的人，而不是自己去解决所有的问题呢？

接下来分享给大家一个"管理魔方"，这个魔方的每一个面代表管理过程中的一个视角。

9.4.1 引导：事前的一次正确引导和强化，好过频繁试错后的批评指正

当下属把事情做正确、做好的时候，一些仓库经理的反应是"正常的，应该的"；而当下属做错事情的时候，一些仓库经理就大发雷霆，立刻站出来指责，这会导致和下属的关系破裂。

我们既然能晋升到经理岗位，一定是有一些特质符合这个岗位的需求的，比如工作技能、人际关系处理能力、管理能力等。那么，我们在带团队的过程中就要多去引导下属，告诉他们如何做是对的，而不是时刻盯着他们什么时候犯错，然后充分地施展自己的权力，去证明自己多聪明、多能干，在下属面前表现自己的优越感，这种行为非常不明智。

9.4.2 兴趣："胡萝卜加大棒"和"画饼"已经过时，关注员工的兴趣并善加引导

如果作为经理的你是"80后"，一定遇到过"90后"的员工难管理的问题，觉得他们太自我。其实，你之所以看不惯他们的各种行为，可能是因为你太没有自我了。

对于"90后"，"胡萝卜加大棒""画饼"等传统套路已经过时了。他们的想法是"我喜欢，才愿意努力"。因此，在招"90后"的时候一定要意识到，他喜不喜欢这份工作会影响他未来离不离职。笔者几乎没有看到"90后"不喜欢一份工作还能把工作做得特漂亮的。

"80后"属于顺从的，即使不喜欢也会干，"90后"不喜欢就很可能

不干了，所以他们的兴趣决定工作认真度。

在"90 后"对于职业发展关键要素的排序中，第一是符合个人兴趣爱好，第二是福利待遇，第三是稳定的工作环境，第四是发展空间。这跟"80后"不同，对"80 后"而言，兴趣爱好绝对不是排在第一的，基本上是福利待遇、发展空间排名靠前。

对于部分"80 后"来说，就业的时候最讨厌的一件事情就是与领导同龄，觉得这样没有上升空间。但是"90 后"对此根本不在意，他们认为领导比自己懂得多就可以了，自己把东西学了就行，其他的不重要。

9.4.3 聚焦：构建可能的解决方案，而非挖掘问题背后的原因和责任人

大多数经理在所负责的领域已经有比较深的研究了，也算是半个专家了。所以在遇到问题的时候，通常是立刻启动问题导向模式，通过各种分析告诉下属如何去解决问题。

然而，我们都知道，当一个人吩咐他人要怎么做的时候，他人通常倾向于逆反。强势的建议往往会招致下属为工作进行不下去找这样的理由："如果你坚持，那我就反对。"当然，做经理的也可以继续指责他人没有根据指示积极响应，但是这不会有什么效果。相反，这只会让他人变得沮丧、压抑、毫无斗志。

问题导向的管理者，只会挖掘问题背后的原因和责任人，而忽略了寻找解决方案。于是，在一轮一轮的讨论中不断出现新的问题，这让整个问题看起来无法解决，出现好结果的可能性就会非常小了。

与问题导向模式相对的是聚焦答案的模式。这个模式强调不要让问题复杂化，也就是说，简单才是最有效的。聚焦答案模式的 4 个基本原则如下：

- 如果东西没有坏，就不要去修补它；
- 多做有效的事情；
- 如果一个方法没用，那就尝试其他的方法；
- 如果你发现一个方法有效，那就把它教给别人，或者从别人身上学习它。

聚焦答案模式面向未来，而问题导向模式面向过去。前者拥有一系列干预措施，能把你的注意力导向构建可能的解决方案，使你聚焦于期望的结果："明天或者接下来你期望取得什么成果？"

如此一来，经理和下属分享彼此拥有的经验和知识，互相提问，帮助彼此把梦想和希望转化为切实的行动方案，并根据行动方案一步一步地努力！

9.4.4 方法：利用 ABC 原理，通过管理对事实的看法来影响结果

在管理过程中，经理们肯定遇到过一些压力，有时候或许会抑制不住情绪，跟下属吵起来，甚至大打出手。人喜欢发泄是天性，但是如果控制不好情绪，让自己太过情绪化，会给自己带来一些非常不好的影响，甚至是"灾难"。对此应怎么办呢？

张德芬在《遇见未知的自己》一书中这样说过："让我们心理上受苦的不是事件本身，而是我们对事件的想法和围绕这个事件所编造的故事。"

心理学上有一个非常有名的 ABC 原理，这是美国临床心理学家阿尔伯特·埃利斯于 20 世纪 50 年代创立的一种公信力治疗体系。"A"代表事件本身，"B"代表你对这件事的看法，"C"代表这件事带来的结果。

在工作中，我们总希望通过改变"A"来改变"C"。比如，工作中缺乏经验，不能让客户满意，压力很大，就想着熬过这两年就好了；下属犯了错，上来就是一顿批评，想着批评几句对方就改正了。

只改变"A"，可能永远没法改变"C"，但我们可以从"B"着手，也就是改变你对"A"的看法。

比如，你看到下属心不在焉（A），如果你认为他工作态度有问题（B），那么你肯定上去就是一顿批评（C），从而导致两人关系紧张；但是，如果你认为是不是下属家里有什么事或者他身体不舒服（B），你或许会上去关心一下下属，他可能会因此对你产生好感（C）。

9.4.5 授权：把事情交给有比较优势的人，而不是自己去解决所有出现的问题

关注绝对优势与比较优势，并非谁做得好、做得快就让谁做！

所谓的"你耕田来我织布"，其实是说你耕田的效率比我高，所以耕田由你来完成；我织布的效率比你高，所以织布由我来完成。其中，效率高是绝对优势，而比较优势强调的是，即便你织布的效率比我高，但只要我的机会成本更低，织布还是应该由我来完成。

什么是机会成本呢？我们都知道鱼与熊掌不可兼得，那么，放弃的"鱼"，就是你选择"熊掌"的代价。

下面举个例子帮助大家理解。

职场中，作为经理，你可能用 1 小时就做完一件事了，而你的下属来做可能得用 4 小时。那么，做这件事，你的绝对优势比下属大，此时大部分人认为，既然你拥有绝对优势，就你自己干得了，真的是这样吗？先别着急，继续往下看。

假设你要去做一场培训，你的市场定价为 2000 元 / 小时，下属的薪资为 100 元 / 小时。那么，即使你的效率比下属高，也一定要授权给他们做，为什么？因为你的机会成本更高。你用 1 小时去做这件事，机会成本是 2000 元，而下属虽然需要 4 小时，但成本才 400 元。

所以，作为经理，你要学会授权，不要所有的事情都亲力亲为，太关注局部就会丢掉大局。

9.4.6 激励：采用不同的激励手段，避免单纯的物质激励造成的边际效用递减

在管理过程中，你或许想通过"涨薪"来刺激下属的工作热情，第一次涨了 1500 元，下属非常高兴。但如果第二次、第三次你还是给他们涨 1500 元，效果估计会大打折扣。想一想我们生活中的例子。

　　比如，你平常很喜欢吃包子，当你饿了一整天，吃第一个包子的时候，会感觉特别香；吃第二个的时候感觉还不错；吃到第三、第四个的时候，就会觉得包子好像也没那么好吃；到第五、第六个的时候，你差不多饱了，再吃就会觉得不舒服；第七个包子带来的就不再是满足感了，而是负面的感受。

　　这其实就是经济学中的边际效用递减规律。边际效用，指的是某物品每增加一单位消费量，消费者获得的额外满足程度。

　　回到我们日常的管理活动中，想要避免单纯的物质激励造成的边际效用递减，就得学会使用不同的激励手段。比如：第一次，安排员工参加专项技能培训；第二次，安排员工参加重要的商业活动；第三次，给予员工带薪休假；等等。这样很可能花的钱不多，但却得到了更好的效果。

　　激励的手段不同，就不会引发边际效用递减。

第 10 章

▼

向上管理

向上管理这个概念源于彼得·德鲁克的著作《卓有成效的管理者》。德鲁克在书中提到这样一个观点：一个员工需要做好向上管理工作，充分发挥领导的优势和资源，这是员工工作卓有成效的关键。

我们把这个概念做一点延伸，所谓向上管理，就是你要积极主动地和领导沟通，了解和理解领导的要求、想法、工作思路和做事风格，及时和领导建立起共识，各自发挥优势和长处，从而实现合作共赢，达成组织的目标。

本章我们从工作中非常常见的"如何高效完成领导交代的任务"谈起，教你学会做人做事；介绍三大"职场怪象"——压榨你、抢你功劳、不教你，打破你的"职场偏见"，并分享画布策略和学徒精神；以交换理论为切入点，教你如何进入领导的核心关系圈，以及如何处理与直属领导和大领导的关系。

10

10.1　如何高效完成领导交代的任务

领导给你安排了一项任务，你打算怎么做？

大多数人拿到任务以后，就开始闷头干活；领导问起，就告知其进度，但自己内心很不爽，觉得领导不信任自己；有困难就自己想办法解决，觉得领导忙，不愿去打扰他；预计在截止时间前完成不了，就加班加点工作；如期完成就松了一口气，然后做完就完了。

你能从前面这段话中看到自己的影子了吗？

费了"九牛二虎之力"，其中的辛苦只有自己清楚。你没有表现出来，领导就无法知道，以为这件事情你做起来很容易。笔者不建议在执行领导交代的任务时当个"闷葫芦"，完成领导交代的任务，我们还可以这么干。

10.1.1　拆解：任务识别与化繁为简

你与领导之间绝不只有职位等级上的差别，你们在经验、学识、技能等方面也有所不同。同样的一句话，你们两个思考之后输出的结果会有差异。因此，当领导给你交代一项任务时，你不能想当然地去做。

所谓"磨刀不误砍柴工"，花一些时间对任务进行必要的识别和拆解，可以帮你快速把握领导对这项任务的期望，明确任务的方向和重点，厘清工作的思路以及接下来要做的具体事情。

1. 任务识别

领导交代了一项任务以后，你要在第一时间对任务进行"识别"。

你可以用 5W1H 分析法，从原因、对象、地点、时间、人员、方法 6 个方面进行思考，即何因 Why、何事 What、何地 Where、何时 When、何人 Who、何法 How。必要的时候，可以借助纸和笔来梳理。

你以为的并不一定是领导想要的，听到了并不一定等于听清楚了。与其等到最后做错了、造成损失了、要返工了再后悔，不如在拿到任务的第一时间就弄清楚这项任务究竟是什么。

对任务进行识别以后，一定与领导确认你所理解的任务是不是与他布置的任务一样，最好的方式就是"复述"，这里常用的一句话就是："领导，刚才您交代的这项任务，我是这么理解的……您看对不对？"

复述的过程是与领导达成共识的过程，可以避免进入沟通盲区——领导知道的，你不知道。

复述的同时，领导能知道你的理解是否到位，如果有偏差，就可以及时帮你校正。另外，通过你的复述，领导也会做自我检视，检视在布置任务时是否存在遗漏。

那些任务中存在的模糊地带，也会在这个过程中得以明确。比如，尽快完成究竟是多快？有了具体的时间描述，这项任务的完成时间就变得可量化了。

2. 化繁为简

如果是小任务，你可以直接口头沟通，告知领导这项任务你想怎么完成；如果是大一点的任务，建议回到工位以后制订详细的推进计划。

化繁为简的过程如下。

第一，搞清楚想要完成任务需要做哪些具体的工作；每项工作之间的逻辑顺序如何，是可以并行推进，还是只能完成上一项才能进行下一项；哪些工作是必须自己去完成的，哪些工作是可以让下属或者其他同事帮你完成的；哪些工作对你完成任务起着关键性的作用；你需要哪些资源、得到哪些支持，受到哪些条件的限制；等等。

再大的任务，只要计划得当，严格执行，就能得到好的结果。

第二，领导作为任务的发起人，会比较焦虑，总担心你完不成，时不时地就会找你了解进度。而主动汇报工作会让领导觉得你做事情非常有章法、有条理，并不是盲目地干。最重要的是，你给领导展示了一张完成这项任务的"地图"，告知领导从现在开始你每天要做的事情是哪些，当所有事情都完成的时候整项任务也就完成了。这意味着如果领导想了解你的工作进度，只需要去了解你每天需要做的事情是否都如期完成即可。

10.1.2 汇报：主动汇报而不要让领导追问，态度正确及方法得当

执行任务的过程中，一定要定期主动汇报进度。

其实很多人并非不具备汇报工作的能力，只是觉得既然领导把任务安排给自己了，就应该充分信任、充分授权，自己在最终的截止时间内完成即可，频繁地汇报工作会耽误彼此的时间。

这种想法本身没什么问题，但既然人在职场，就应该认清自己的角色。

1. 认清角色

如果你能清楚地知道自己在各项工作中扮演的角色，完成工作时就不会那么纠结了！

既然是领导安排给你的任务，一旦这项任务不能如期且保质保量完成，他是要承担责任的；另外，大部分的领导都希望所有事情都在自己的掌控之中，包括你个人以及你在做的事。

为了避免造成不良结果，领导一定会关注任务的执行过程，找你追问进度再正常不过了。

2. 主动汇报工作

你的能力或许不是特别强，但是态度一定要好！主动还是被动，就在一念之间。

在笔者看来，主动汇报工作对个人成长有以下益处。

第一，可以让领导看见你的能力。领导管理的下属很多，要做的事情也有很多，他的注意力是稀缺的，主动汇报工作可以让他发现你的能力。

第二，能及时得到领导的支持。推进任务的过程中难免会存在这样那样的问题，领导作为过来人，其经验、资源都很丰富。很多问题对你来说很难，对领导来说可能很简单。

第三，学习新的思维方式、做事方式。汇报工作的过程是一个双向沟通的过程，通过沟通，你可以学习领导的思维方式、做事的方式方法。

3. 如何汇报

汇报频率。时间对每个人而言都很宝贵，尽量提前与领导确定汇报的频率以及汇报的时间安排，比如每星期一次，每次汇报的时间定在星期五下午两点至三点。

汇报形式。为了节约领导的时间，尽量提前把汇报的内容以邮件的形式发给他，然后再按照之前约定好的时间面对面汇报。如果邮件涉及的内容较多，建议添加附件。不建议制作 PPT，PPT 太过形式化，应该把更多的精力放在具体的内容上面，做到条理清楚即可。

结果先行。汇报时先简明扼要地说明进展，然后再做展开。另外，汇报时忌漫无边际、滔滔不绝，这样的汇报既浪费时间又易令领导反感。对于其中的细节，领导若感兴趣，他自然会询问，届时再展开即可。

10.1.3 请示：遇到问题让领导做选择题，而不是直接要答案

在执行任务的过程中，一定会遇到一些自己拿不定的或者之前从未遇到过的问题，怎么办？

有的人采用简单粗暴的方式，直接打电话询问或者面对面向领导请示解决问题的办法。这种行为非常不可取，会让领导觉得你在"偷懒"。

1. 让领导做选择题

有些领导面对这种情况，通常会反问一句："你觉得该怎么办？"如果此时的你没有一点准备，场面就会非常尴尬。因此，向领导请示时至少准备两个方案，让领导去做选择题而不是问答题。企业雇用我们是让我们来解决问题的，如果我们事事给领导提问题，让领导直接给出答案，那我们的作用和价值又体现在哪里呢？

比如："领导，我在执行任务时遇到这样一个问题（用简单的语言把问题描述清楚），关于这个问题我准备了两个解决方案，方案 A 是这样的，方案 B 是这样的。您看看 A 和 B 哪个方案更合适（让领导做选择题）？"

此时，领导会有两种反应：第一种，他直接给你反馈，选择其中一个方案，也有可能给出第三个方案；第二种，反问你的想法，问你觉得哪个方案更好。这个时候，你可以进一步展开，说出自己的选择并给出理由。

2. 如何准备解决方案

1）现状把握

要解决问题，你需要先清晰地了解问题，而要了解问题，则需要去定义和描述问题。5W1H 分析法可以使你的思考更深入、更全面，也更科学。然后，你要明确"应有状态"与"现状"之间的差异。

2）要因解析

导致问题发生的原因有很多，找到那些关键的影响因素就显得非常重要。此处推荐两种分析方法。

第一种，二八法则，找到关键的 20% 的影响因素，然后再在其中挖掘关键的 20%。

第二种，鱼骨图分析法，它是表达和分析因果关系的一种定性分析方法，可用于全面分析成因，找到存在的问题与其潜在原因间的关系，分别从人、机、料、法、环 5 个维度展开。

3）制定解决方案

基于找到的关键影响因素，将解决问题的思路具体化，形成解决方案。解决方案至少要准备两个，要从不同的角度切入。

在解决方案制定过程中，如果能力有限，千万不要只是"有多大劲儿使多大劲儿"，可以在独立思考的基础上借助一下外部的资源。

比如：在问答类网站中搜索关键词，查看类似的问题及网友的回答；向工作中的前辈请教或者向朋友咨询；查阅与此问题相关的书籍；等等。

10.1.4 总结：向内复盘，向外汇报

完成领导安排的任务后，告知领导已经完成是必要的，但对于大一点

的任务，不能止于"告知"，而要从两方面入手：向内复盘，向外汇报。

复盘的本质在于提升做事的效率，让自己看到任务推进过程中存在的问题，以及找到避免问题再次发生的方法。汇报不是为了邀功，而是让领导对任务的完成情况有一个整体的了解，避免其产生偏见。

1. 复盘

1）回顾任务

当初接到的任务是什么？在整个执行过程中是否因为目标不明确而走了弯路？

2）评估结果

对照目标评估任务的完成情况，包括：是否在规定时间内完成（时间），是否超出预算范围（成本），是否满足领导的期望（质量）。聚焦结果和目标之间的差距，确定接下来要重点分析的内容。

3）分析原因

对于结果和目标之间的差距，要分析其原因，因为只有找到原因并制定针对性的解决办法，才能从根本上解决问题，这样的复盘才有效果。

在分析原因时先要分析内因，也就是从自身找原因，比如在某些方面自己的知识储备不够、能力欠缺；再从外部找原因，比如存在一些突发事件阻碍了进度。

对于内因，接下来在工作中可以重点完善知识、提升能力；对于外因，在执行新的任务时要做好风险管理（风险识别、风险分析、采取措施），避免风险发生时乱了阵脚。对于结果符合预期或者超出预期的情况，也要分析成功的原因是什么，做对了哪些事情。

4）总结规律

经过前面的分析，你就会清楚再遇到此类任务时，应该重点抓住哪些关键事项、准备哪些资源、建立哪些知识储备、具备哪些能力等。这些总结出来的经验在多项任务执行过程中不断打磨与修正，就形成了规律。

如果换另外一个人来执行这项任务，只要按照规律的指引，他就可以保质保量地完成。

2. 汇报

职场中，我们不仅要具备把事做好的能力，还要学会把自己的成果实时展示出来，让领导甚至更多的人看到。

如果整项任务的执行主要依赖于你，那么写一份文字版总结报告，用邮箱发送给领导即可；如果任务是由你所带领的团队一起完成的，建议除了文字版的总结报告之外，最好做一份 PPT，并通过会议正式向领导汇报。

你工作再努力，再辛苦，你的能力再强，如果不通过合理的形式将其呈现出来，你就无法被看见！

任务完成后的工作汇报是一次非常好的展示你个人或者团队能力的机会。领导给下属贴的所有"标签"，都是下属在工作中呈现的"结果"。

10.2 如何给领导"铺路"

之前看到这么一段关于"职场"的文字：你和你的领导翻墙，你蹲下，你的领导踩着你上去，然后他伸手来拉你；你被踩了一脚以后，开始大呼小叫"天啊，我被我的领导践踏了，他侮辱了我的人格"。

大家可以带着自己的疑惑继续往下看，或许接下来的文字能对你有所启发。

10.2.1 三大"职场怪象"：压榨你、抢你功劳、不教你

从大学毕业进入企业，就意味着新的人生开始了。

工作一段时间以后，你会发现理想与现实之间的各种差距，产生对企业、领导或者同事的不满，尤其是直属领导，你觉得很多时候他都在针对你，全然没有在学校时老师对你的那种关心与呵护，你的内心很不是滋味儿。

工作是一段与读书完全不一样的新鲜旅程，既是挑战，也是机遇。要

想很好地适应自身角色的转变，需要花费大量的时间和精力去总结。

1.领导凭什么把临时任务分派给我

领导在安排一项临时任务时，点到了你的名字，让你来负责。此时的你一脸疑惑，同时有满腔的怨气。

那么多人闲着，为什么偏偏找我？是不是看我不顺眼？是不是觉得我是个"软柿子"，好欺负？大学的时候老师一直在传递一种观念，叫作"公平"，领导的这种临时指派显然是对我不公啊！

或许，此时你还有些犯嘀咕："要不要把自己的想法说出来，或者直接拒绝领导的安排，没准这次干完还有下一次呢……"

2.领导凭什么对我的功劳只字不提

你和几个同事辛辛苦苦地辅助领导把某项任务完成了，他做了简单的整理、修改，就向企业领导汇报去了，并对你们的功劳只字不提。

你们或许这样想过："这个领导太过分了，我们辛辛苦苦干了这么多天，他竟然提都不提，最起码应该在各部分标注是谁做的吧。跟着这种领导干没前途，还是早做打算吧……"

3.你是领导，本来就有义务教我

你在一次工作中遇到了难题，去找领导请教，但感觉领导态度不怎么样，好像不愿意教你。

此时，你或许会这样想："你是我的领导，你就要对我负责。我有不懂的问题，你就应该撂下手中的事情给我讲讲该如何解决。要不然，我做错了你也别怪我，谁让你不教呢……"

10.2.2 认知偏差：领导不是你的敌人，他不需要跟你争抢，也对当老师不感兴趣

认知偏差是人们因自身或情境而出现知觉结果失真的现象。也就是你不注重客观事实，只坚持自己的想法。认知偏差是影响人类判断的一大障碍，当你的认知与现实发生了偏移时，事情的结果往往出乎你的意料。

由于工作经验不足，以及受所储备知识的限制，职场新人很容易在工作中产生认知偏差。那么，你所认为的"压榨你、抢你功劳、不教你"，真的是你想的那样吗？我们接着上一部分的内容探讨。

1. 领导不是你的敌人，而是合作伙伴

我们用关系分析法来分析一下敌人、友军和我方。

我方即你自己，你是职场新人，你的目标是获得荣誉、绩效考核达标、获得晋升的机会等；友军即你的同事，他们的目标和你一样。

不可否认的是，你们之间存在竞争关系，但是尽量不要把他们当成敌人，因为在工作过程中大家是要相互帮衬的；当然，也不能因此忽视日常的竞争，毕竟晋升名额有限。

在这里，你的领导是你的敌人吗？显然不是的，因为他对于你和你的同事的工作表现是有打分的权力的，而且在很多企业，领导有很大的权力，他可以把好的机会和资源给你，也可以给别人。你们之间虽说有矛盾，但实际上是一种合作关系。

那么，谁是你的敌人呢？敌人就是你所做的工作，只要你把工作做好了，做到位了，就把敌人打倒了；如果你没把工作做明白，那就是敌人把你打倒了。

你、你的领导还有你的同事，你们的共同目标其实都是把工作做好，因为只有每个人的工作做好了，企业的经营才有可能搞好。

2. 领导就是在收获你的功劳，他不需要跟你争抢

大家应该见过鸬鹚下水捕鱼的场景，鸬鹚下水捕到鱼以后，渔夫会捏着它的脖子让它把鱼吐出来。我们再来回顾另外一个动物世界里的场景：两头狮子同时发现了一只猎物，并为此大打出手。你来评判一下，哪个场景属于"争抢"？

相信你会跟我一样，选择两头狮子争抢一只猎物的那个场面。两头狮子的身份是对等的，所以，他们之间的争斗是真正意义上的"争抢"。而鸬鹚捕鱼的场景中，渔夫和鸬鹚是不对等的，渔夫从鸬鹚嘴中拿到的鱼，其实是"收获"。他们之间不存在"争抢"，鸬鹚只能吃渔夫专门喂给它的鱼，从水中捕到的鱼是属于渔夫的。

在一个部门里，你和你的同事就是"鸬鹚"，而你的领导则是"渔夫"。你和你的同事所做的工作、所取得的业绩，在领导的眼里就是他的功劳，因为他代表的是这个部门，领导不会去追溯工作究竟是谁做的，谁做得多，谁做得少。

3. 领导对当老师没有任何兴趣

我们在基层岗位上时，只需要把自己的事做好就行了。比如你的角色是仓管员，平时的主要工作就是收货和发货，这就意味着如果没有收货和发货作业，你是可以歇着的，而当你忙不过来时，可以找同事帮忙。

可你的领导就不同了，他管理的是一个部门，下面少则几人，多则几十人，操的心多，肩上的担子重，部门中任何一个人的失误最后都有可能追究到他的头上。因此，他的精力不会全放到你一个人身上。

换句话说，即使他抽出时间教你，如果是抱着例行公事的态度，也并不是在真心地付出。

10.2.3 如何辅助领导：目标明确、画布策略、学徒精神

通过对认知偏差的探讨，在接下来的工作中，你对你的领导肯定不会像过去那样抵触，但这还不够，你还要学会给领导铺路，当他的垫脚石。

你给领导铺路其实是在为自己搭桥，真正有格局、有远见的人都懂得成就别人，其实是在成就自己。这个世界上所有的成功都离不开相互扶持，更离不开彼此成就。为你的领导当垫脚石，除了能锻炼自身的能力之外，遇到合适的机会，你的领导可能就会伸手拉你一把。

1. 目标明确

进入职场，每个人都应该做一个职业生涯规划，确定各阶段的目标。在工作中容易迷失方向的，往往就是那些没有目标的人。确定了目标以后，就要以目标为导向去开展各项工作。

比如，领导给你安排一项任务，你的第一反应不应该是"领导又来欺负我了"，而应把它当成一次锻炼的机会。

要知道，明智的人把额外的任务看作机会；不明智的人，即使领导给他机会，他也会觉得领导在压榨他。

一件事情你来做，从中总结出的经验和教训，对你的目标达成是有帮助的。最主要的是，当你把一项任务完成后，就会取得领导的信任，信任的增加会促使领导在下次安排任务时把一些新的任务交给你；久而久之，你的工作技能就比别的同事多了。

还有，你在不影响本职工作的前提下辅助领导解决掉那些琐事，他就会腾出更多的时间和精力来指点你，这对你而言是不是也是一种促进呢？

2. 画布策略

万维钢老师在他的《高手：精英的见识和我们的时代》一书中，提到了这样一个例子。

美国国家橄榄球联盟新英格兰爱国者队的主教练比尔·贝利奇克，曾经拿过 4 次超级碗，但也给人当过不计功劳的学徒。

贝利奇克在高中时就是橄榄球队队员，他在橄榄球方面懂得比他的教练还多。这可能得益于贝利奇克的父亲是美国海军橄榄球队的助理教练。父亲给贝利奇克最重要的一个忠告不是关于技战术的，而是关于"球队政治"的：如果你要给教练提意见，一定要私下用最谦逊的方法告诉他，这样你就不会冒犯他。

贝利奇克做到了，他在不得罪任何人的情况下成了一个球星。可是最值得说的，还是贝利奇克退役以后转型当教练的故事。他在职业球队的第一份工作是担任录像分析师。

这是一份费时费力，教练没有时间亲自做的工作。贝利奇克会用几个小时的时间分析对手的比赛录像，然后根据分析结果提出自己的看法和战术建议，交给助理教练。助理教练和主教练讨论战术的时候，他会把所有想法都说成是自己的，连贝利奇克的名字都不会提。那贝利奇克对此是什么反应呢？

一个教练是这么评价贝利奇克的："你给他一项任务，他会消失几个小时，等你再次看到他的时候他已经做完了，然后他向你要更多的任务。"

贝利奇克掌握了"画布策略"。

所谓"画布策略"，就是你发现别人要画油画时，你给他找张画布让他画。一幅画的完成也许有你的功劳，但你的任务，是给人提供画布。

有的人觉得给领导打下手委屈自己了，千万不要这么想，因为我们本就是"无名之辈"，被人知道的意义远不如学到知识、增长见识和提高能力。

心甘情愿地把活儿干好，练好本领，量变自然会引起质变，而且让别人欠你人情总比你欠别人人情要划算得多。

成就是靠自己踏踏实实做事情积累出来的，不是用嘴说出来的，事情做得漂亮，别人自然会认可和尊重你。而且你要知道，领导把任务交给你，他或许享受了名利，但也会承担风险和责任。

3. 学徒精神

在这个年代，学徒精神在相声界还是较为常见的。

给人当学徒，就相当于对方给你提供了一个机会：把你和高手连接在了一起，你可以向他学习第一手经验。

学徒工作准则是这样的：徒弟用礼敬和服务换取机会，这个机会不是立功露脸的机会，而是学习实践的机会。

职场中的新人，从学校学到的那些知识，其实在走出校门时就基本过时了，我们在社会中需要学习的是那些高手的真知灼见。

在平时的工作中，我们要以学徒精神来要求自己：把自己放到次要的位置，为领导做更多的事；有了好的想法要赶紧告诉领导；平时要多与不同层次的人结识，拓展自己的圈子、提升认知水平；那些别人都不愿意做的事情，自己去做；发现团队有漏洞时，主动补救。

如果你是新手，就别在乎眼前的得失，真正重要的不是一两次功劳，而是打磨自己！

记住，只有善于给领导创造条件，让领导把他自己的事做好，他才愿意帮助你。

10.3   如何处理与领导的关系

在职场中，如果你在组织结构中处于基层或者中层，那么你一定会面对你的直属领导，而且大概率也会与直属领导的领导接触，如何处理与领导的关系呢？

很多人在职业生涯中经常会有这样的困惑：明明自己的工作业绩不错，为什么始终无法进入领导的"核心关系圈"？那些与领导走得近的人真的仅仅是因为他们会拍马屁吗？

10.3.1 交换理论：领导 – 成员交换关系形成的 3 个阶段

领导 – 成员交换关系（Leader-Member Exchange，LMX）理论，是一个阐述领导区别对待组织成员的理论。

它由乔治·葛伦（又译：乔治·格里奥）等人在 1976 年首先提出的，认为领导与组织中不同成员的亲疏程度是影响领导绩效的重要变量，领导由于成员贡献、时间压力、个人喜好等原因区别对待成员，并形成质量不同的领导 – 成员交换关系。

乔治·葛伦等人在 VDL（Vertical Dyad Link Model）的研究过程中，通过纯理论的推导得到了这样一个结论：领导对待成员的方式是有差别的；组织成员关系的集合中，往往会包括一小部分高质量的交换关系（圈内成员之间）和大部分低质量的交换关系（圈外成员与圈内成员之间）。

领导 – 成员交换关系的形成是一个伴随着时间的演变而发展变化的过程，要经历 3 个阶段：接触、评价阶段，认识、行动阶段和感情、信任阶段。

1. 接触、评价阶段

领导与成员之间由于对彼此的了解较少，第一印象以及个体相似性会对两人初期关系的发展产生重大的影响。

笔者认为，良好的第一印象应该从面试阶段就要有意识地塑造，因为你的直属领导非常有可能参与面试。塑造良好第一印象的方法有：不能穿得太随意；发型避免个性化；男士保持面部干净，女士要化妆但不要浓妆艳抹；等等。

你与领导在某些方面的相似性，会在一定程度上拉近你们之间的距离，比如性格特征、着装风格等相似。

2. 认识、行动阶段

随着时间的推移以及与领导接触机会的增多，领导对成员的评价就不再仅依赖第一印象，还会参考成员的绩效。成员绩效的高低取决于个人能力、可觉察到的资源及权力获得程度。

1）个人能力

领导带团队，对每个成员的关注是有限的，成员只有通过正面的行为吸引领导的注意。比如，在平时的工作中，你的业绩突出；在企业组织的各种活动中，如运动会、知识趣味比赛、年会、聚餐等，你的表现很亮眼。

你与团队内其他成员的差异，自然会让你吸引领导的注意。

2）可觉察到的资源

一个高绩效的团队通常是"八仙过海，各显神通"。对于领导来讲，他会观察组织成员的优缺点。如果你的特点恰好与团队其他的核心成员互补，在后续的工作中，他会给你更多的关注。

3）权力获得程度

对于领导而言，授权意味着承担风险，因此领导只有在信任某位成员时才会采取行动。

在认识、行动阶段，早期绩效水平高、能力强的成员容易获得更多的信任和授权，进而取得更高的绩效、获得更多的信任，并在下个工作流程中得到更多的授权。

如何获得领导的信任？本质上要提升你"成事"的能力，以及实现与领导之间良好的沟通，从每件小事做起，让领导觉得你这个人办事很靠谱。

3. 感情、信任阶段

领导与成员之间通过持续的感情积累、绩效评价和授权，在感情、信任阶段就会建立起高质量的交换关系。与之相反，无法获得感情支持和信任授权的成员，领导只能与其产生低质量的交换关系。

总的来看，圈内成员与领导之间有更多的感情联系，更受领导信任和关照，在服从领导时更为积极主动，并能发挥最大的才智完成工作任务以及领导安排的其他任务。而圈外成员与领导之间的关系是在权力系统基础上形成的，是一种纯粹的工作关系。圈外成员与领导接触少，也很少能得到领导额外的奖励。

10.3.2 与直属领导的关系：坚守底线，两做、两不做

在处理与直属领导的关系时，要坚守"安全"这个底线。在与领导相处的过程中，如果你让他被安全感包围，那么你的职业发展之路一定不会太坎坷。

马斯洛需要层次理论将人们的需要从低到高分成 5 种，分别是生存需要（食物、空气、睡眠需要等）、安全需要（稳定、安全、受保护、有秩序、能免除恐惧和焦虑等）、情感需要（与其他人建立情感联系）、自尊需要（希望受到别人的尊重）和自我实现需要（追求实现自己的能力或者潜能，并使之完善）。

其中，安全需要是在满足生存需要之后非常重要的一个层次。对于你的直属领导而言，他也需要安全感。在职场中，安全感除了企业层面的，如工资待遇、其他福利，还有个人层面的，如下属的行为。下面就个人层面的安全感简单展开。

1. 一切可控

在 10.1 节中，笔者提到了当你接到领导交代的一项任务时，一定不要

当个"闷葫芦"，而是要有一套完整的打法。

第一步，识别任务，然后将任务拆解成若干小任务，并向领导汇报你想怎么干；第二步，在任务的推进过程中，定期主动汇报工作进度；第三步，遇到问题，要带着至少两个解决方案向领导请示；第四步，完成任务，做好复盘或汇报。

做好这 4 步，领导会觉得虽然任务是交代给你了，但是一切尽在他的掌控之中，他自然会充满安全感。

2. 真诚付出

在 10.2 节中，笔者提到了学徒精神，即把自己放到次要的位置，为领导做更多的事；有了好的想法赶紧告诉领导；平时要多与不同层次的人结识，拓展自己的圈子、提升认知水平；那些别人都不愿意做的事情，自己去做；发现团队有什么漏洞时，主动补救。

有这么靠谱的下属在为自己做事，领导当然会充满安全感。

3. 不要越级汇报

职场中注重层级的管理，但是有些下属偏偏不注意这些。

基于某些方面的原因，比如你认为直属领导的能力不如自己，对直属领导安排的工作不满意，或者纯粹是看直属领导不顺眼，便不向他汇报工作，而是越级汇报工作。

越级汇报的行为就等于跟所有人说，你不把直属领导放在眼中。"县官不如现管"，你的工作安排、业绩考评等都由直属领导负责。当他觉得在你这里没有安全感的时候，你们相处不愉快再正常不过了。

4. 不要口无遮拦

有些下属可能跟直属领导走得很近，而且也获得了直属领导的信任。

渐渐地，这些下属开始在直属领导面前口无遮拦。如果是私下里还好，可是有的下属会把这种行为带到工作中，在办公室或者会议室跟直属领导开玩笑，有时还揭直属领导的短、驳直属领导的面子。更有甚者，把直属领导相对私密的事情说给其他的同事听，这是完全错误的做法。

跟直属领导相处一定要找好底线，平时低调一些，主动汇报工作，以学徒精神要求自己。即使跟直属领导关系再好，说话也要注意场合。

当然，如果真的在职场中遇到一个不好的领导，比如小心眼、能力一般、脾气不好，而你所在的岗位没有太大的发展前途，那么笔者的建议是尽早考虑退路，不要浪费自己的时间。

10.3.3 与大领导的关系：一个方法，一个原则

你的直属领导也有领导，我们称之为大领导。

大领导委任了中层领导，按理说应该完全信任中层领导，但是在现实中，他们很难做到。"完全信任"无论从管理学还是心理学的角度来看，几乎都不存在。大领导总会想中层领导有没有搞鬼、是否足够承担部门管理的重任，其本质是担心企业失控、信息失真。

前面我们提到过，下属不要越级汇报，但如果大领导找你打听消息，你该怎么办？

1. 准备好了再汇报

对于下属来说，遇到这种情况挺为难的，一边是自己的直属领导，一边是大领导。大领导问了你不说，你就得罪了大领导；大领导问啥你说啥，万一哪句话说得不对，你就得罪了直属领导，真的是左右为难。

建议你考虑这个方法——此时此刻先不说，准备好了再汇报。

为什么笔者建议你准备好了再汇报呢？首先，大领导找你打探消息的时候，你可能正在忙手头的工作，拖延不得；其次，在没有任何准备的情况下回答大领导的问题，一旦你存在语言上的卡顿或者面部表情上的不自然，就可能让大领导觉得你在撒谎。

所以，当大领导找你打探直属领导的消息时，你可以说："领导，我现在正在处理一件比较着急的事情，半个小时后我去找您当面汇报可以吗？"

有的朋友会问：当下不跟大领导汇报，会不会让他觉得自己是要去给

直属领导通风报信？我们暂且不要管大领导会不会这样想，但我们一定不要去通风报信，否则你在这家企业的职业生涯也就结束了。

2. 真话可以不全说，假话绝对不能说

面对大领导，态度肯定是要端正的，但是具体怎么说，下属是可以自己把控的。

建议你考虑这个原则——真话可以不全说，假话绝对不能说。

大领导找你打探消息，说明他很有可能已经从别的渠道获得了一些信息，只是想进一步验证那些信息的真实性。你在说的过程中要尽量摆事实，不要掺杂自己的评价，而且这些事实要尽量是可以核查的。

违心的话，尤其是无中生有的话，更是坚决不能说，否则就等于搬起石头砸自己的脚。

第 11 章

▼

客户关系

仓储业务，无论是自营还是外包，对于负责运营的管理者而言，都要处理与客户之间的关系。比如，成品库如果是生产型企业自营的，其客户是"隐性"的，销售部门是他们的内部直接客户；区域分销中心如果是生产型企业外包的，对于第三方物流企业来讲，其客户则是"显性"的，生产型企业的采购团队和物流团队属于他们的外部直接客户。

自营模式下的仓储运营团队与销售团队属于同一家企业，双方关系处理起来比较简单，很多事情可以"内部消化"；外包模式下的仓储运营团队与甲方从属于两家不同的企业，关系处理起来需要耗费更多的精力。本章主要聊聊外包模式下的客户关系处理。

11

11.1 皮与毛

"皮"是附在身体表面和肌肉外部的组织，高等动物的皮肤由表皮、真皮和皮下组织组成，有保护身体、调节体温、排泄废物等作用。"毛"是指皮上所生的丝状物，有防挫伤等功能。由此，"皮"决定"毛"的存在。

在外包的仓储业务中，业务的正常运转是双方合作的"皮"，关系是"毛"，关系是依附于业务的。

11.1.1 妄念：没有实力只靠关系的物流服务是靠不住的

很多人对关系都抱有妄念，以为有了足够硬的关系就可以搞定一切，出了任何问题都可以让"靠山"出面摆平，这是非常不切实际的想法。在涉及自己的利益时，大多数人都会选择自保。

没有实力只靠关系，无异于搬起石头砸自己的脚。业务是基础，关系可以起锦上添花的作用，但雪中送炭真的是难为它了。

1. 商务与运营分离

大的生产型企业或者贸易型企业在外包仓储业务时，其内部会根据商务和运营的职能设立两个团队。商务团队负责仓储供应商的采购、商务谈判、合同签订等，运营团队负责外包仓储业务日常运营过程中的指导、沟通、协调、绩效考核等。

有些仓储业务的获得，在商务层面主要靠合作关系，但是在运营管理过程中那是需要真功夫的。因为商务团队和运营团队权责清晰、互不干涉，所以在商务环节打通的工作关系到了运营环节基本上短时间内无法发挥作用。

2. 双管齐下未必佳

喜欢研究关系的人可能会想，既然甲方采取商务和运营分离的模式，那我们在维护关系的时候可以双管齐下，既从商务层面维护，又从运营层面维护。且不说这样做"战线"拉得有点长，从实际效果上看，商务活动是一次性的，完成采购即结束；而运营活动是持续性的，存在很多不确定的因素，当问题超出了甲方运营团队的权限，谁都没法帮你！

对甲方的人员而言，无论属于商务团队还是运营团队，都要接受考核，考核结果会直接影响其薪资、晋升、年终奖，甚至是最终去留。

3. 维护关系应把握好度

笔者认为，关系不是不可以维护，但是一定要把握好度。仓储企业首先应该提升自己的实力、认清自身的优劣势，所有的关系维护都应该以保证业务的正常运转为前提。

在商务层面，关系就是一块敲门砖，比如当你们的报价与其他几家企业的报价相近时，有人帮你们说话以获得进一步的谈判机会；等等。

在运营层面，关系是合作的润滑剂，比如在遇到可大可小的问题时，客户方代表不落井下石；当客户发出紧急需求时，组织各种资源，想尽办法满足客户；等等。你敬我一尺，我敬你一丈，双方通过业务运作中的相互支持和合作，实现共同发展。

11.1.2 如何维护好与客户的私人关系：建立客户信息档案、投其所好、方法正确

甲方外包的是业务，但是具体执行的是人。在合同期内，仓储运营团队与甲方的物流团队要经常打交道，建议在做好业务管理的同时，维护好与甲方人员的关系。

关系维护绝不是跟客户吃几次饭、逢年过节给客户送点礼品那样简单。你是否在用心维护与客户的关系，明眼人都能够看得出来。你怎么对待客户，客户也会怎么对待你，切记不要走形式。

1. 建立客户信息档案

在与客户日常的接触过程中，要有意识地了解对方的信息，并记录下来形成客户信息档案。该档案应包含以下内容。

基础信息，比如年龄、籍贯、毕业院校、穿衣风格、家庭情况，这几项信息在日常的交流中很容易就能获取到。不过，要尽量避免一本正经地问对方，这样很容易让对方产生戒备心理。

个人爱好，大部分人都或多或少有几个爱好，比如钓鱼、跑步、唱歌、爬山等，你可以在平时的交流中试探性地问对方，也可以通过观察其微信朋友圈或者办公桌上的摆件来推测。

2. 投其所好

关系的本质是联系，联系的本质是互动。互动多，关系紧密；互动少，关系疏远；没有互动，没有关系。

想要跟客户维护良好的关系，前期就要多付出，建立你们两个的"情感账户"。情感账户里储存的是人际关系中不可或缺的信任，是人与人相处时的那份安全感。最方便快捷的情感账户储蓄方式就是帮助他人，也就是投其所好，满足客户的需要。

比如，你的客户喜欢跑步，如果你是个新手，但是对跑步也比较感兴趣，就可以多找客户请教跑步的问题，后期可以让客户带着你跑步，每次跑完步后请客户吃饭，这也是可以加深你们之间的感情的。

3. 方法正确

刘润老师针对"送礼"这个话题专门写过一篇文章《什么才是"送礼"的正确姿势？》，文中提到了 4 个送礼的意义和 2 种送礼的方式，具体如下。

4 个送礼的意义：送礼，从来只有送的动作，没有收的动作，收礼的人有一种微妙的情绪，即使想拒绝，也拒绝不了；送礼，是一种身份的确认，把重要的东西送给重要的人，对收礼的一方来说就会感到被重视；送礼，是一种心意的体现，不是为了送出去一个东西，而是表达"我关心你、我了解你"的诚意和心意；送礼，满足的是情绪价值，重要的不是礼品本身，而是礼品表达的情感。

2 种送礼的方式：给父母或朋友送礼，可以用零存整取的方式，逢年过节送一些小东西，因为这是一种有同理心的送礼方式，能让对方舒服地接受你的心意，还能联络感情；还有一种送礼方式叫"低价高配"，就是送普通品类的好东西，而不是送高级品类的差东西。

针对逢年过节如何送礼，笔者分享 4 个细节以及两个"不要"。

1）4 个送礼的细节

送的时间。赶早不赶晚，提前半个月左右送礼，会让客户觉得你更重视他。最重要的是临近节日时送礼，客户往往会因为收到太多的礼品，而对你送的东西没有太深的印象。

送的礼品。节假日应景的礼品，如粽子、月饼等没有太多的新意，而且很容易坏掉，可以考虑其他的替代品。

送的地点。送礼时要保护对方的隐私，尽量避开去客户所在的办公室送礼，可以考虑邮寄，或者将礼品送到客户家里或客户约定的地点。

送的形式。如果客户明确说明不接受实物礼品或者礼品卡，可以考虑其他形式，比如组织一次聚会，约上双方团队的核心成员，联络下感情。

2）两个送礼的"不要"

既然是为了维护关系，就不要对送礼抱有妄念，客户帮你是情分，不帮你是本分。

即使后来不与客户合作或者发生了不愉快，也要保持职业操守，不要跟任何人提及哪个客户收了你的礼品。

以上仅仅是几点建议，如果你所在的企业对送礼有明确的规定，应以企业的规定为准，不可画蛇添足。

11.2　全面客户观

全面客户观，指的是物流企业以客户为中心，在质量、价格、服务、信誉等方面都最大限度地满足客户需求的企业行为观。

重视客户需求，不仅仅是为了从程序上履行双方的约定，更是为了践行"服务创造价值"的理念。忽视客户需求，轻则造成客户投诉，重则影响双方的继续合作，甚至影响企业的可持续发展。

11.2.1 运营中如何对待客户需求：合同内全力以赴，合同外一事一议

在仓储运营管理过程中，客户有时会提出一些具体的需求，而让客户满意是企业秉承的原则。但是，是否客户所有的需求都要无条件满足呢？显然不是的。

满足客户需求绝不是盲目、毫无原则的，企业如果想通过唯命是从来达到提升客户满意度的目的，其结果往往适得其反。客户的需求通常分为两类：合同内需求及合同外需求。针对这两类需求，应该采用不同的措施。

1. 合同内需求

大型的物流企业通常会设置不同的部门来对接仓储业务的不同阶段，比如，市场部对接仓储业务的开发管理，负责客户需求调研并与客户进行商务谈判；运营管理部对接仓储业务的项目管理（有的物流企业不会单独设立这个部门，而是在新项目启动时临时组建团队），从无到有将项目建立起来；仓储运营部门对接仓储业务的运营管理，负责项目从有到优的持续改善。

仓库经理作为运营管理阶段的负责人，不仅要关注业务的运作，还要关注业务的经营，因此在接手仓储业务后，仓库经理要第一时间了解与甲方签订的合同内容，包括服务范围、考核指标、费率等。

重点了解在现有费率条件下，向客户提供的服务标准是什么（合同正文部分通常只是简单提一下，具体的说明会放到合同的附件中）。比如，服务时间是每天 24 小时、365 天全年无休还是其他，服务范围除了常规的收发货之外是否还包含其他的增值服务，等等。对于那些在合同中约定好的要求，仓储运营团队应全力满足。

2. 合同外需求

合同外需求要分为两步处理。第一步，仓储运营团队要评估合同外需求能否满足，是否需要增加额外的资源等；第二步，商务团队要基于合同外需求评估由此带来的费用增加，并报给客户方的商务人员。

原则上，对于合同外需求，从服务客户的角度而言，能满足客户的尽量满足；从市场开发的角度而言，"蚂蚱再小也是肉"，很多业务就是从小的需求开始，然后逐渐发展起来的。

大部分合同外需求都是客户提前预见了，然后经过运作评估和商务谈判以后才会执行，也就是商务在前，执行在后。

实际运作中也会有一些突发的合同外需求出现，对于此种情况，建议"一事一议"，不要拖着不解决。此类需求由仓库经理及以上级别的领导评估，获得对方商务人员的口头确认后，可以先行满足，再提报费用并进行正式的书面确认。

11.2.2 不要把客户的客户不当客户：客户的客户满意了，客户就会满意

你的客户的客户，也是你的客户。如果在提供物流服务时，没有重视终端客户（客户的客户）的反馈，等到他们将问题反馈给你的直接客户时，物流运营团队会非常被动。此种情况常见于为客户提供"仓配一体化"业务模式下。

比如，你服务的直接客户是生产型企业，那么其下游的客户主要就是经销商或者大型零售商，物流供应商负责根据客户的订单在仓储环节组织备货、发货，在运输环节安排合适的车辆提货，并在规定的时间内交付至终端客户的手中。

如同网上购物一样，影响我们购物体验的不只有网上商城展示的产品是否丰富、付款是否便捷，还有下单以后的配送过程，比如运输时效、是否送货上门等。

对于终端客户而言,无论是到生产型企业的外包仓库自提,还是由生产型企业委托的物流企业配送,经销商对物流环节不完美的体验,轻则产生投诉,重则造成生意上的损失。作为生产型企业的物流服务提供商,将货物交付给下游客户的过程,本质上是代表生产型企业行使物流交付职能。物流企业让客户的客户满意,也是物流服务的一部分。

那么,物流企业如何做好终端客户的关系维护呢?

1. 了解收货要求

物流企业在正式开仓发货之前,组织客服人员提前联系所有的经销商或者大型零售商客户的收货负责人(甲方的订单负责人 / 物流负责人会提供其收货客户的信息),了解其对于收货的要求。

比如,是否要在车辆到达仓库的前一天做卸货预约、是否需要自带装卸工卸货、是否因为场地局限而对运输车辆的车型有限制(如限车辆高度、限车辆长度等)、是否有收货时间上的特殊规定(如周末不收货、晚上不收货)等,将收货要求记录下来,然后分享给整个链条上的相关人员并提醒其注意。

对于甲方的重要客户,在正式发货前,非常有必要组织人员到收货负责人那里进行正式的商务拜访。

2. 仓库发货注意事项

1)时效

了解订单的时效(通常甲方会提供),仓库在组织备货时要将时效较短的订单排在前面,从而保证"备货 + 装车 + 运输"整个过程的时间控制在约定的时效范围内。

2)质量

仓管员在清点货物的数量时,也要一并检查货物的代码、批次以及外观,确保发出的货物是准确的、不存在质量瑕疵的。

3)车况

仓库在安排装车前要对提货车辆的车况进行检查(是否漏雨、车厢底部及四壁是否有突出物、车厢内是否有异味等），只给符合要求的车辆装货，不符合要求的需进行整改或者换车，确保不会因为车厢缺陷而影响货物的质量。

11.3　催化剂

大多数人都知道，维护好与客户之间的关系很重要，但是在实际的执行中总是出现一些意想不到的结果。

有时，自己一个无意的行为就招来了客户的投诉；而有时，客户在领导面前对自己的一句夸奖，竟然给自己带来了职位晋升。好的客户关系管理，是企业和个人发展的催化剂。

11.3.1　不仅要自己做得好，还要让客户为你叫好：避免 3 种减分行为

仓库管理做得好不好，自己说了不算，客户说你好，那才是真的好！

对于个人的职业发展，除了自身的努力之外，有时还需要客户的助力，尤其是客户在公开场合对你给予肯定。比如，客户在双方领导参与的会议上表扬你，或者就某件事发出正式邮件对你给予肯定，这样你的能力就很容易被直属领导乃至大领导知道。当然，这里面有个大前提，就是你在工作上的表现确实优秀。

凡事都有两面，有客户叫好，就一定会有客户不满意。所以，对于运营管理人员来讲，如果不会处理与客户的关系，让客户屡屡投诉你，随着投诉次数的增多，企业就有可能把你调离当前的业务团队。

笔者在职业生涯中虽未亲身经历过这种情况，但却亲眼见到过仓库经理的同事在业务运转过程中因为客户不满意而被调走的情况。

在客户关系管理中，我们可以不刻意讨好客户，但是绝对要避免让客户讨厌你，对此分享以下几点建议。

1. 客户的新增需求，不要立刻回绝

对于客户提出的新增需求，不要立刻回绝，否则非常不礼貌，可以告知对方"我先考虑下，1 小时后给你反馈"。

给自己留出缓冲的时间，在这期间，你可以独立思考、独立判断，也可以找同事或者领导给你出主意。

如果最终的结论是无法满足其需求，则要准备好充分的理由和证据；如果是需要特定条件才能满足，则可以把条件告知客户；如果是可以满足，则要明确告知你打算怎么做。

2. 无法满足的需求，不要答应

你知道客户的需求根本无法满足，但是仍在口头上答应，试图通过"拖拉"让客户自动放弃，这种行为最终只会害了你自己。

你告知客户他的需求无法满足，在回绝的那一刻，客户也许会产生不满的情绪，但不会产生太大的不良影响，而如果答应了客户却做不到，对客户而言，你就是态度有问题。一个人一旦态度不端正，即使能力再强，也容易让人厌恶。

3. 答应下来的需求，不要拖拉并定期反馈

答应客户的事情，一定要按时、保质保量完成，千万不要拖拉。

如果这件事情比较重要且需要一定的时间才能完成，最好给客户提交一份推进计划，呈现出你每个阶段要做的事情以及关键的时间点；同时，定期主动向客户反馈进度；对于执行过程中出现的问题，要及时与客户沟通，避免小问题变成大问题，最重要的是客户也可以依托他们拥有的资源来帮你解决问题。

11.3.2 为与客户的进一步合作打下基础，纵向横向全面开花

物流企业开发新业务的途径主要有两大类：新客户开发和老客户的深度开发。后者的难度比前者小一些，因为双方本就有合作，有信任基础，所以合作成功率较高。新的业务机会涉及纵向及横向方面，具体如下。

1. 纵向

纵向的新业务机会涉及上游、下游环节，包括：原材料的仓储管理、原材料从仓库至工厂的短驳运输、厂内的材料供线、成品库管理、成品从成品库至区域分销中心的短驳运输、成品从区域分销中心至经销商仓库的配送运输、成品从区域分销中心至其他区域中转仓库之间的调拨运输、二次包装、电商仓储管理等。

2. 横向

大型生产型企业，尤其是快消品企业，通常会在全国的主要城市建立生产基地，并设立区域分销中心，从而将业务辐射至全国。

物流企业前期与大型生产型企业合作，通常是先从一个点（区域）开始的。如果合作顺利，让客户非常满意，那么对于物流企业而言，客户其他区域那些与现有合作的业务模式相似的物流需求，就是新的机会。

或许有的负责仓库运营管理的朋友会认为，既然我们有商务团队在负责业务拓展，那他们与客户方的采购人员处理好合作关系就行。这种想法确实没错，不过我们前面也说过，我方商务人员与对方采购人员对接的时间非常短暂，而且双方签了合同以后就不会经常打交道了，而运营团队作为客户外包需求的落地执行团队，每天都在与客户方的物流人员打交道，直至合同期结束，时间能说明一切。

客户是否满意，通常与一些指标有关，如每月的关键绩效考核指标是否达标、紧急需求是否能满足、日常沟通是否顺畅等。客户方物流团队虽然对选择哪家供应商没有决定权，但其提出的意见在一定程度上会影响采购人员的决策。

想象一下，如果在平时的业务执行中，物流企业总是给客户方物流团队添麻烦，他们恨不得早一点结束合同，更别提给你新的业务机会了。

第12章

▼

表达能力

得到 App 的创始人罗振宇曾经说过这样一段话："职场，或者说当代社会，最重要的能力是表达能力。因为在未来社会，最重要的资产，是影响力。影响力怎么构成？有两个能力：第一是写作，第二是演讲。"

表达能力是一种很重要的能力：在恋爱中，你如果不善言辞，可能很难与你的恋人有效沟通；在职场中，你如果表达能力弱，纵然能力再强，也无法带好一个团队。

本章我们着重聊聊"职场表达力"中的"写作能力"，写作可以提升你的影响力，让别人主动与你产生连接，是当下最有用的社交货币。本章将帮你提升日志写作能力和邮件写作能力，打破部门限制；增强成稿能力和习惯能力，帮你提升影响力。

12

12.1　认识写作

在职场中，人与人的竞争无处不在，你有能力，但别人看不到你的能力，你就无法获得更多的职业发展机会。在职场中想要立足，不仅要有过硬的专业能力，还要懂得自我推销，但是，并不是每个人都懂得推销自己。

最理想的状态就是你有一项技能，有很多人都知道你有这项技能，并且你能够利用这项技能为别人创造价值。而写作可以帮你扩大自己的影响力，提高生存能力和竞争力。

12.1.1　放大器：写作是当下最有用的社交货币，让你的个人发展有更多的可能

大部分学生毕业进入社会，都会选择一家企业就业，开启自己的职业生涯，而大部分人都要从基层岗位做起，物流行业更是如此。社交是职场人获取资源很重要的一种方式。想一想，你的社交货币是什么？也就是说，你拿什么跟别人建立起连接？

与别人建立连接的方式主要有两种：一种是主动连接，一种是被动连接。

主动连接的方式，比如参加一个社会组织（跑团、读书会等），线上或者线下的都行，在日常的交流分享中可以结识更多的陌生人；读在职研究生，除了可以系统地丰富自己的知识体系之外，还能跟那些优秀的同学和校友发生连接。

有句话叫"鲜花盛开，蝴蝶自来"，把这句话代入职场中，就是被动连接。有的人愿意跟你产生连接，是因为你的社会资源，也有的人是因为你优秀的业务能力。接下来，我们针对第二种连接方式展开分析。

1. 社会资源

承运商的运输现场协调员或者司机愿意跟仓管员交朋友，为什么？他

们希望你收货的时候不要"铁面无私"（标准卡得严），尽量让货损少点、卸货快点，仅此而已。

再说企业的中高层人员，那些愿意跟你打交道的人，或许不是因为你有多优秀，而是冲着你背后的企业、你所处的位置。如果你离开了企业，会怎样呢？俗话说人走茶凉，树倒猢狲散，这些你应该明白，这是你期望的社交吗？

真正有效的社交，是大家相互赋能，而不是一方不停地去透支另一方的信誉，挖空心思从对方那里获取好处。

2. 业务能力强

基层岗位中不乏一些业务能力强的人，你问下自己，有多少人知道你的能力强？你身边的同事肯定知道，或许你的主管也知道，最多到你的经理那儿。

你业务能力强但迟迟得不到提拔，或许不是因为你的领导不赏识你，而是因为他们不愿意放你走，让你走了，谁给他们干活儿。

很多人在职场上混不好，并不是因为专业能力不够强，业绩不够突出，工作不够努力，而是因为知道他们的人太少了。你很厉害，但是别人看不到你的厉害之处，这就比较可悲。

你有想过，你的能力如果被领导知道了会怎样吗？我敢肯定地说，他会想办法把你安排到最合适的位置。遗憾的是，很多职场人之所以无法建立更高层次的人际关系，缺乏认识大领导的机会，正是由于他们没有专属于自己的社交货币。

写作就是高效地与他人产生被动连接的绝佳手段。工作技能加上写作，是不是就可以把你的能力放大了呢？

在企业里，因为组织结构的层级限制，大多数时候，你只能向自己的直属领导汇报。你可能能力很突出却被直属领导忽视，没有更多的可以施展自己才华的空间。但是，你写的文字可以穿越层级，让高层领导们看到。

互联网的力量是无穷的，只要你写的内容足够有意义，足以解决某类人的痛点，就会获得同行的关注。其中肯定有职场新人向你学习物流相关的知识和技能，大概率也会有业内的"大咖"就某些话题希望与你进一步交流，也可能会有猎头给你推荐更好的发展机会。

12.1.2 写作是对输入思考之后的输出：输入是前提，输出是结果，思考是本质

想一想我们在上学期间的作文是怎么写出来的呢？首先我们要阅读题干，看下要求是什么，其次思考这个要求跟我们知道的哪些知识相关，然后在脑中或者草稿纸上形成提纲，最后落实到纸面上。

那么，这个落实到纸面上的过程就是"输出"，从大脑中搜索与要求相关内容的过程就是"思考"，而阅读题干的过程就是"输入"。所以，写作其实就是对输入进行思考后的输出。接下来针对写作的三要素简单展开。

1. 输入

说到输入，有人说了，这谁不会啊！就不停地学习呗。说实话，输入其实是最简单的，如果把大脑比作仓库，输入就是不停地往仓库里放东西。这些东西究竟保存得好不好、有没有丢失，没有人知道，甚至连你自己都不知道，因为输入的东西只有要用的时候才能得到检验。

学英语的时候，大家会发现一个问题，就是有些单词记住之后会被遗忘。关于遗忘，其实有一个著名的原理，叫作"艾宾浩斯遗忘曲线"，它指信息输入大脑后，遗忘也就随之开始了，遗忘速度先快后慢，在刚刚识记那段时间里，遗忘速度最快。

遗忘会影响到你下一个阶段的思考，所以对于"输入"的内容，绝非知道就好了，而是要想办法"留住"。

我们再回过头来看一看仓管员是怎么管理仓库的。货物入库后，仓管员会按照品类将货物分别放入指定的排位，并在日常的工作中做好货物的在库管理，出库的时候从指定的排位取货。

你发现了吗？假设我们按照管理仓库的方式去管理我们的大脑，是不是会管得很好呢？

所以，对于平时输入的内容，我们要学会整理，而不是随意处置。随意处置会造成什么结果呢？在仓库里，会出现找不到货物的情况；对于大脑而言，亦是如此，凌乱的知识存储会导致你很难想起来那些知识点。

2.思考

面对同样一件事情，有的人能看到第一层——是什么，也就是事物的表象；有的人能看到两层——是什么，为什么；还有的人能看到 3 层——是什么，为什么，怎么办；还有人能看到 4 层——是什么，为什么，怎么办，如何防止再发生；也有人能看到 5 层——是什么，为什么，怎么办，如何防止再发生，如何系统性解决。

举个例子，我们看到仓库门口的粘鼠板上有一只老鼠，能看到 5 层的人是这么想的：第一层，看到了一只老鼠；第二层，思考为什么会有老鼠，是因为旁边的门有缝隙或孔洞，还是仓库内有人吃东西；第三层，把老鼠清理掉，同时更换粘鼠板；第四层，如果粘鼠板周围有缝隙或孔洞，直接堵上，如果有人在仓库吃东西，给予其处罚；第五层，检查仓库内所有粘鼠板的有效性，同时将控制措施落实到"仓库虫害控制操作流程"中。

上面这个例子展现的，就是思考的力量。思考是什么呢？思考是结合你要写的主题，调取跟这个主题相关的知识点，然后让这些知识点发生连接。其实，思考这个词，更通俗一点讲，叫作"融会贯通"。

融会贯通的前提是什么？实际上就是可产生联系的节点数量足够多，也只有节点数量足够多，节点之间发生的联系才能足够多。

假设你从大脑里提取出 2 个知识点，那么连接的数量就只有 1 个；提取出 3 个知识点，连接的数量是 3 个；提取出 4 个知识点，连接的数量就是 6 个了；提取出 5 个知识点，能建立 10 个连接。如果要用一个公式来计算，连接数量 = 节点数量 ×（节点数量 −1）÷2。

输入得多，思考得多（建立的连接多），最后才能输出得多。

3. 输出

输出，其实就是按照一定的逻辑对素材进行整理、加工，然后呈现出来的一个过程。我们看到的每一篇文章就是输出的结果。

为了便于大家更好地理解这部分内容，举一个炒菜的例子。假设案板旁边有土豆、青椒，决定怎么做其实是思考的过程，而实际做菜的过程就是输出的过程。

你和酒店的大厨同时做青椒炒土豆，做完后端给当天的食客品尝，你觉得他们大部分人会喜欢谁的菜？必然是酒店的大厨！有想过为什么吗？

这里面其实涉及 3 个因素。第一个因素，你炒菜的流程不规范，如不清楚先放土豆还是先放青椒，什么时候放青椒，什么时候放盐，放多少；第二个因素，你练习的次数太少，缺乏手感，表现在把握不好火候等方面；第三个因素，你做菜的手艺平时缺乏大量的反馈，所以，你的手艺只能讨好自己的家人，而无法讨好众人。

写作也是如此，想要提升输出的能力，也要从这 3 个方面下手。

一是规范写作流程。写出一篇优质的文章，要经过以下过程：确定主题、拟定标题、列出提纲、寻找素材、写初稿、修改文章、排版等。每个人的写作流程因人而异，找到适合自己的就好。

二是刻意练习。抓住每一次机会练习写作，比如发朋友圈、写工作邮件等。对于零基础的朋友而言，可以每天写一两百字，养成习惯后再慢慢给自己增加别的要求。笔者在写作初期，是通过每天的自由写作来刻意练习的。

三是公开写作。只有公开写作，才有机会让更多的人看到你。有多少人看，多少人点赞，多少人评论，多少人转发……，这些数据的反馈都可以成为你改进的要点。

12.2 如何打破部门限制，提升在企业内的影响力

在职场中，企业的 HR 把你招聘进来，除非你的级别很高，不然大多数时候都要放到部门中磨炼，从事某个具体职位对应的工作。你的能力再突出，如果没有展示的机会，大多数时候也只能被你的直属领导或者部门经理知道。

你想在更大范围内发光发热，除了参加企业层面的活动展示自己之外，还可以通过其他方式把自己优秀的一面通过一定的载体展示出来。文字具有穿透能力，写作可以让你打破部门限制，提升你在企业内的影响力！

12.2.1 日志写作能力：记录点滴和复盘，让你的成长有迹可循

从小学开始，老师就建议我们写日记。只是那个时候我们把写日记当作任务，内心多少有些抗拒，因而大多数时候也是敷衍了事。但是，尽管如此，我们的写作能力还是有所提升。

工作以后，我们可以展开写作的范围更加宽泛了。对于一个零基础或者平时没有写作习惯的人而言，写工作日志或许是一个非常好的能让你养成写作习惯的途径。

1. 工作痛点

1）为何你在工作中总是又忙又乱

不知道职场中的你是否有过这种感觉：每天总是感觉很忙，但不知道究竟忙了些什么。如果我们每个人都陷入瞎忙的状态，那将是一件很糟糕的事情。

尤其是当你忙得晕头转向，却没有什么业绩的时候。我只能说，你只是看起来很努力而已！

不知道职场中的你是否遇到过这种情况：领导安排下来的工作，你经常无法在规定时间内完成。也不是自己故意拖沓，而是你太忙了，不小心把某些事项给遗漏掉了。尤其是很多领导都可以指挥你的时候，谁交代的

任务你都得办。

不管得罪了哪一位领导，对你而言都会造成不良的影响。你说自己太忙，他们却觉得你在找借口，甚至觉得你不拿他们的话当回事儿。

2）为何你犯错后总是没有太大提升

人无完人，任何一个职场人都会在工作中犯错。犯错其实是可以理解的，但是重复犯同样的错误往往是你的上级不能容忍的。

很多职场人下班之后，吃完晚饭躺在沙发上就不想动弹了，多数时候是通过玩游戏或者刷短视频放松，抽不出时间做一些提升自己的事情，每天都感觉自己忙得没有时间学习，关键工作还没有取得什么成绩。

2. 工作计划

1）工作需要规划

前面描述的那两个问题，笔者都深有体会，尤其是从仓库组长晋升为仓库主管助理时。做仓库组长时，只需要把两个仓库的仓管员管好即可，而成了仓库主管助理后要管理整个仓库，每天忙得不可开交。需要承认的一点是，那会儿，笔者的工作技能确实不足。每次领导催着交月度工作总结，笔者总觉得没什么可写的，偶尔也会漏掉领导交代的事情。

为什么会出现上面所说的情况？其实，主要是我们对自己的工作没有规划，最后往往就是哪个领导催得急就先做哪个领导交代的事情，然后那些不紧急的事情又会随着时间变得紧急，如此恶性循环，最终导致我们忙得晕头转向。

俗话说，好记性不如烂笔头。为了避免每天的工作事项被遗漏，起初，笔者把每天的工作计划记录在纸质的笔记本上，每完成一项任务就用笔在后面打钩。当然，大家也可以采用自己的方式，比如用横线划掉任务。如果某项任务涉及需在具体的时间节点，我会单独标记出来提醒自己，涉及需要向上级反馈进度的事项，我也会做些标记。有了这样的方法，就不怕脑子不好使了。

除此之外，写月度工作总结时，笔者会把当月的工作计划都拿出来，这样就能回忆起来做了哪些事情。工作计划除了可以使用纸质的笔记本记录外，也可以使用计算机记录，或者是记录在手机上，并借助一些专业的App，如锤子便签、印象笔记等。

2）学会时间管理

时间对于每个人而言都非常重要，它对每个人都是公平的。

每个人一天都只有 24 小时，但是每个人利用时间的方式不同。有的人每天坚持写作，最终成了小说家；而有的人在拖延的路上越走越远，什么事情也没有做好，这是因为他们没有做好时间管理。

工作中，要想在有限的时间内把所有的事项做好，这就涉及时间管理。良好的时间管理能力可以让职场人迅速从繁杂的工作任务中脱身，不仅能够提高自己的工作效率，也能够利用碎片化的时间通过学习充实自己。

任何事情按照重要程度和紧急程度，可以分为 4 类。对于重要且紧急的，亲自做，立即执行；对于重要但不紧急的，要制订计划，按计划执行；对于紧急但是不重要的，如果自己确实忙，可以授权下属或者让平级同事帮忙做；对于不紧急且不重要的，最好拒绝，不要做。对于每天工作计划中所列的事项，可以借助这样的方法合理分配所需要的时间。

3）用数据来说话

如果你已经养成了做工作计划的习惯，那么，一个月以后，就可以用数据进行一些分析了。从中，我们可以有哪些发现呢？

从工作事项的角度分析，你的精力是花在了做那些更为重要的事情上，还是日常的琐事上？如果你的精力被大量的日常琐事所占据，一定要及时调整。比如有些人不爱拒绝人，谁的请求都答应；还有些人因为不放心将工作授权给下属，全部自己推进；等等。

从是否按时完成的角度分析，是否存在当天的工作延迟完成的情况？然后分析为什么会出现这种情况，如果这种情况经常出现，分析一下是否是工作技能欠缺。工作技能欠缺就会导致工作效率低，所以后续要通过各种途径去提升这方面的技能。

3. 工作笔记

工作笔记类似我们上学时写的日记，只不过笔记的内容主要针对工作。工作笔记主要是给自己看的，所以可以大胆地写。那么，工作笔记都可以写些什么呢？

1）表达情绪

人是理性和感性的结合体，工作中的喜怒哀乐可以适当地在工作笔记中表达出来，这对缓解自己的工作压力能够起到一定的作用。千万不要压抑自己的情绪，否则，长期下去很容易引发各类疾病。通过文字发泄完以后，就要及时调整自己的状态，继续保持对工作的热情。

2）总结经验

工作笔记中应该有自己的工作心得，比如遇到某项困难是如何解决的。对于那些自认为做得比较成功的事情，要多方面分析为什么能成功，然后把成功的经验整理出来。

如果此类事情只能自己上手操作，那么总结出来的方法可以用来指导下次的工作；如果你是个领导，而这类事情又没必要亲力亲为，那么就可以将总结出来的方法分享给下属，试着授权给他人去做。

3）工作改进

在平时的工作中，我们会遇到各类人、各种事情，用心的人会发现工作中存在的各种问题，如制度不完善、流程不合理等。

既然你能够发现工作中的不足，那么你一定是有自己的想法和判断标准的，那就试着在工作笔记中记录一些让工作更顺畅、效率更高、效果更好的方法。另外，对于自己存在的不足，也可以在工作笔记中记录下来，琢磨下次再遇到此类事情如何改进。

既然工作笔记中我们能写的内容无外乎表达情绪、总结经验和工作改进三大类，那么，从表达情绪的角度，如果我们有了足够多的数据，就可以拿出来分析一番了。

你可以从中找到那些造成你情绪不稳定的因素，并将这些因素归类，试着琢磨下有没有可能在接下来对自己的情绪进行管理。其实，在笔者看来，工作中让我们不稳定的因素，主要涉及两个方面，一是人际关系，二是工作技能。

工作日志包括工作计划和工作笔记，就是记录自己每天的工作内容、所花费的时间以及在工作过程中遇到的问题、解决问题的思路和方法。大家要注意的是，记录过程中要尽量做到详细和客观。

我们写工作日志的目的，除了辅助我们更好地开展工作外，最主要的是复盘，找到工作中的优点和不足，使得我们的成长之路有迹可循，让我们积累的经验都能沉淀下来，真正做到每天进步一点点。

写工作日志不需要华丽的辞藻，不需要对外公开发表，不需要任何人的评价，它是一种非常基础的能力，一方面能够提升你的职场技能，另一方面能提升你的写作水平和表达能力。所以，还等什么呢？从今天开始，开启你的工作日志吧！

12.2.2　邮件写作能力：不懂电子邮件礼仪，可能会断送你的职业生涯

工作日志只给自己看，是相对私密一些的，所以行文中的格式、语法等都无所谓。但是，电子邮件不同，它面向的是收件人和抄送人，我们就要注意电子邮件礼仪。

在商务交往中要尊重一个人，首先就要懂得替他节省时间。电子邮件礼仪的一个重要方面就是节省他人时间，只把有价值的信息提供给需要的人。

我们作为发信人，写每封电子邮件的时候，要想到收件人会怎样看它，时刻站在对方立场考虑，将心比心。同时不要对收件人的回答有过高的期望，当然更不应对别人的回答不屑一顾。

1. 收件方

收件人是要受理电子邮件所涉及的主要问题的，理应对邮件予以回复、响应。

抄送人只需要知道邮件涉及的内容，没有义务予以响应。当然如果抄送人有建议，也可以回复邮件。

密送人，即收件人和抄送人是不知道你发给"密送人"了，这个主要在非常规场合使用。比如，有的企业在发送招标文件的时候，喜欢把各家供应商联系人的邮箱都放在"密送人"一栏中，避免大家知道彼此的竞争对手是谁。

需要注意的是，收件人和抄送人的排列应遵循一定的规则，这有助于提升你的形象！比如，如果涉及多个部门的人员，建议把同一个部门的人员放在一起；如果涉及不同的层级，建议按职位等级从高到低排列。

2. 邮件主题

邮件主题是收件人了解邮件的第一信息，因此要使用有意义的主题，让收件人迅速了解邮件内容并判断其重要性。关于邮件主题需注意以下几点。

1）主题要言简意赅，不宜过长。

2）一封邮件尽可能只针对一个主题，不在一封邮件内谈及多件事情，以便日后对邮件进行整理。

3）主题是收件人在未打开邮件时最先看到的，会影响收件人对你的第一印象，一定要慎重，千万不可出现错别字以及不通顺的问题，不要在发出前只顾检查正文却忘记检查主题。

4）一定不要使用空白主题（有时候可能是忘记写了），这是比较失礼的。

5）主题要能真实反映正文的内容和重要性，切忌使用含义不清的主题，比如"冯先生收"之类的，可以是关于×××问题的意见、关于×××情况的反馈/汇报、关于×××事情的请示等。

6）可适当使用大写字母或特殊字符来突出主题，引起收件人注意，但应适度，特别不要随便用"紧急"之类的字眼。经常用"紧急"很容易让人误会，造成"狼来了"的问题。当真正有紧急的邮件时，收件人也会不重视。

7）回复对方邮件时，可以根据需要更改主题，不要出现这样的情况，如"回复：回复：回复：关于×××问题的意见"。

3.邮件正文

正文包含 4 个方面，即称呼、问候、正文、签名。

1）称呼

恰当地称呼收件人，千万不要直呼其名；以下情况除外。

对方经常用英文名的，可以直接称呼其英文名；对方是自己的下属，也可以直呼其名。

另外，称呼收件人除了表示礼貌之外，也是明确提醒收件人此邮件是面向他的，要求其给出必要的回应。如果存在多个收件人的情况，可以称呼各位、各位领导、各位同事等。

2）问候

好的问候可以给收件人留下好的印象。

开篇的问候，中文邮件写"你好"或者"您好"（"您好"更显尊重，但如果对平级或者下级，"您好"反而有点生分）；如果收件人超过一人，最好用"大家好""上午好""下午好""晚上好"之类的；如果称呼对方的英文名，最好加一个"Hi"。

文末的问候，中文邮件写"祝您顺利"之类的就可以了；若对方是尊长，应使用"此致敬礼"；英文邮件的常见结尾是"Best Regards"。注意，在非常正式的场合应完全使用信件标准格式。

3）正文

邮件正文要简明扼要，行文流畅。

若对方不认识你，你首先应说明自己的身份，包含姓名和你代表的企业等，以示尊重。点名身份时应当简洁，最好是和本邮件以及对方有关，主要是让收件人能够顺利地理解你的意图。不可没头没脑上来就讲正事，这样别人想知道你是谁还得拉到最后看（签名）。

注意邮件的论述语气，根据收件人与自己的熟络程度、等级关系、邮件的性质等，选择恰当的语气进行论述，以免引起对方的不适。

如果事情复杂，最好分段进行清晰明确的说明。保持每个段落简短，没人有时间仔细看你没分段的长篇大论。

对于带有技术介绍或讨论性质的邮件，单纯以文字形式很难描述清楚。如果配合图表加以阐述，收件人往往会表扬你的体贴。

尽可能避免写错别字，注意使用拼写检查。

4）签名

每封邮件的结尾都应该有签名，这样对方可以清楚地知道发件人的信息。

签名可包括姓名、职务、企业名称、电话、地址等信息，但行数不宜过多，一般不超过 4 行。你只需将一些必要信息放在上面，对方如果需要更详细的信息，自然会与你联系。引用一个短语作为签名的一部分是可行的，比如你的座右铭或企业的宣传口号，但是要分清收件人对象与场合，切记一定要得体。

4. 邮件附件

附件是邮件的一个重要组成部分，关于附件需注意以下几点。

1）如果邮件带有附件，应在正文里面提示收件人查看附件。

2）附件文件应用有意义的名字命名，不可以图省事而不命名。

3）在正文中应对附件内容做简要说明，特别是有多个附件时。

4）附件数目超出 3 个，应打包压缩成一个文件。

5）如果附件是特殊格式文件，应在正文中说明打开方式，以免影响使用。

6）如果附件过大，可以将其上传至网盘，在正文中给出链接和验证码。

12.3 如何打破企业的束缚，提升在行业内的影响力

现在，你已经很优秀，通过参加企业组织的活动或者个人写作，在企业内部获得了一定的影响力。如果你满足于此，你的个人成长也就停止了。山外有山，人外有人，在职业发展的路上，绝不能做井底之蛙。

要敢于打破企业的束缚，这不是鼓动你跳槽，而是建议你通过公开写作传播自己的知识、技能、想法，努力与外面的世界，尤其是跟你所处行业的其他优秀者发生连接。

12.3.1 成稿能力：掌握科学的写作方法，完成比完美更重要

你喜欢自由写作时那种无拘无束的感觉，也积累下了很多文字，却迟迟不敢迈出公开写作的步子。有几次，你逼着自己尝试公开写作，一边写一边修改，有时思绪断了写不下去，有时觉得写得"太烂"看不下去，最后无一例外"难产"了……

如何从 0 到 1 写出一篇属于自己的文章？实际上，写作是有方法的。市面上有很多关于写作的书籍和文章，你可以通过学习找到适合自己的方法。笔者总结了以下 4 个方面的建议，以供参考。

1. 谋篇布局

1）选题

选题就是选择写作的主题。常见的自媒体写作的主题可以分为 5 类，即思想类、情感类、认知类、技能类和趣味类。

主题是整篇文章的中心，只有主题明确，才能根据主题确定接下来的分论点和论据。所有的素材和文字都要围绕主题展开。

文章就相当于一串手串，手串上的珠子就相当于素材，把素材串起来的线就是主题。偏离了主题的文章会让人觉得不伦不类，让读者很难搞清楚作者想要表达的意思。

在选题时，主题要做到准确、新颖、深刻。有时候，选题基本上已经

决定了文章是否会成为"爆款"。

2）结构和提纲

结构指的就是按照什么顺序来写。文章的写作顺序很多，主要有时间维度、空间维度、事情发展的顺序以及逻辑顺序等。逻辑顺序又分为总分总结构、并列结构、正反对照结构等。

确定结构后要给出文章的写作提纲，比如从哪几个方面展开、每个部分大概需要哪些类型的素材、哪个部分要着重讲、哪个部分可以简写，这些都是在编写提纲时要考虑的。

推荐大家使用"九宫格"思考法，即把主题放到九宫格的第五个空格中，然后围绕主题从 8 个角度进行发散性思考，尽量把剩余的 8 个空格都填满，最后从中找出几个典型的角度，从而形成整篇文章的几个大模块。

3）素材

确定主题和结构以后，要有针对性地收集素材。素材首先要从自己建立的素材库中寻找，如果没有找到合适的，可以扩大搜寻范围，比如从知乎、百度以及微信公众号上找。选择素材时，要找那些新颖的、典型的、尽量真实的、能够揭示文章主题的素材。

2. 组织文章

1）文章拆解

谋篇布局做好以后，就可以开始写作了。我们先来拆解下每篇文章的基本结构。

标题。标题其实可以理解为整篇文章的主题句或者中心思想。标题的好坏决定了文章的打开率。所以，有的创作者为了吸引读者打开链接阅读文章，就在标题上花心思。后来，网络上出现了一个词——"标题党"，说的就是那些只注重标题，不关注内容质量的文章。

凤头。凤头是说文章的开头要足够漂亮、吸人眼球，开篇就给人留下深刻的印象。好的开头能让读者产生看下去的冲动，牢牢地抓住读者的心，达到引人入胜的效果。

猪肚。猪肚是说文章内容要内涵丰富、充实。文章的内容要丰富，叙事要有具体的过程，要交代清楚事情的起因、经过、结果。写人离不开语言、动作、神态、心理等描写，充分展示人物性格。写景要能做到景中有情、情景交融。写某些问题的解决办法时，要观点明确、论据充分。

豹尾。豹尾指的是文章的结尾要短小而表现力强。文章的结尾应该能做到卒章显志（结束时用一两句话点明中心、主题的手法），升华主题。结尾在结构上呼应开头，内容上可以运用议论或抒情的表现手法，言有尽而意无穷。

2）不必按照常规顺序写

大部分初学者习惯的写作顺序是先写标题，然后是开头、中间内容和结尾，但实际上完全没有必要这么写，尤其是在计算机上写作时。

笔者的写作顺序一般是，先拟定一个简单的标题，然后写文章的中间部分，等中间部分写完，再回过头来写文章的开头和结尾，最后再推敲标题。

一般情况下，为了让内容更加充实，中间部分会分成几个大的方面来展开。在写这个部分时也没有必要按照顺序写，哪个部分的素材充分就可以先写哪个部分。

那些效率低的作者，大多数时候是因为在某个细节上长时间纠结，造成拖延。

3）先做加法再做减法

写作时不要怕堆砌太多的文字，觉得太啰唆。每一个部分都可以从多个角度来展开，以给读者呈现出更立体的内容。

要知道，读者看你的文章是希望从中看到不一样的东西，专业的说法叫作增量内容。如何体现增量？最简单的方式就是多角度展开，别人说 3 点，你能说 5 点，这就是增量。

与增量对应的是存量，也就是不要给读者呈现他们本身就知道的内容，这种内容的可读性不强。

4）先完成再完美

以前笔者在写作时，喜欢边写边改，这种方式的效率其实是很低的。为什么呢？《成为作家》一书中提到：

成为作家的自我训练是一个双重的任务。创意写作是一个完整的人的实践活动。其中，第一个任务是由无意识来负责的，无意识必须自由丰富地流动，按照需要打开所有的记忆宝藏，所有的情感、事件和情景，还有储藏在记忆深处的人物与事件的密切联系；第二个任务是由意识来负责的，意识必须在不妨碍无意识流动的情况下控制、联系、辨别这些素材。

对于写作而言，写的过程最好是无意识的，让修改这个有意识的行为先靠边站。

很多人在写作过程中，脑海中会时不时地跳出一个警觉的、批判的、吹毛求疵的理性伙伴。你可以设想这样一个场景：你正在写作，旁边有个人时不时地告诉你这个句子不通顺，那个地方有错别字，这时候你或许会呵斥他，让他闭嘴，因为他已经打乱了你的思绪。

写初稿时要快速，要忘记删除键，想到什么就写什么，既不修改，也不回过头去读。等写完初稿以后，再调动自己的"意识"来挑毛病。

3. 推敲修改

为什么写完之后要先放一放呢？因为人在写文章的过程中是比较兴奋的，无论是思路还是情绪都很难快速从文章中抽离出来，从而导致很难客观地评价刚刚写完的文章。

让你的文章"凉一凉"，再回过头去看，你就会发现不少的问题。通常情况下，这个时间长则一两天，短则几个小时。如果文章是晚上写完的，那就先睡觉，第二天起床后再找个闲暇时间来复盘。如果关联了热点，写完之后必须尽快发出去的话，可以找你信任的而且有一定文字功底的朋友帮你审核。

搁置的这段时间，一方面可以让你的兴奋劲缓解一下，从而能够客观地评价你的文章；另一方面，在此期间，你或许还会产生更好的想法。这些都可以帮助你把文章修改得更好。

修改过程中，建议关注几个关键点：主题是否明确，标题是否吸引人，逻辑结构是否清晰，素材是否跟主题匹配，措辞是否恰当，是否有错别字。

4. 排版发布

很多人觉得，创作者只需要把文字内容写好就行，排版纯属浪费时间。真的是这样吗？

先抛开这个话题不说，我们说一说生活中的例子。你打算在外面吃饭，但你没有提前查资料，那么，你知道谁家的大厨手艺好吗？肯定是不知道的，那你怎么选择呢？

有的人会说，当然要去那家人多的。没错，还有吗？你一定还会关注饭店的环境如何，环境干净点的，你会进去看一下；那些看上去就乱七八糟的，即使进去了大概也不会停留。

写文章也是这样，我们通过文章的标题吸引读者点开，但如果他们进来看到你的文章只是一堆堆砌的文字，很快就会走掉，根本不可能停留下来细细地品味。

所以，即使你的文章干货再多，排版差也是会影响阅读量、转发量的。你必须想办法通过排版让读者把注意力停留在你的文章上。那么，排版中有哪些注意事项呢？分享以下几点。

规范字体和字号。字体和字号符合读者的常规阅读习惯即可，主要要让读者阅读起来舒服，你可以观察下那些阅读量高的文章是如何排版的。

重点突出。对于那些你想强调的文字，像一些主题性的金句，可以加粗或者使用别的颜色来区分，让这部分文字更加突出。

逻辑结构清晰。使用一级标题、二级标题、三级标题，使文章层次分明。

适当配图。配置一些与文章内容相关的图片，增强文章的说服力。如果复制网上的图片，则需要关注版权问题。

文章的末尾可以留下创作者的简要介绍。

12.3.2　习惯能力：写一篇容易写数篇很难，如何不依赖意志力持续写下去

经过一段时间的练习，你肯定可以写出一篇甚至几篇不错的文章，但是，想要持续写下去并按照一定的频率公开发表文章，单纯靠意志力逼迫自己显然是不够的。

意志力非常重要，足以改变人生。但凡事都靠意志力苦撑，就会觉得痛苦难耐，很快就会放弃。这是因为意志力是会受到消耗的，消耗得越多，之后的表现力就会越差。想要养成写作的习惯，到底应该怎么做呢？

1. 当写作遇上拖延

1）在乎别人的评价

写作初期，有很多人会拖延，其中一个主要的原因就是过于在乎别人的评价，怕别人挑错，最终迟迟不敢发布。这里就涉及两类人——表现型和进取型。

表现型的人更在意自己在他人眼中的表现，于是，只要有可能做不好，有可能影响自己在他人眼中形象的事情，他们就直接不做了。

进取型的人更在意自己是否能变得更好，他们不一定完全不在意他人的评价，但他们知道：虽然自己暂时表现不好，但只要持续做下去、练下去，一切都会改善。于是，好像什么都无法阻挡他们一样，他们总是可以"奇迹般成功"。

我们可以看出，这两种类型的人最大的区别在于，前者更在意自己当下的表现，而后者更在意自己未来的表现。如果你属于前者，建议逐渐向进取型转变。

所以，作为写作新手，我们要接受自己暂时的不完美，要敢于暴露自己的缺陷，把每一次别人的批评当成自己成长的机会，这样才能越走越远。

2）对自己的期望过高

还有的朋友在发表了几篇文章后，因为反响平平就渐渐对写作失去了兴

趣，开始变得拖延，甚至会放弃。罗马不是一天建成的，写作是需要我们不断积累的。不断地发布，不断地反思改进，才有可能写出"爆款"文章。

这个过程是需要做大量的练习的，要相信大数法则，而不是奢望每一篇文章都能成为"爆款"。

另外，每个人的精力都是有限的，当你过多地关注文章的数据时，你在写作能力提升上所花费的时间就会变少，倒不如把这些时间用来构思下一篇文章，或者收集素材。

放低自己的预期，每天只要进步一点点，就会有惊喜！你的任务是把写作能力提升上来，"爆款"文章交给时间就好了。

2. 掌握好节奏

1）循序渐进

做任何事都要循序渐进，不要想着一口吃成一个胖子。笔者在开始练习跑步的时候，就是从快走到慢跑，从 3 千米、5 千米、7 千米、10 千米、15 千米，到 21.0975 千米（半马），再到 42.195 千米（全马）的。

写作也是这样，笔者的写作之路就是从写工作日志开始的。从写作新手到老手，至少要经历两个阶段，第一个阶段是自由写作，第二个阶段是自由写作＋公开写作。

自由写作，是你想写什么就写什么，想什么时候写就什么时候写，不需要提前确定主题，也不需要事先构思内容，写作过程中不需要判断自己的文字是否通顺、是否有错别字，不需要回过头修改，等等。

给自己规定个时间，比如 20 分钟，那么，这 20 分钟内就要不停地写，自由自在地写。其目的主要是克服初期对写作的恐惧。自由写作的过程，其实是建立自信心的过程。

当你养成了自由写作的习惯以后，就可以尝试着在此基础上进行公开写作了。公开写作相对比较耗时，因为是基于某个主题，针对某个特定群体的需求来创作的，写完初稿以后还要修改、排版、发布、回复读者的留言等。

为什么这个阶段还要进行自由写作呢？因为我们的公开写作在短时间

内达不到每天创作一篇文章的目标，自由写作其实是为了让我们保持"笔感"，就像球员要保持"球感"一样。

2）持续迭代

不追求完美，允许存在不足，尽早将产品推到用户面前，接收反馈，不断试错，持续完善产品的思维就是迭代思维。如何理解这句话呢？做产品的人，通常将其拆分成"定原型、快、反馈、试错、小、优化"这 6 个关键词为切入点。

创作者在最初要将自己的文章定位到某一个领域，然后快速行动，接受读者的反馈，不断在行动中尝试和总结。在资源有限的情况下，小处着眼，单点突破，最后不断优化，找到读者反馈最好以及自己最擅长的领域的结合点。

迭代思维的核心就是"小步快跑"，要先快速行动起来，然后在行动的过程中不断优化，最后找到最适合自己的方向，在擅长的垂直领域持续地专注下去。

3. 让写作成为习惯

写作不是一件容易的事，而且写作也不是生活或者工作的必需品，所以我们要有意识去培养写作的习惯。

1）设定阶段目标

人有了目标以后，做起事情来就会有动力。对于写作新人来说，关于目标设定，笔者的建议如下：

第一个月，每天抽出 30 分钟的时间，自由写作至少 300 字；

第二个月，每天抽出 30 分钟的时间，自由写作至少 500 字；

第三个月，每天抽出 30 分钟的时间，自由写作至少 800 字；

第四至六个月，每天抽出 30 分钟的时间，自由写作至少 1000 字；

第七个月开始，除了每天 30 分钟内自由写作至少 1000 字之外，每周最好写一篇公开发表的文章。

当然，你可以基于自己的实际情况，适当地调整分钟数和字数。另外，在设定目标时，千万别设定一些虚无缥缈的目标。比如，我要在短期内成为一名作家，我要利用一年的时间打造出自己的个人品牌。

2）寻找极度诱人的动力

我在"动力"前面加上了"极度诱人"这 4 个字，这说明这个动力不普通。普通的动力跟极度诱人的动力，最大的区别在于：前者能让人做一次某件事情，而后者却让人克制不住地坚持做下去。

那么，该怎样让写作这件事变得足够有吸引力，使人不止做一次，而是反复地做下去呢？要做到这一点，就要先找到足以诱惑你的动力。因为每个人的需求不同，所以，想一下，什么动力对你来说是真正重要的。伙伴的认同、自我的提升、自尊等，都可以当作极度诱人的动力。

笔者身边的朋友，有的把极度诱人的动力设定为物质奖励，比如，每个月通过写作创造 5000 元的副业收入；也有的把自我实现作为动力，比如出一本自己的书。

3）加入写作组织

一个人可以走得很快，但一群人才可以走得更远！

跟一群人一起写作是一件很有意思的事情，也有助于自己的成长。粥左罗在他的《学会写作》中这样写道：

写作不仅是一种学习方式，也是一种成长方式，学习和成长是艰难而孤寂的，因此，环境很重要、氛围很重要，找到一个组织，大家一起做这件事是一个非常好的办法。

其实，最主要的一点是在一个组织中，大家可以相互"影响"，当你想偷懒的时候，那些优秀的创作者就会刺激你，让你更容易坚持下去；当朋友们有好的方法时，大家也会相互交流，避免一个人摸索。

让写作成为一种习惯，听上去虽然有点难，但当你真正坚持下去，让写作成为你每天生活中的一部分时，或许就能成为你终身受用的技能了。

后 记

行文至此，笔者已经带你走完了仓储业务在运营管理阶段的整个过程。我们一路前行，不断攀登，从项目管理阶段初期的"笨手笨脚"到现在的"游刃有余"，伴随着业务的不断发展，我们也在不断成长和进步。

由于每个仓库在供应链上所处的节点、业务规模、功能定位、运营模式、管理手段等存在差异，仓储运营管理的实践也千差万别。但是，每个仓储业务都需要经过运营管理这个过程。

无论你在哪个仓库，运作管理、库存管理、安全管理和质量管理一个都不能少，降本、增效、提质、协同是运营管理不断追求的目标，处理好职场中的各种关系是每个人都要做的功课。笔者把仓储运营管理中的共性内容提炼出来，形成了本书的主要内容。

从业十余年来，笔者参与过十几个仓储业务的项目管理、运营管理和优化提升，深知运营管理对于整个仓储业务的重要性，库房凌乱、人心涣散、账实不符、成本高企、事故频发等，这些运营管理不到位所产生的问题将直接影响供应链交付，轻则造成客户投诉，重则关乎企业生死存亡。希望本书能帮助企业规避一些不必要的风险，帮助仓储物流人少走一些弯路。

笔者是仓储运营管理的实践者，并不是专职的理论研究者，所以，本书内容是将过去积累的实战经验提炼转化为具备一定指导意义的知识，请不要将本书当作教材来读。写大白话是笔者的强项，也是为了让大部分人都能读懂仓储运营管理这件事。书中所举的一些例子仅供参考，大家在实践中一定要结合各自的实际情况灵活运用，切不可生搬硬套。

本书的创作时间始于 2022 年 9 月，恰逢笔者从事的物流管理工作进入"旺季"，笔者下班回家还要和妻子一起带娃，几乎没有太多的时间用来写作。值得庆幸的是，笔者在写作第一本书的时候打造出了自己的"时间管道"：4：30 起床以后至上班前，除了洗漱和做简餐，其他时间是完全属于自己的。笔者于 2022 年 12 月中旬完成初稿，随后用几个月的时间逐字逐句对初稿做了大量的修改和校正。

在撰写本书的过程中，笔者阅读了跟此书主体相关的书籍、论文、期刊等，限于经验及能力，本书可能会有疏漏之处，真诚欢迎读者们提出建议并一起探讨改进。

本书从启动到成稿得到了很多朋友的支持，感谢人民邮电出版社马霞编辑及参与本书的所有工作人员的建议和指导。

感谢中外运物流有限公司总经理助理、深圳市恒路物流股份有限公司董事长李德亮，天津大学管理与经济学部教授、博士生导师、EMBA 项目前主任、原物流与供应链管理系主任赵道致，中外运物流华东有限公司总经理、新零售事业部总经理李犇，专门为此书作序推荐。

感谢罗戈研究院院长潘永刚、仓库社区创始人刘雪、中外运物流有限公司副总经理邵长丰、中国外运海外发展有限公司总经理助理王敏、广州中捆物流有限公司总经理刘朗清对此书的倾情力荐。

感谢程鹏、陈杰、刘美玲、许爽、傅宇彤、张明成、翟保荣等人从各自专业领域为本书提供的帮助和支持。感谢在笔者职业生涯的不同阶段，刘洋、陈旭光、李鹏、邵长丰等中外运的领导给予的机会、辅导和帮助。感谢岳父岳母在春节期间帮忙带娃，以及提供的强大的后勤保障。

感谢打开本书的你，是你的支持和信任赋予了本书价值。无论你是把它当作一张"地图"、一双"翅膀"，还是一把"钥匙"，都真诚地希望本书能给你带来力量和勇气，助你在职业发展中不断精进，活出精彩的自我！

如果你有任何问题，欢迎大家在知乎 App 上搜索"冯银川"，或者通过微信公众号"物流川说"与我交流。让我们一起努力，在仓储运营管理的实战中成为更好的自己！如果有缘，我们下一本书再见！

冯银川，2023 年 12 月 7 日凌晨于天津

参 考 文 献

[1] 冯银川.《仓储管理实战：仓库布局、资源配置、流程设计与项目落地》[M].北京：人民邮电出版社，2023 年.

[2] 石振武.《道路经济与管理》[M].武汉：华中科技大学出版社，2007 年.

[3] 郭士纳.《谁说大象不能跳舞？》[M].张秀琴译.北京：中信出版社，2003 年.

[4] 罗杰·洛温斯坦.《巴菲特传》[M].蒋旭峰、王丽萍译.北京：中信出版社，2008 年.

[5] 彼得·德鲁克.《管理的实践》[M].齐若兰译.北京：机械工业出版社，2018 年.

[6] 刘宝红.《采购与供应链管理：一个实践者的角度（第 3 版）》[M].北京：机械工业出版社，2019 年.

[7] 陆雄文.《管理学大辞典》[M].上海：上海辞书出版社，2013 年.

[8] 安迪.《解读彼得原理：能提拔和不能提拔的人》[M].北京：京华出版社，2007 年.

[9] 路易斯·卡夫曼.《不懂带人，你就自己干到死：把身边的庸才变干将》[M].北京：印刷工业出版社，2013 年.

[10] 张德芬.《遇见未知的自己》[M].长沙：湖南文艺出版社，2008 年.

[11] 彼得·德鲁克.《卓有成效的管理者》（袖珍）[M].北京：机械工业出版社，2019 年.

[12] 万维钢.《高手：精英的见识和我们的时代》[M].北京：电子工业出版社，2017 年.

[13] 黄希庭.《心理学导论》[M]. 北京：人民教育出版社，2007 年.

[14] 多萝西娅·布兰德.《成为作家》[M]. 刁克利译. 北京：中国人民大学出版社，2011 年.

[15] 粥左罗.《学会写作》[M]. 北京：人民邮电出版社，2019 年.